Джон Коулман

ДИКТАТУРА СОЦИАЛИСТИЧЕСКОГО МИРОВОГО ПОРЯДКА

РАЗОБЛАЧЕНИЕ НЕВИДИМОГО МИРОВОГО ПРАВИТЕЛЬСТВА

Джон Колман

Джон Коулман - британский писатель и бывший сотрудник Секретной разведывательной службы. Коулман подготовил различные аналитические материалы о Римском клубе, Фонде Джорджио Чини, Forbes Global 2000, Межрелигиозном коллоквиуме мира, Тавистокском институте, Черном дворянстве и других организациях, близких к теме Нового мирового порядка.

ДИКТАТУРА СОЦИАЛИСТИЧЕСКОГО МИРОВОГО ПОРЯДКА

РАЗОБЛАЧЕНИЕ НЕВИДИМОГО МИРОВОГО ПРАВИТЕЛЬСТВА

ONE WORLD ORDER SOCIALIST DICTATORSHIP

Переведено с английского и опубликовано компанией
Omnia Veritas Limited

www.omnia-veritas.com

"Врага в Вашингтоне нужно бояться больше, чем врага в Москве". Это чувство я выражал снова и снова. Коммунизм не разрушил тарифную защиту, установленную президентом Джорджем Вашингтоном. Коммунизм не заставил Соединенные Штаты принять прогрессивный подоходный налог. Коммунизм не создавал Федеральный резервный совет. Коммунизм не втягивал Соединенные Штаты в Первую и Вторую мировые войны. Коммунизм не навязывал Америке Организацию Объединенных Наций. Коммунизм не отбирал Панамский канал у американского народа. Коммунизм не создавал плана массового геноцида, о котором говорится в докладе "Глобал 2000". Именно СОЦИАЛИЗМ принес эти бедствия в Соединенные Штаты!

Коммунизм не дал миру СПИД! Коммунизм не дал Америке катастрофического уровня безработицы. Коммунизм не предпринимал неустанных атак на Конституцию США.

Коммунизм не заставлял Америку принимать "иностранную помощь", этот проклятый налог на американский народ, который является невольным рабством.

Коммунизм не навязывал прекращение молитв в школах. Коммунизм не пропагандировал ложь об "отделении церкви от государства". Коммунизм не подарил Америке Верховный суд, заполненный судьями, которые обязаны и полны решимости подорвать Конституцию США. Коммунизм не посылал наших солдат на незаконную войну в Персидском заливе для защиты интересов британской короны.

Однако все эти годы, пока наше внимание было приковано к злодеяниям коммунизма в Москве, социалисты в Вашингтоне были заняты тем, что крали Америку! В книге "Единый мировой порядок: социалистическая диктатура" объясняется, как это было сделано и делается.

ВВЕДЕНИЕ

"Мы будем строить Новый мировой порядок по частям, прямо у них (американского народа) под носом. "Дом нового мирового порядка придется строить снизу вверх, а не сверху вниз. Обход суверенитета, размывание его по частям, позволит добиться гораздо большего, чем старая добрая лобовая атака". Ричард Гарднер, ведущий американский социалист, *Foreign Affairs*, журнал Совета по международным отношениям (CFR), апрель 1974 года.

В этой книге (наряду с другими моими книгами "*История Комитета 300"* и "*Дипломатия путем лжи"*) я объясняю, как заявление Гарднера дает представление о фабианской социалистической программе для США. Подробно объясняются идеи, мысли и люди, которые усердно работали над созданием социализма - главной и смертельной политической болезни современных народов.

Рассказывается о различных целях социалистов, поставленных британским Фабианским обществом, девиз которого - "Торопись медленно".[1] Когда Ленина попросили объяснить коммунизм, он ответил: "Коммунизм - это социализм в спешке". У социализма нет другого выхода, кроме коммунизма, это то, о чем я часто говорил. Эта книга объясняет, почему так много бед, поразивших наше общество сегодня, берут свое начало в тщательном социалистическом планировании и исполнении.

Социализм по своей сути является злом, потому что он заставляет людей принимать намеренно разработанные

---

[1] "Поспешай медленно", Ндт.

изменения, о которых они не просили и не хотели. Сила социализма замаскирована в успокаивающих терминах и скрывается под маской гуманизма. Она также проявляется в фундаментальных и далеко идущих изменениях в религии, которые социалисты уже давно используют как мощное средство для получения признания, после чего они распространяют свое влияние в церквях в ущерб всем религиям.

Цель социализма - ликвидация системы свободного предпринимательства, которая и есть настоящий капитализм. Научный социализм предстает в разных обличьях, а его пропагандисты называют себя либералами или умеренными. Они не носят значков и не узнаваемы, как это было бы, если бы они называли себя коммунистами.

В правительстве США насчитывается более 300 000 социалистов, и, по консервативным оценкам, в 1994 году 87% членов Конгресса были социалистами. Исполнительные приказы - это неконституционная социалистическая уловка для использования законодательства, чтобы сделать Конституцию США неэффективной, когда прямые методы невозможны для осуществления желаемых социалистических изменений, заблокированных Конституцией.

Социализм - это революция, которая не прибегает к откровенно насильственным методам, но, тем не менее, наносит наибольший вред психике нации. Это движение, управляемое исподтишка. Его медленное продвижение в Соединенные Штаты из Англии было почти незаметным до 1950-х годов. Фабианское социалистическое движение остается отдельным от так называемых социалистических партийных групп, и поэтому его продвижение вперед было почти незаметным для большинства американцев. "Когда ранишь коммуниста, социалист истекает кровью" - это поговорка, которая восходит к ранним дням фабианского социализма.

Социализм горячо радуется увеличению власти центрального правительства, которую он стремится обеспечить для себя, всегда утверждая, что это делается для общего блага. Соединенные Штаты и Великобритания до отказа забиты лжепророками, проповедующими Новый мировой порядок.

Эти социалистические миссионеры проповедуют мир, гуманизм и всеобщее благо. Прекрасно понимая, что они не смогут преодолеть сопротивление американского народа коммунизму прямыми средствами, коварные фабианские социалисты знали, что они должны действовать тихо и медленно, и избегать предупреждения народа о своих истинных целях. Таким образом, "научный социализм" был принят как средство победы над США и превращения их в первую социалистическую страну в мире.

Эта книга рассказывает о том, насколько успешным был фабианский социализм и где мы находимся сегодня. Президенты Вильсон, Рузвельт, Эйзенхауэр, Картер, Кеннеди и Джонсон были энтузиастами и добровольными слугами фабианского социализма. Они передали эстафету президенту Клинтону. Демократия и социализм идут рука об руку. Каждый президент США, начиная с Вильсона, неоднократно заявлял, что США являются демократией, в то время как на самом деле это конфедеративная республика. Фабианский социализм вершит судьбы мира в замаскированном виде, чтобы сделать его неузнаваемым. Социализм - автор прогрессивного подоходного налога, разрушитель национализма, автор так называемой "свободной торговли".

Эта книга - не скучное изложение философии социализма, а динамичный и драматичный рассказ о том, как он стал главной угрозой для свободных людей повсюду, но особенно в Соединенных Штатах, которым еще предстоит встретиться с ним лицом к лицу. Безвкусная, гладкая поверхность социализма скрывает его истинный замысел: федеральное мировое правительство под социалистическим контролем, в котором мы, люди, будем их рабами в темном Новом мировом порядке.

Глава 1

ПРОИСХОЖДЕНИЕ ФАБИАНСКОГО СОЦИАЛИЗМА И ЕГО ИСТОРИЯ

> "Как и все социалисты, я считаю, что социалистическое общество со временем эволюционирует в коммунистическое". - Джон Стрэчи, министр лейбористской партии.
>
> "На жаргоне американских газет Джона Стрэчи назвали бы "марксистом № 1", и это звание было бы заслуженным". *Левые новости*, март 1938 года.

Фабианский социализм начался с Фабианского общества, которое, по его собственным словам, "состоит из социалистов, которые присоединились к Коммунистическому манифесту 1848 года", написанному Карлом Марксом, евреем прусского происхождения, который прожил большую часть своей жизни в Хайгейте, Лондон. В "Основах Фабианского общества" мы узнаем следующее:

> "Поэтому она направлена на реорганизацию общества путем освобождения земли и промышленного капитала от индивидуальной собственности и передачи их обществу на общее благо. Только таким образом природные и приобретенные преимущества страны могут стать достоянием всего народа...".

Именно этот принцип фабианский социализм экспортировал в Соединенные Штаты и неустанно навязывал американскому народу, к огромному ущербу для нации.

Маркс умер в одиночестве в октябре 1883 года, так и не сумев реализовать свое видение, которое он разделял с Моисеем Мендельсоном (Мендельсон общепризнан отцом европейского коммунизма), и был похоронен на небольшом обнесенном стеной кладбище в Хайгейте, на севере Лондона. Профессор Гарольд Ласки, человек, наиболее тесно связанный с движением с момента его зарождения и до своей смерти в 1950 году, признал, что Коммунистический манифест дал жизнь социализму.

Но в действительности социализм зародился с основанием в Нью-Йорке Этического общества культуры, бывшего Братства новой жизни. Хотя политическая экономия Джона Стюарта Милля, выраженная в социалистической книге Генри Джорджа "Прогресс и бедность", не следует игнорировать духовную сторону социализма. Уэбб и его жена Беатрис возглавляли Фабианское общество с самого его основания. Большинство членов Братства новой жизни, которое предшествовало Этическому обществу культуры, были масонами, связанными с оккультной теософией мадам Блаватской, к которой примыкала и Анни Безант.

Ласки отнюдь не был "духовным человеком", он больше походил на Маркса, чем на Рамзи Макдональда, который впоследствии стал премьер-министром Англии. Ласки оказал значительное влияние на десятки британских политических, экономических и религиозных лидеров, и ему приписывают неотразимое влияние на президентов Франклина Делано Рузвельта и Джона Ф. Кеннеди. Виктор Голландц, социалистический редактор, неоднократно заявлял, что социализм необходим для мирового господства:

> "Социализм централизует власть и делает людей полностью подчиненными тем, кто контролирует эту власть", - сказал он.

Выйдя из Братства Новой Жизни, фабианский социализм попытался пойти несколькими путями, уже проторенными коммунистами, бакунистами, бабувистами (анархистами) и Карлом Марксом, всегда решительно отрицая какую-либо связь с этими движениями. Состоящий в основном из интеллектуалов, государственных служащих, журналистов и издателей, таких как великий Виктор Голланц, фабианский социализм не был заинтересован в участии в уличных боях анархистов-революционеров. Основатели фабианства усовершенствовали технику, впервые использованную Адамом Вейсхауптом, - проникновение в католическую церковь и "прогрызание ее изнутри, пока не останется только пустая оболочка". Это называлось "проникновение и пропитывание". Очевидно, ни Вайсхаупт, ни Голланц не думали, что христиане будут достаточно умны, чтобы понять, что происходит.

Голланц бы сказал:

> "Христиане не очень умны, поэтому социализму будет легко вести их по нашему пути через свои идеалы братской любви и социальной справедливости".

Фабианский социализм был направлен на политические, экономические и образовательные организации, а также на христианскую церковь. Позже издательство Gollancz's Left Wing Books предоставляло специальные скидки христианам, интересующимся социалистическими идеями. В отборочный комитет Клуба левой книги входили сам Голландц, профессор Гарольд Ласки и Джон Стрэчи, член парламента от Лейбористской партии. Голланц, которому также принадлежал "Христианский книжный клуб", твердо верил, что большевистская Россия была союзником социализма. По инициативе Беатрис Вебб он опубликовал один из бестселлеров Фабианского общества - "Наш советский союзник".

С самого начала своей истории фабианский социализм стремился проникнуть и пронизать лейбористскую и либеральную партии Великобритании, а затем и Демократическую партию в США. Она была неутомима в своем рвении и энергии создать "феминистский" социализм, что ей и удалось сделать. Социализм преуспел в захвате школьных советов, городских советов и профсоюзов под видом улучшения положения трудящихся. Решимость фабианского социализма взять образование в свои руки отражает то, что мадам Зиновьев давно советовала в большевистской России.

В 1950 году издательство Gollancz опубликовало "Коррупция в экономике прибыли", широко читаемую книгу Марка Старра.

Старр был продуктом фабианского социализма и, хотя считался немного грубоватым по краям (он начал жизнь шахтером), он не был отвергнут социалистами Лиги плюща в Гарварде и Йеле, к которым Фабианское общество имело доступ в своем упорядоченном продвижении по лестнице от скромных истоков в Лондоне. Старр эмигрировал в Соединенные Штаты в 1928 году, получив удостоверение социалиста в Национальном совете рабочих колледжей.

Обученная грозной Маргарет Коул, основательницей Фабианского исследовательского центра, Старр была связующим звеном между Фабианским обществом в Лондоне и зарождающимися социалистическими движениями в Америке. Старр служил в Броквудском трудовом колледже с 1925 по 1928 год, получив с ранних лет выдающееся социалистическое образование. Социалистический фонд Гарланда присудил Старру стипендию в размере 74 227 долларов США, что было значительной суммой по тем временам. С 1935 по 1962 год он работал директором по образованию в Международном профсоюзе работников женской одежды (ILGWU). Его работа в области профсоюзной политики и образования была выдающейся для дела социализма. Для Старра образование означало обучение тому, что частная прибыль является неправильной и должна быть упразднена.

В 1941 году Старр был назначен вице-президентом Американской федерации учителей, ведущей социалистической организации учителей того времени. После принятия американского гражданства Старр был назначен президентом Гарри Трумэном в Консультативную комиссию США, уполномоченную Публичным законом 402, "для консультирования Государственного департамента и Конгресса по вопросам функционирования информационных центров и библиотек, содержащихся правительством США в зарубежных странах, а также по вопросам обмена студентами и техническими экспертами". Это был действительно "переворот" для социализма в Соединенных Штатах!

Фабианский социализм привлек большую часть элиты общества в Великобритании и США. Считается, что американские социалисты "подражали своим английским коллегам, восхищаясь их владением языком, быстрыми оборотами речи и изысканной респектабельностью, олицетворением которой, возможно, являются профессор Грэм Уоллас, сэр Стаффорд Криппс, Хартли Шоукросс и Ричард Кроссман".

Профессор Грэм Уоллас прочитал лекцию в Новой школе социальных исследований в Нью-Йорке, социалистическом "мозговом центре", основанном журналом *New Republic*, который обслуживает левых профессоров, которых в США более чем достаточно. Уоллас был одним из первых интеллектуалов, вступивших в тогда еще безымянное Фабианское общество, которое в 1879 году столкнулось с весьма неопределенным будущим и не рассматривалось как угроза правительству или церкви. Ранний интерес Уолласа к образованию отражен в одном из его первых мест работы - в Комитете по управлению школами округа при Школьном совете. Как мы увидим в других главах, иерархия фабианских социалистов рассматривала контроль над образованием как стержень своей стратегии завоевания мира.

Этот идеал нашел отражение и в назначении Уолласа профессором Лондонской школы экономики, основанной Сиднеем Уэббом и все еще остававшейся молодым социалистическим учебным заведением. В классе Уолласа было всего четыре ученика.

Уоллас считал, что путь к социализации страны лежит через прикладную психологию. Путь к социализации Америки, утверждал Уоллас, заключается в том, чтобы взять за руку, как детей (он был не очень высокого мнения о стандартах образования в Соединенных Штатах), массу населения и, как детей, вести их шаг за шагом по дороге к социализму, к которому я бы добавил и окончательное рабство. Уоллас - важное имя в этом рассказе о социализме, поскольку он написал книгу, которая была принята, дословно, президентом Линдоном Джонсоном в качестве официальной политики Демократической партии.

Зловещего ползучего наступления социализма, которое начало охватывать Англию, можно было бы избежать, если бы не Первая мировая война. Цветок британской христианской молодежи, который мог бы противостоять продвижению этой чуждой концепции, лежал мертвым на полях Фландрии, их жизни были напрасно потрачены на туманный идеал "патриотизма". Оцепенев от ужаса потери своих сыновей, старшее поколение не заботилось о том, что социализм сделал с их страной, считая, что "Англия будет всегда".

Социальная психология была оружием, ловко использованным для отражения нападок на американские фабианские организации. Американцы за демократические действия (АДА) заявили, что не являются частью Фабианского общества, а их представитель, газета *The Nation*, решительно опровергла попытки связать эти две организации.

В 1902 году Уоллас преподавал хардкорный социализм в летней школе Филадельфийского университета. Он был приглашен в Соединенные Штаты состоятельными американскими социалистами, которые посещали Оксфордскую летнюю школу в 1899 и 1902 годах - период, когда летние курсы индоктринации были на пике популярности среди состоятельных американцев, которым нечем было заняться. В 1910 году Уоллас стал наставником американских социалистических лидеров, таких как Уолтер Липпманн, прочитав Лоуэллские лекции в Гарварде. Грэм Уоллас был признан одним из четырех великих британских социалистических интеллектуалов, и в этом качестве его искал американский социалист Рэй Стэннард Бейкер, эмиссар, которого полковник Эдвард Мандел Хаус послал на Парижскую мирную конференцию, чтобы представлять его интересы и освещать то, что делали делегаты.

Между 1905 и 1910 годами Грэм Уоллас написал "Великое общество", которое должно было стать планом для одноименной программы президента Джонсона, и в которое были включены принципы социальной психологии. Уоллас ясно дал понять, что цель социальной психологии - контролировать поведение людей, тем самым подготавливая массы к грядущему социалистическому государству, которое в конечном итоге приведет их к рабству - хотя он был осторожен и не объяснял это так явно. Уоллас стал посредником в США для идей фабианских социалистов, большая часть которых была включена в "Новый курс" Рузвельта, написанный социалистом Стюартом Чейзом, "Новый рубеж" Кеннеди, написанный социалистом Генри Уоллесом, и "Великое общество" Джонсона, написанное Грэмом Уолласом. Уже одни эти факты дают представление о значительном влиянии фабианского социализма на американскую политическую сцену.

Как и профессор Ласки, Уоллас обладал тем же хорошим характером и добротой, которые окажут такое большое влияние на политических и религиозных лидеров Америки. Оба мужчины должны были стать самыми эффективными миссионерами Фабианского общества в университетах и колледжах США, не говоря уже об их влиянии на лидеров только что зародившегося агрессивного "феминистского" движения.

Таким образом, с самого начала существования фабианского социализма в Америке это опасное радикальное движение было облечено в плащ доброты, способный обмануть "избранных", перефразируя Библию. Она обеспечивала прикрытие для революции по обе стороны Атлантики, оставаясь при этом в стороне от насилия, которое обычно ассоциируется со словом "революция". Когда-нибудь история зафиксирует, что фабианская социалистическая революция по своему размаху и масштабам намного превзошла насильственную большевистскую революцию. В то время как большевистская революция закончилась более пятидесяти лет назад, фабианская социалистическая революция продолжает расти и крепнуть. Это тихое движение буквально "сдвинуло горы" и кардинально изменило ход истории, и нигде так, как в Соединенных Штатах.

Двумя маяками, которые до конца своих дней оставались хозяевами фабианского социализма, были Джордж Бернард Шоу и Сидней Уэбб. Позже к ним присоединились такие люди, как Грэм Уоллас, Джон Мейнард Кейнс и Гарольд Ласки, все они знали, что мечта о социалистическом завоевании Великобритании и США может быть реализована только путем постепенного ослабления финансовой системы каждой страны, пока они не рухнут в тотальное государство всеобщего благосостояния. Это то, что мы видим сегодня, когда Британию обогнали и она превратилась в несостоятельное государство всеобщего благосостояния.[2]

Второе направление фабианства было направлено против конституционного разделения властей, предусмотренного Конституцией США. Профессор Ласки и его коллеги считали, что если фабианский социализм сможет устранить это препятствие, то у них будет ключ к демонтажу всей Конституции США. Поэтому было необходимо, чтобы социализм подготовил и внедрил специальных агентов перемен, которые смогли бы подорвать это, самое важное положение Конституции. Фабианское общество взялось за дело, и об успехе его миссии можно судить по тому, как шокирует Конгресс, беззастенчиво передающий свои полномочия исполнительной власти в манере, которую можно назвать не только безрассудной, но и на 100% неконституционной.

Хорошим примером может служить право вето, предоставленное президенту Клинтону вопреки Конституции. Другой хороший пример - отказ от полномочий в торговых переговорах, которые по праву принадлежат Палате представителей. Как мы увидим в главах о НАФТА и ГАТТ, именно это и сделал Конгресс, тем самым вольно или невольно - неважно - сыграв на руку социалистическим врагам нации.

Сидни Уэбб и Джордж Бернард Шоу были людьми, которые определили курс фабианского социализма: проникновение и проникновение, а не анархия и насильственная революция. Оба они были убеждены, что общественность должна быть убеждена в том, что социализм не обязательно означает левый, и уж точно не марксизм. Оба ездили в большевистскую Россию в разгар террора, игнорируя, а не комментируя кровавые расправы, которые были достоянием общественности. Из них двоих Уэбб был более впечатлен большевиками и написал книгу под названием "Советский социализм - новая

---

[2] Что мы можем сказать о Франции сегодня...? Нде.

цивилизация? ". Позже, после перебежки сотрудника советского МИДа, выяснилось, что Уэбб, по всей видимости, не писал эту книгу, которая была работой советского МИДа.

Шоу и Уэбб стали известны как "демоны социализма, ожидающие изгнания", прежде чем социализм сможет расправить крылья и, как выразился Шоу, "спасти коммунизм с баррикад". Хотя Шоу утверждал, что ему нет дела до ФОРМ, он, тем не менее, выразил свою веру в то, что фабианский социализм станет "конституционным движением". Даже когда в движение стекались "великие" социалисты - Тойнби, Кейнс, Холдейн, Линдсей, Уэллс и Хаксли, Шоу и Уэбб сохранили контроль над Фабианским обществом в Лондоне и направляли его в ту сторону, которую выбрали много лет назад.

Почти всегдашнее безденежье Шоу было облегчено его женитьбой на Шарлотте Пэйн Тауншенд, даме со значительными средствами, что, по мнению некоторых, и послужило причиной женитьбы на ней вспыльчивого Шоу. Это подтверждается тем, что до обмена свадебными клятвами Шоу настоял на том, чтобы о нем позаботились в виде существенного брачного контракта.

Шоу больше не предавался ораторству на мыльницах и подвальных собраниях, а стремился к общению с высшим обществом социализма. Такие люди, как лорд Грей и лорд Асквит, стали его хорошими друзьями, и хотя Шоу совершил еще одну или две поездки в Москву, он охладел к коммунизму. Хотя он был ярым атеистом, это не мешало Шоу поддерживать отношения с теми, кого он считал возможным использовать для развития своей карьеры, в частности, с лордом Асквитом. Шоу не подчинялся ничьим приказам, в первую очередь "новичков", таких как Хью Гейтскелл, будущий премьер-министр Англии и протеже семьи Рокфеллеров. Шоу определенно считал себя "старой гвардией" наряду с Сиднеем и Беатрис Уэбб. Эти закаленные, профессиональные социалисты выдержали множество политических бурь и никогда не отступали перед зачастую значительной внешней оппозицией и "семейными распрями".

Фабианский социализм зародился в 1883 году как дискуссионное общество "Nueva Vita" ("Новая жизнь"), которое собиралось в небольшой комнате по адресу Оснабург-стрит, 17, Лондон. Это напоминало раннее немецкое национал-социалистическое движение, позже подхваченное Гитлером. Одной из целей "Nueva Vita" было объединить учения Гегеля и Фомы Аквинского в единое целое.

Но слово "социализм" не было новым, поскольку оно существовало с 1835 года, задолго до того, как "Новая жизнь" сделала свои первые шаги в 1883 году, в ту самую ночь, когда умер Маркс. Лидером группы, состоявшей из четырех человек, был Эдвард Пиз, и ее целью было использовать образование как средство социалистической пропаганды, которая окажет столь глубокое влияние на образование и политику по обе стороны Атлантики. Это казалось непосильной задачей для группы мужчин, которые не получили необходимого государственного образования, необходимого для будущих лидеров викторианской Англии, и все же изучение Фабианского общества показывает, что именно этого они и добились.

В довольно величественном стиле молодые люди назвали свою группу в честь Квинта Фабиана, знаменитого римского полководца, чья тактика заключалась в том, чтобы терпеливо ждать, пока противник совершит ошибку, а затем нанести сильный удар. Ирландец Джордж Бернард Шоу вступил в Фабианское общество в мае 1884 года. Шоу был членом Хэмпстедского исторического клуба, марксистского кружка чтения. Странно, что и Шоу, и Маркс пришли к социализму на небольшом расстоянии друг от друга - Хэмпстед Хит находится не так далеко от Хайгейта. (Я хорошо знаю этот район, поскольку жил в районе Хэмпстед и Хайгейт и много лет учился в Британском музее). Так что, в некотором смысле, мое представление о том, что такое фабианский социализм, стало более ясным благодаря этим обстоятельствам.

Хотя он никогда не признавался в знакомстве с Марксом, хотя он ухаживал за его дочерью Элеонорой, Шоу подозревают в том, что он был "лидером" Маркса в донесении социализма до аудитории, перед которой он чаще всего выступал, четыре раза в неделю, везде, где мог их найти. Исследование, которое я провел в Британском музее, приводит меня к мысли, что коммунизм изобрел социализм, чтобы передать свои радикальные идеи, которые в противном случае не были бы хорошо приняты в Англии или Соединенных Штатах, двух странах, которые коммунизм больше всего предпочитал для своего завоевания.

Я не сомневаюсь, что Шоу был Марксом "в маскировке", как социализм был коммунизмом "в маскировке". Моя теория приобретает вес, когда мы узнаем, что Шоу присутствовал на Социалистическом Интернационале в Лондоне в 1864 году в качестве делегата от фабианцев. Как известно, Маркс был создателем Социалистического Интернационала, в котором его ошибочные теории проповедовались ad-infinitum наряду с откровенной коммунистической пропагандой. Карл Маркс никогда не пытался скрыть нечестивый союз между Коммунистическим Интернационалом и его собственным Социалистическим Интернационалом, но Шоу и Веббы, а позже Гарольд Ласки, решительно отрицали любую связь с марксизмом или коммунизмом.

Фабианцы проводили бесконечные часы в спорах о том, что должно стать боевым кличем - "социал-демократия" или "демократический социализм". В конце концов, именно "демократический социализм" был использован в США с таким успехом. Идея Шоу заключалась в том, что социалистическая интеллигенция (к которой он принадлежал) возглавит движение во время выборов, а рабочие обеспечат деньги. Эта идея была успешно кооптирована ADA, которая наводнила комитеты Конгресса "экспертами", курсирующими туда-сюда в Гарвард, чтобы запутать и сбить с толку необразованных и неопытных сенаторов и представителей на путях социалистической измены.

Социализм не имеет НИЧЕГО общего с равенством и свободой. Речь также не идет о помощи среднему классу и рабочим. Напротив, речь идет о порабощении народа постепенными и тонкими способами - факт, который Шоу однажды признал по невнимательности. Книга Грэма Уолласа "Великое общество" и "Великое общество" Линдона Бейнса Джонсона были одним и тем же, и на первый взгляд казалось, что народ станет бенефициаром правительственной щедрости, но на самом деле это была лишь ловушка порабощения, приманенная социалистическим медом. Пока ЖИВ СОЦИАЛИЗМ, КОММУНИЗМ НЕ МОЖЕТ БЫТЬ МЕРТВ, И ИМЕННО ТУДА СОЦИАЛИЗМ ВЕДЕТ ЭТУ НАЦИЮ - В СТАЛЬНУЮ ЛОВУШКУ КОММУНИЗМА.

Мы должны помнить, что великий президент Эндрю Джексон сказал о скрытом враге среди нас:

> "Рано или поздно ваш враг появится, и вы будете знать, что делать Вы столкнетесь с множеством невидимых врагов вашей с таким трудом завоеванной свободы. Но они появятся в свое время - достаточно времени, чтобы уничтожить их".

Будем надеяться, что американский народ, ослепленный лживой социалистической политикой четырех президентов, снимет чешую со своих глаз, пока не стало слишком поздно.

Вторым замаскированным марксистом был Сидни Уэбб, которого сэр Бертран Рассел в более поздние годы так пренебрежительно называл "сотрудником колониального офиса". Уэбб яростно отрицал, что когда-либо встречался с Марксом, но, как и в случае с Шоу, существуют косвенные доказательства того, что Уэбб действительно регулярно встречался с Марксом. В отличие от Шоу, который женился поздно, Уэбб рано женился на Беатрис Поттер, богатой и грозной женщине, которая способствовала его карьере больше, чем он хотел признать.

Беатрис была дочерью канадского железнодорожного магната, которая влюбилась в Джозефа Чемберлена, но была отвергнута им из-за разницы в классе. В те времена наличие денег не означало автоматического приема в лучшие круги. Вы должны были происходить из "правильной" среды, что обычно означало образование в государственной школе ("государственная школа" в Англии - это то же самое, что государственная школа в Америке). С первой же встречи Шоу и Веббы оказались на одной волне и стали отличной командой.

Социалистическая революция, предложенная Фабианским обществом, должна была бросить длинную и мрачную тень на Англию, а затем и на Соединенные Штаты. Его цели мало чем отличались от тех, что были изложены в Коммунистическом манифесте 1848 года:

> "Поэтому она направлена на реорганизацию общества путем освобождения земли и промышленного капитала от индивидуальной собственности и передачи их обществу на общее благо. Поэтому она добивается исчезновения частной собственности на землю... Она стремится достичь этих целей путем общего распространения знаний об отношениях между человеком и обществом в их экономических, этических и политических аспектах".

Не было ни осуждения религии, ни длинноволосых анархистов, бегающих с бомбами. Ничего подобного. Фашисты также приветствовались, о чем свидетельствует тот факт, что сэр Освальд Мозли и его жена, урожденная Синтия Керзон, до вступления в ряды фашистов были убежденными социалистами. Шоу, социалист "старой гвардии", восхвалял Гитлера в годы, предшествовавшие Второй мировой войне. Вместо того, чтобы показать свои истинные цвета, фабианство придавало себе видимость и изящество, которые скрывали его опасные революционные намерения: неписаная конституция Англии и писаная конституция США должны были быть подорваны и заменены системой государственного социализма, посредством процесса, известного как "постепенность" и "проникновение и проникновение".

Здесь есть некоторое сходство между Гитлером и фабианистами: сначала никто не обращал на них внимания. Но в отличие от Гитлера, Шоу и Уэбб видели мир, который превратится в Новый мировой порядок, в котором все будут счастливы и довольны, не прибегая к насилию и анархии.

Фабианцы начали расправлять крылья и к 1891 году были готовы опубликовать свои первые "Фабианские новости". Именно в это время Беатрис Уэбб начала преподавать радикальный феминизм и разработала фабианскую исследовательскую программу, которую позже с большим успехом использовал судья Луис Брандейс и которая известна как "Брандейс брифинг". Эта программа состояла из тома за томом "исследовательского" материала, достаточного, чтобы ошеломить оппонентов, прикрытого тончайшими юридическими справками. Поощрение новых членов без статуса и значимости было незначительным: Уэбб и Шоу считали, что их движение предназначено для элиты - их не интересовали массовые движения людей без денег и влияния.

Поэтому они обратились к университетам Оксфорда и Кембриджа, где обучались сыновья элиты, которые впоследствии будут нести послание Фабианского общества (соответствующим образом замаскированное под "реформы") в сердце и душу парламента. Целью Фабианского общества было обеспечить назначение социалистов на руководящие посты, где на их влияние можно было бы положиться для проведения "реформ".

Эта программа, с некоторыми изменениями, практиковалась и в США и привела к власти Рузвельта, Кеннеди, Джонсона и Клинтона - всех социалистов. Эти агенты перемен были подготовлены по фабианскому образцу, сочетая социологию и политику, чтобы открывать двери. Простые числа никогда не были их стилем. Один из членов их элиты, Артур Хендерсон, занимавший в 1929 году пост министра иностранных дел Великобритании, был инициатором дипломатического признания чудовищного большевистского режима, за которым через несколько лет последовали США.

Первая ячейка Фабианского общества в Оксфорде открылась в 1895 году, а к 1912 году их стало еще три, причем студенты составляли более 20% членов.

Это, пожалуй, самый важный период для роста Фабианского общества; студенты знакомятся с социализмом, и многие из них станут мировыми лидерами.

Маленькое движение, на которое никто не обратил внимания в 1891 году, появилось. Одно из самых опасных радикальных и революционных движений 20-го века зародилось в Англии и уже начало распространяться на Соединенные Штаты. Ласки, Гэлбрейт, Эттли, Бивербрук, сэр Бертран Рассел, Уэллс, Уоллас, Чейз и Уоллес - вот некоторые из фабианских социалистов, которым предстояло оказать глубокое влияние на курс, который выберут Соединенные Штаты.

Это было особенно верно в отношении профессора Ласки. За тридцать лет, проведенных Ласки в Америке, лишь немногие люди в правительстве осознавали глубину его проникновения в образование и само правительство. Он был человеком, который воплощал принципы социализма в повседневной практике. Ласки читал лекции во многих штатах и в университетах Орегона, Калифорнии, Колорадо, Колумбии, Йеля, Гарварда и Рузвельта, Чикаго. На протяжении всего этого времени он последовательно призывал к принятию федеральной программы "социального страхования", которая, как он не упомянул, приведет к социалистической цели - созданию ВСЕОБЩЕГО государства всеобщего благосостояния.

Позже Ласки, Уоллас, Кейнс и многие политические лидеры и экономисты Фабианского общества отправились в Тавистокский институт человеческих отношений[3] , чтобы изучить методы Джона Роулингса Риза, известные как "внутреннее обуславливание" и "долгосрочное проникновение". Генри Киссинджер также проходил обучение в этой школе.

Постепенно, как это было им свойственно, фабианисты начали проникать в лейбористскую и либеральную партии, откуда они оказывали большое влияние на социализацию некогда стойко независимого англичанина, который неохотно принимал государственную помощь. Хотя Веббс утверждал, что его заслуга в разработке метода "проникновения", это утверждение было грубо подорвано в 1952 году полковником И.М. Боголеповым, который заявил, что весь план был написан для Веббса в советском министерстве иностранных дел, как и большая часть содержания многих книг, которые, как утверждал Веббс, он написал. Далее Боголепов сказал, что большая часть содержания книг Уэбба была написана им самим. "Они просто немного изменили его здесь и там, в остальном он был скопирован слово в слово", - сказал

[3] См. *The Tavistock Institute of Human Relations - Shaping the Moral, Spiritual, Cultural, Political and Economic Decline of the United States of America,* John Coleman, Omnia Veritas Ltd, www.omnia-veritas.com.

полковник.

Как это часто бывает, когда левые или социалистические герои развенчиваются, пресса освещает и восхваляет развенчанного, используя массу не относящегося к делу словоблудия, пока обвинение не будет почти забыто. Мы видим это почти ежедневно в прессе в отношении морального облика и политической неумелости президента Клинтона. "Он их, и что бы кто ни говорил о нем, они не дадут грязи высохнуть", - сказал один из моих коллег по разведке. И они оправдывают Клинтон. Анализируя сообщения о сомнительном характере и политических ошибках Клинтон, нельзя не поразиться тому, как фабианские социалисты контролируют ущерб: "отмывают" цель и задушивают нападающего в словоблудии, которое имеет мало общего с вопросами.

Изучая историю Фабианского общества в Британском музее в Лондоне, я был поражен впечатляющим прогрессом крошечной группы незнакомцев, которые в итоге привлекли в орбиту Фабианского общества самых важных политиков, писателей, учителей, экономистов, ученых, философов, религиозных лидеров и издателей, в то время как мир, казалось, не замечал его существования. Это может объяснить, почему происходившие глубокие изменения не вызывали тревоги. Фабианская техника представления "реформ" как "выгодных", "справедливых" или "хороших" была ключом к их успеху.

То же самое можно сказать и об американских социалистах. Каждая важная мера, принимаемая социалистической пятой колонной в Вашингтоне, маскируется под "реформы", которые принесут пользу народу. Эта уловка стара как время, но избиратели каждый раз попадаются на нее. Новый курс" Рузвельта был взят прямо из одноименной фабианской социалистической книги Стюарта Чейза, и все же он был принят как настоящая "реформа" системы. Даже признание Вудро Вильсоном предательства правительства Керенского было облечено в формулировки, призванные намеренно обмануть американский народ, заставив его поверить, что проводимые в России "реформы" направлены на благо народа. "Великое общество" Джонсона было еще одной "американской" программой, взятой прямо из книги Грэма

Уолласа под названием "Великое общество".

С созданием Лондонской школы (социалистической) экономики, хотя она и не была столь претенциозной по своему происхождению, как предполагало ее название, фабианские социалисты стали оказывать все большее влияние на формирование денежно-кредитной политики по обе стороны Атлантики. Учреждение было значительно усилено, когда Фонд Рокфеллера предоставил значительный грант. Метод финансирования социалистических институтов за счет грантов от богатой элиты, а также ее повседневных программ для бедных, будет идеей Шоу, которую он активизировал после посещения конференции в Лондонской школе экономики.

По сути, заставить бедных платить за "местные" программы было то же самое, что создать профсоюзы среди рабочего класса, а затем использовать членские взносы для содействия и финансирования социалистических программ. Это немного похоже на масонов, которые обычно сообщают нам, что они платят щедрые суммы денег на благотворительность. Но деньги обычно поступают от населения, а не из казны масонов. В США Шрайнеры известны своими пожертвованиями больницам, но деньги поступают от населения через уличные сборы, организованные Шрайнерами. Ни один из их собственных фондов никогда не поступает в больницы.

Четыре столпа Дома социализма", написанные Сиднеем Уэббом вскоре после Первой мировой войны, стали планом будущих социалистических действий не только в Великобритании, но и в Соединенных Штатах. Этот план предусматривал уничтожение системы производства товаров и услуг, основанной на конкуренции, неограниченное и навязчивое налогообложение, массовое социальное обеспечение, отсутствие прав частной собственности и создание единого мирового правительства. Эти цели не так уж сильно отличаются от принципов, изложенных Карлом Марксом в "Коммунистическом манифесте" 1848 года. Различия заключаются в методе реализации, стиле, а не в сути.

В деталях первым принципом должно было стать финансируемое государством социальное обеспечение. Было включено избирательное право женщин (зарождение движения за права женщин), вся земля должна была быть национализирована, без права частной собственности. Все отрасли "служения народу" (железные дороги, электричество, свет, телефон и т.д.) должны были быть национализированы, "частная прибыль" должна была быть устранена из страхового сектора, конфискация богатства через налогообложение должна была быть усилена и, наконец, была изложена концепция единого мирового правительства: международный экономический контроль, международные суды, обеспечивающие международное законодательство, регулирующее социальные вопросы.

Беглое изучение Коммунистического манифеста 1848 года показывает, где проводились "исследования" для "Четырех столпов". Хотя "Четыре столпа" имели дело исключительно с социализацией Великобритании, многие из их идей были реализованы на практике Вильсоном, Рузвельтом, Джонсоном, Картером, а теперь и Клинтоном. Лейбористы и Новый социальный порядок были нарасхват в Соединенных Штатах, где их революционные цели не признавались, даже когда Гитлер был представлен как величайшая угроза миру. Хотим мы того или нет, но на политике и программах, введенных Вильсоном, Рузвельтом, Кеннеди, Джонсоном, Картером и Рейганом, стояла печать "Сделано в Англии Фабианским обществом". Это верно в отношении Клинтона, чем в отношении любого из предыдущих президентов.

Рамзи Макдональд, посланный в США "шпионить за страной", стал первым премьер-министром Великобритании из социалистического Фабианского общества. Макдональд задал образец для будущих премьер-министров - окружить себя советниками-социалистами из Фабианского общества, традицию продолжили Маргарет Тэтчер и Джон Мейджор. По другую сторону Атлантики фабианские социалисты окружили президента Вильсона и представили ему программу социализации Соединенных Штатов. Это было впечатляющее достижение для тех нескольких человек, которые под руководством Пиза решили изменить мир на рубеже веков, и которые сделали это, в полной мере используя "советников президента".

Одной из восходящих звезд внутреннего круга Фабианского общества был сэр Стаффорд Криппс, племянник Беатрис Уэбб. Сэр Стаффорд сыграл важную роль в консультировании американских социалистов о том, как втянуть США во Вторую мировую войну. К 1929 году Криппс стал проводником вступления представителей высшего общества в фабианство, несмотря на то, что фабианство и коммунизм стали размытыми по краям, и несколько ведущих консерваторов того времени предупреждали, что между фабианским социализмом и коммунизмом мало что можно выбрать, кроме отсутствия членских билетов у фабианских социалистов.

В 1929 году взошла еще одна звезда, которой было суждено потрясти экономическую и финансовую политику многих стран, включая Англию, но, возможно, более важно - Соединенные Штаты. Джон Мейнард Кейнс стал виртуальной иконой Фабианского общества благодаря таким людям, как Голланц с его гигантским левым издательством и Клубом левой книги, и Гарольд Джозеф Ласки (1893-1950).

В редких документах Фабианского общества, которые я видел в Британском музее, высказывалось мнение, что без благословения Ласки Кейнс не достиг бы многого. Ласки был описан в этих газетах как "всеобщее представление о социалисте".

Даже великий Уэллс преклонил колено перед Ласки, назвав его "величайшим социалистическим интеллектуалом в англоязычном мире".

Ласки происходил из еврейских родителей скромного достатка, и говорят, что именно приход Гитлера к власти превратил его в активиста борьбы за права евреев в Палестине. Стычки с Эрнестом Бевином, социалистическим премьер-министром Великобритании, были частыми и яростными. 1er мая 1945 года Ласки, будучи председателем Лейбористской партии Великобритании, произнес речь, в которой повторил, что он не верит в еврейскую религию, потому что он марксист. Но сейчас Ласки говорит, что считает возрождение еврейской нации в Палестине жизненно необходимым. Это подтвердил сам Бен Гурион.

Мнение Ласки было передано президенту Трумэну и раввину Стивену Уайзу 20 апреля 1945 года. Трумэн унаследовал жесткую линию Рузвельта в отношении еврейских устремлений, продиктованную Ласки, и когда начались проблемы по вопросу разрешения еврейских поселенцев в Палестине, Трумэн отправил копию, как многие считают, фабианско-социалистического отчета о состоянии лагерей беженцев в Европе, призывая тогдашнего министра иностранных дел Бевина разрешить 100 000 евреев эмигрировать из лагерей и поселиться в Палестине.

Послание Трумэна вызвало у Бевина глубокие разногласия с Ласки и Трумэном. Образ Бевина в отношении евреев не был ни "за", ни "против". Его взгляды были решительно смягчены взглядами Клемента Эттли, тогдашнего премьер-министра Англии. Согласно Бевину, евреи не были нацией, в то время как арабы были ею. "Евреям не нужно собственное государство", - сказал Бевин. Он сказал Ласки, что не обратит ни малейшего внимания на предложение Трумэна, обвинив его в "давлении еврейских голосов в Нью-Йорке". Отказ Бевина смотреть на вещи (по-ласки и по-трумановски) привел к бесконечным препирательствам.

Бевин придерживался своей политики, основываясь на убеждении, что

> "Арабы, по сути, были коренными жителями региона и пробритански настроены, а сионистское государство означало вторжение иностранного и разрушительного элемента, который ослабит регион и откроет двери для коммунизма".

Даже когда Вейцман пошел ему навстречу, Бевин отказался предложить больше, чем месячная квота в пятнадцать сотен евреев, которые могли бы уехать в Палестину. Эта цифра должна была быть вычтена из числа нелегальных еврейских иммигрантов, ежемесячно въезжающих в Палестину. Это был один из немногих случаев, когда фабианский социализм и Ласки потерпели серьезное поражение.

Говорят, что Айн Рэнд использовала Ласки в качестве модели для своего романа "Фонтанная голова", написанного в 1943 году, а Сол Беллоу писал: "Я никогда не забуду наблюдения Мосби о Гарольде Ласки: о комплектовании Верховного суда, о российских процессах чистки и о Гитлере". Влияние Ласки все еще ощущается в Соединенных Штатах спустя сорок четыре года после его смерти. Его связь с Рузвельтом, Трумэном, Кеннеди, Джонсоном, Оливером Уэнделлом Холмсом-младшим, Луисом Брандейсом, Феликсом Франкфуртером, Эдвардом Р. Марроу, Максом Лернером, Авериллом Гарриманом и Дэвидом Рокфеллером глубоко изменит курс и направление, по которому двигалась нация, заложенное отцами-основателями.

Ласки преподавал в качестве профессора политологии в Лондонской школе экономики и был председателем Лейбористской партии Великобритании, когда Анеран Беван был премьер-министром. Ласки был похож на Джорджа Бернарда Шоу; он без колебаний представлялся любому, с кем хотел познакомиться. Он поддерживал дружеские отношения с теми, кто был наиболее важен для продвижения социалистических идей. Ричард Кроссман, близкий соратник, описывает его личность как "теплый и общительный, человек, который самостоятельно поднялся на вершину, публичный интеллектуал". Говорят, что Ласки был щедрым и добрым, и людям нравилось общаться с ним, а также он был неутомимым социалистическим крестоносцем.

Важный шаг в прогрессе фабианского социализма был сделан в 1940-х годах в докладе Бевериджа о серии эссе под простым названием "Социальное обеспечение". 1942 год был выбран именно по психологическим причинам. Британия переживала самые мрачные дни Второй мировой войны. Это было время, когда социализм давал надежду. Ласки предложил этот план Джону Г. Винанту, послу США при дворе Сент-Джеймса. Юджин Мейер из *Washington Post* описывает внимание Рузвельта. В Великобритании такие известные представители Фабианского общества, как лорд Пакенхэм, произнесли сотни громких речей в поддержку чудесной идеи ликвидации нужды и лишений. Британская общественность в восторге.

Но пять лет спустя британское правительство "одалживало" у Соединенных Штатов значительные средства на социальное обеспечение. Джон Стрэчи, которого так боготворили фабианские социалисты, обнаружил, что хотя он регулировал размер социального обеспечения, увеличивая его по мере необходимости, этого все равно было недостаточно для создания покупательной способности, поэтому Стрэчи, марксист № 1 и министр продовольственного снабжения, был вынужден нормировать поставки. Социалисты почти обанкротили страну за один 1947 год, потратив на свои социалистические программы 2,75 миллиарда долларов, причем эти деньги были "одолжены" у США! Эти "займы" были делом рук Ласки, Гарри Декстера Уайта из Казначейства США и советского информатора.

Поистине поразительно, что американский народ хранит молчание перед лицом такого финансирования социалистических несбыточных мечтаний, которое от него ожидалось. Единственная причина, которая приходит на ум, почему американский народ не протестовал, заключается в том, что от него скрывали правду. В 1920-х годах Федеральный резерв "одолжил" Британии 3 миллиарда долларов, чтобы система "dole" (социального обеспечения) могла продолжаться, в то время как у нас дома пенсии ветеранов войны были урезаны на 4 миллиона долларов в год в качестве частичного взноса. Может ли такое произойти снова? Информированные люди считают, что это не только может произойти снова, но и что реакция американского народа будет такой же; по большей части, полное безразличие.

Но даже при непоколебимой, пусть и неофициальной, помощи Гарри Декстера Уайта социализм сам по себе не мог финансировать свои грандиозные планы, и когда Конгресс наконец обнаружил всю степень финансовой поддержки Уайтом социалистической Великобритании, сэр Стаффорд Криппс был вынужден признаться и сказать британскому народу, что отныне социальное обеспечение должно финансироваться за счет подоходного налога. В период 1947-49 годов налоги росли, продовольствия не хватало, доходы падали, и хотя фабианские группы неустанно работали над поиском решения, которое заставило бы социализм работать - кроме заимствования денег у США - они всегда приходили к одному и тому же выводу: дефицитные расходы или отказ от фабианских социалистических программ как неработоспособных.

Великобритания превратилась из выгодного поставщика товаров и услуг и посредника для других стран в нищую нацию. Короче говоря, социалистические программы были ответственны за разрушение ее многовековой, процветающей экономики. Великобритания стала напоминать банановую республику. Цепляясь за что попало, Лейбористская партия (лидерами которой были почти все фабианские социалисты) думала, что сможет исправить ситуацию путем национализации и большего нормирования, но избиратели не дали Фабианскому обществу ни единого шанса и изгнали лейбористов на всеобщих выборах 1950 года.

Наследие Фабианского общества? С пустой казной, истощенными золотыми запасами и низким уровнем производства, оно пыталось дистанцироваться от дискредитировавшей себя Лейбористской партии, утверждая, что "Фабианское общество не является политической партией". Выступая в Палате общин, известный социалист Альберт Эдвардс сказал:

> "Я потратил годы, рассуждая о недостатках капиталистической системы. Я не отказываюсь от этой критики. Но мы видели эти две системы бок о бок. И человек, который до сих пор ратует за социализм как способ избавить нашу страну от пороков капитализма, действительно слеп. Социализм просто не работает".

Однако, несмотря на полный и полный провал социализма на практике, а не в теории, в Соединенных Штатах все еще были люди, решительно настроенные на то, чтобы запихнуть провальную социалистическую политику в глотку американского народа. Рузвельт, Трумэн, Кеннеди, Джонсон, Никсон, Буш и Картер, казалось, были полны решимости игнорировать великий социалистический фиаско по ту сторону Атлантики и, побуждаемые своими советниками-социалистами, приступили к реализации американских версий тех же старых неудачных фабианских социалистических теорий и политик.

Все еще связанные с Великобританией общим языком и наследием, социалисты сумели вовлечь Соединенные Штаты в свою мечту о едином мировом правительстве через Атлантический альянс или Атлантический союз. Игнорируя мудрость прощального послания президента Джорджа Вашингтона, сменявшие друг друга правительства США реализовывали, по сути, фабианский социалистический проект мирового правительства, в котором Американцы за демократические действия (АДА) играли значительную роль. Королевский институт международных отношений (RUA), расположенный в Chatham House, Сент-Джеймс Сквер, Лондон, "мать" американского Совета по международным отношениям (CFR), также принимал активное участие в этом сугубо социалистическом предприятии.

Кампания "Социалистические руки через море" была подкреплена присутствием Оуэна Латтимора в университете Лидса. Латтимор, профессор Джонса Хопкинса, наиболее известен своим вероломным поведением на посту главы Института тихоокеанских отношений (IPR), которому приписывают инициацию торговой политики США в отношении Японии. Это привело к нападению на Перл-Харбор и вступлению Соединенных Штатов во Вторую мировую войну, когда немецкая армия разгромила так называемых "союзников", которые смотрели в лицо поражению в Европе.

Взлет Гарольда Вильсона как будущего премьер-министра Англии можно отнести на счет администрации Кеннеди, которая после того, как отправила Гарольда Макмиллана "со скайболтом", как выразился один комментатор, администрация Кеннеди излучала доброту и компетентность по отношению к "оксфордскому социалисту в серой фланели", как описывали Вильсона. Вильсон отправился в Америку, чтобы найти способ избраться с помощью лозунга, и он нашел его среди рекламных агентов Мэдисон-авеню. Странно, что социализму пришлось обратиться к капитализму, чтобы узнать, как делаются дела!

Однако не успел Уилсон занять пост премьер-министра, как он заявил в Палате общин, что его политика будет обычным социализмом: национализация промышленности, "социальная справедливость" и, конечно же, налоговая реформа, увеличение доли корпоративных доходов, налоги на фонд заработной платы и все социалистические вещи. Воодушевленный Вильсон говорит своим коллегам-фабианским социалистам, что они могут быть уверены в успехе, потому что "нам симпатизирует американское правительство".

На самом деле Уилсон имел в виду, что правительство США, похоже, как никогда ранее, готово оплачивать счета за экстравагантные социалистические расходы своего лейбористского правительства. И снова мы подчеркиваем вклад в "мировой социализм".

Премьер-министр Вильсон, хорошо используя свои американские связи, занял четыре миллиарда долларов у Международного валютного фонда (главным спонсором которого были и остаются США). В очередной раз было продемонстрировано, что социалистические программы не могут нести свой собственный вес и, подобно динозавру, рухнут, если их не поддержать. МВФ был создан лордом Кейнсом, который назвал его "по сути социалистическим проектом".

Но в Соединенных Штатах раздавались голоса против тревожного проникновения социализма в правительство, которое началось с Вильсона, ускорилось с Рузвельта и стало более смелым и откровенным в администрации Кеннеди. Одним из них был сенатор Джозеф Маккарти из Висконсина. Истинный патриот, Маккарти был полон решимости искоренить социалистов и коммунистических агентов перемен, которыми был заражен Государственный департамент США. Эту борьбу Маккарти начал в 1948 году с администрации Трумэна и продолжил с администрацией Эйзенхауэра.

Фабианское общество встревожилось. Как она будет защищать свое проникновение в правительство США и его институты от публичного разоблачения? За помощью фабианцы обратились к организации "Американцы за демократические действия", которая развернула масштабную клеветническую кампанию против сенатора от штата Висконсин. Без этой силы, с которой приходилось считаться, нет сомнений, что Маккарти достиг бы своей цели - разоблачения того, насколько правительство США и его институты были захвачены фабианским социализмом, который Маккарти ошибочно назвал "коммунизмом".

ADA потратила сотни тысяч долларов на попытки обуздать Маккарти, даже распространила тысячи копий личных финансов сенатора, в нарушение правил Сената, которые попали в подкомитет Сената. Социалистическое издание "New Statesman" внезапно обратило свое внимание на Конституцию и Билль о правах, предположив, что слушания Маккарти поставили под угрозу эти "священные права". Поддержанная ADA резолюция, осуждающая Маккарти, стала доказательством того, что Демократическая партия тогда, как и сейчас, находилась в руках международных социалистов из Фабианского общества. АДА без колебаний присвоила себе заслугу "остановить Маккарти".

После падения сенатора Маккарти Фабианское общество вздохнуло с облегчением: оно еще никогда не было так разоблачено. Человек, который мог предотвратить атаку ADA, не явился на слушания в Сенате. Сенатор Джон Ф. Кеннеди, заклятый поклонник сенатора от штата Висконсин, во время голосования, как сообщается, был прикован к больничной койке. Причина его отсутствия не была объяснена. Своим приходом к власти Кеннеди обязан Маккарти, который отказался агитировать за Генри Кэбота Лоджа, когда тот баллотировался против Кеннеди в Массачусетсе.

Этот малоизвестный факт не предвещает ничего хорошего для независимости Соединенных Штатов и Республики, которую они защищают. В будущем, если социализм не будет радикально проверен, а затем выкорчеван, клятва верности вполне может гласить:

> "Я клянусь в верности флагу Соединенных Штатов и социалистическому правительству, которое он представляет...".

Не будем думать, что это надуманно. Помните, что небольшая группа ничего не значащих молодых людей, которые начали свое движение в Лондоне, движение, распространившее свой опасный яд по всему миру, также считались "сумасшедшими" в свое время. Теперь Фабианское общество было вновь активизировано. Когда угроза маккартизма была устранена, а в

Белом доме появился новый, молодой президент, прошедший обучение у Гарольда Ласки в Лондонской школе экономики и под влиянием Джона Кеннета Гэлбрейта, социалисты, казалось, были готовы вгрызться в колючий мозг и мышцы правительства США. В конце концов, разве "Новый рубеж" Кеннеди не был на самом деле книгой, написанной великим социалистом Генри Уоллесом?

Уоллес без колебаний выдвинул цели социализма:

> "Социально дисциплинированные люди будут работать сообща, чтобы увеличить богатство человеческой расы и применить свои изобретательские способности для преобразования самого общества. Они изменят (реформируют) правительственный и политический аппарат, систему цен и ценностей, чтобы реализовать гораздо более широкие возможности социальной справедливости и социальной благотворительности (благосостояния) в мире... Люди могут с полным правом считать, что они выполняют столь же высокую функцию, как и любой служитель Евангелия. Они будут не коммунистами, социалистами или фашистами, а простыми людьми, пытающимися демократическими методами достичь целей, которые исповедуют коммунисты, социалисты или фашисты...".

То, что администрация Кеннеди изначально приступила к реализации программы, которая казалась еще более радикальной, чем программа эпохи Рузвельта, не оспаривается. Даже тот факт, что АДА выбирал свой кабинет и советников в пределах одного человека, хорошо известен. В Великобритании фабианские социалисты широко улыбались: их время, казалось, пришло. Но их счастье стало сдерживаться, когда новости из США показали, что Кеннеди не оправдал их социалистических ожиданий.

Рупор АДА, "New Republic", в редакционной статье, опубликованной 1 июня[er] 1963 года, сказал: "В целом, производительность Кеннеди менее впечатляет, чем стиль Кеннеди". Видение Ласки о "новом Иерусалиме" в англоязычном мире и построении нового социалистического общества, казалось, было отложено - по крайней мере, на некоторое время. Ласки смог справиться с лидерами Лейбористской партии Эттли, Далтоном, Макдональдом, братьями Кеннеди, вопрос в том, смогут ли его преемники справиться с "американской стороной" так же хорошо, как он?

Возникновение фабианства в Соединенных Штатах можно проследить на примере Братства новой жизни, а затем Бостонского клуба Беллами, который был образован после визита в США в 1883 году Сиднея Вебба и историка Фабианского общества Р.Р. Пиза, одного из четырех первых фабианцев. Клуб Беллами был основан генералом Артуром Ф. Деверо и капитан Чарльз Е. Бауэрс, при поддержке журналистов Сайруса Филда, Уилларда и Фрэнсис Е. Уиллард. Клуб не был предназначен для продвижения социализма. Главной заботой Деверо был массовый приток необразованных иммигрантов в Соединенные Штаты, которые, по его мнению, не были готовы к их приему.

Генерал Деверо считал, что ситуацию необходимо пресечь в зародыше, пока она не вышла из-под контроля. (Он не мог предвидеть ужасную, намеренно надуманную ситуацию с иммиграцией, которая сложилась в США в 1990 году - благодаря социалистической политике). Когда Деверо и его друзья готовились к созданию Бостонского клуба Беллами, Уэбб прибыл из Англии в сентябре 1888 года и связался с основателями клуба. Почувствовав возможность, Уэбб и Пиз смогли включить в принципы клуба национализацию частной промышленности, а его название изменить на Бостонский националистический клуб. Уэбб и Эдвард Беллами присутствовали на открытии собрания. 15 декабря 1888 года было посажено семя фабианского социализма в Соединенных Штатах, которому суждено было прорасти в огромное дерево.

Что касается искусства, то к 1910 году пьесы Шоу были поставлены Театральной гильдией Нью-Йорка профессором Гарвардского социалистического клуба Кеннетом Макгоуэном с использованием методов, полученных в Московском художественном театре. Лига промышленной демократии, "Американцы за демократические действия" были еще далеко в будущем, но основы их организаций уже были заложены.

Шоу и Уэллса обхаживали литературные агенты по всей

Америке, особенно в университетских городах, а социалистические журналы "*The New Republic*", "*The Nation*" и "*Socialism Of Our Times*" под редакцией Нормана Томаса и Генри Лэйдлера набирали обороты.

Частый автор журнала New Republic, Ласки преподавал в Гарварде во время Первой мировой войны. Его несимпатичные критики говорят, что таким образом он избежал любой возможности служить в каком-либо качестве в британских военных действиях. Именно от "Новой республики" Вудро Вильсон получил поддержку не только при втягивании Соединенных Штатов в этот пожар, но и на протяжении всего его катастрофического хода. Если когда-либо и была "социалистическая война", то это была именно она. Новая Республика" не проявляла такой же заботы о страшной бойне, которая происходила в России под прикрытием большевизации России.

Ласки был восторженным поклонником Феликса Франкфуртера, и некоторые из его писем, восхваляющих Франкфуртера, показывают степень проникновения фабианского социализма в американскую правовую систему. Во время одного из своих многочисленных визитов в США Ласки призвал АДА и других американских социалистов к активным действиям по принятию законов о повышении налогов: более высокие и новые налоги на незаработанные высокие доходы - вот путь к справедливому распределению налогов, сказал Ласки. Он также поддерживал постоянный контакт со своим другом судьей Феликсом Франкфуртером, призывая его добиваться "реформ" Конституции США, в частности, конституционного разделения полномочий между исполнительной, законодательной и судебной ветвями власти.

Ласки постоянно был на стороне Франкфуртера и постоянно нападал на Конституцию США, насмешливо называя ее "самой сильной защитой капитализма, классовым документом". Ласки назвал Рузвельта "единственным оплотом против фашистской формы капитализма". То, что Ласки не был обвинен в подстрекательстве к мятежу за попытку свержения Конституции США, было большой ошибкой. Частый посетитель Белого дома Рузвельта, он также был очень скрытным в этом отношении, такие визиты никогда не упоминались в прессе.

Встречи всегда организовывались через Феликса Франкфуртера. Во время одного из таких визитов Ласки, по словам его биографа, сказал Рузвельту: "Либо капитализм, либо демократия должны победить" и призвал президента "спасти демократию". Под "демократией" Ласки, очевидно, подразумевал СОЦИАЛИЗМ, поскольку социалисты уже давно приняли "демократию" в качестве знаменосца социализма. Во время Второй мировой войны Ласки часто призывал Рузвельта сделать мир безопасным, заложив основы послевоенного социализма. Говорят, что социалистическое образование, полученное Рузвельтом от Ласки, почти равно тому, которое получил Джон Ф. Кеннеди, будучи студентом Ласки в Лондонской школе экономики.

Некоторые осознавали происходящее. Конгрессмен Тинкхэм внес в протокол заседания Палаты представителей Конгресса 14 января 1941 года письмо, написанное Амосом Пинчотом. В письме Пинчота говорится:

> *"Многие молодые социалисты заявляют, что то, что обычно называют программой Рузвельта, на самом деле является программой Ласки, навязанной мыслителям Нового курса, а в конечном итоге и президенту, лондонским профессором экономики и его друзьями".*

Единственное, что неверно в этом смелом заявлении, это то, что Ласки был профессором политологии, а не экономики. В остальном, наблюдение попало прямо в цель!

Ласки поддерживал длительную переписку с Франкфуртером, призывая его быть бдительным и продвигать "политическую психологию" фабианского социализма. Несомненно, совет Ласки Франкфуртеру послужил основой для радикальных изменений, произведенных Верховным судом, изменений, которые полностью изменили курс и характер Соединенных Штатов. Если можно сказать, что у "Нового курса" был отец, то этим отцом был не Рузвельт, а профессор Гарольд Ласки из Фабианского общества.

Даже сегодня немногие американцы знают о значительном

влиянии, которое профессор Ласки из Фабианского общества оказал на Рузвельта. Через шесть месяцев после того, как Перл-Харбор, как и планировалось, втянул США во Вторую мировую войну, Элеонора Рузвельт пригласила Ласки стать основным докладчиком на Международном студенческом конгрессе, который должен был состояться в сентябре 1942 года и на котором Черчилль отказался разрешить Ласки присутствовать.

Конгрессмен Вудрафф из Мичигана выразился очень лаконично, когда осудил Ласки за то, что у него есть "ключ от задней двери Белого дома". Если бы патриоты получили доступ к частным письмам Ласки, Франкфуртера и Рузвельта, они могли бы вызвать достаточно праведного негодования, чтобы Ласки был изгнан из страны, чего он вполне заслуживал.

Грэм Уоллас был еще одним великим социалистом, чье влияние на Франкфуртера и судью Оливера Уэнделла Холмса, как говорят, изменило американскую юриспруденцию. Говорят, что через Уильяма Уисмена, главу североамериканского офиса МИ-6, Ласки добился назначения Франкфуртера в одну из самых первых чисто социалистических рабочих групп: Посредническая комиссия по промышленным спорам.

В Великобритании фабианство проникло в каждый уголок гражданской и военной сцены. Ни одна сторона общества не была защищена от его проникновения, и именно этого курса он должен был придерживаться в своем вторжении в Соединенные Штаты. По правде говоря, социализм - более смертоносный враг, чем тот, с которым столкнулись Джордж Вашингтон и его войска в американской войне за независимость. Эта продолжающаяся война никогда не прекращается, день и ночь продолжается битва за сердца, умы и души американской нации.

Одним из оплотов против проникновения социализма является христианская религия. Клемент Этли, один из ведущих фабианцев, ставший премьер-министром Англии, приписывает успех фабианских социалистов их проникновению в мир труда. Но в ирландские католические профсоюзы никогда не проникали Уэбб, Шоу или любой другой лидер Фабианского общества. Сегодня у нас много надежд, поскольку мы пытаемся найти способы остановить неумолимое шествие социализма по североамериканскому континенту, шествие, которое закончится в коммунистических лагерях для рабов, ибо действительно, социализм - это путь к рабству.

Скользкие, подлые и предательские методы, используемые для распространения социализма, никогда не демонстрируются лучше, чем на примере выдающихся социалистов, которые никогда не были признаны таковыми. Эти ведущие деятели занимали высокие посты, никогда открыто не признаваясь в своих социалистических устремлениях. Несколько имен проиллюстрируют этот момент: в Великобритании :

- Достопочтенный Л. С. Амери. Прочитал лекцию в Ливингстон Холле, важном образовательном центре.
- Профессор А.Д. Линдсей, преподаватель Кингстон Холла, крупного образовательного центра. Анни Безант, лидер теософского движения,
- Освальд Мосли, член парламента и лидер фашистов в Англии.
- Малкольм Маггеридж, писатель, академик, лектор.
- Бертран Рассел, старший государственный деятель, "Комитет 300", лектор в Кингсвей Холл.
- Уикхем Стид, возможно, один из самых известных комментаторов Британской вещательной корпорации (BBC), чьи взгляды повлияли на миллионы слушателей BBC.
- Арнольд Тойнби, лектор в Кингсвей Холл.
- Дж. Б. Пристли, автор.
- Ребекка Вест, преподаватель в Кингсвей Холл.
- Энтони Веджвуд Бенн, лектор в Кингсвей Холл. Сидни Сильверман, лектор и парламентарий.

На американской стороне следующие деятели хорошо скрывали свои социалистические убеждения:

- Арчибальд Кокс, специальный прокурор Уотергейта.
- Артур Голдберг, министр труда, представитель ООН и др.
- Генри Стил Коммагер, писатель и редактор.
- Джон Гантер, писатель, репортер журнала *LIFE*.
- Джордж Ф. Кенан, специалист по большевистской России.
- Джозеф и Стюарт Алсоп, писатели, газетные обозреватели, создатели мнений.
- Доктор Маргарет Мид, антрополог, автор.
- Мартин Лютер Кинг, лидер движения за гражданские права Южной христианской конференции лидеров.
- Аверилл Гарриман, промышленник, представитель путешественников, видный демократ.
- Берч Байх, сенатор США.
- Генри Фаулер, заместитель секретаря Казначейства США.
- G. Меннен Уильямс, промышленник, Государственный департамент.
- Адлай Стивенс, политик.
- Пол Волкер, Федеральная резервная система США.
- Честер Боулз.
- Гарри С. Трумэн, президент Соединенных Штатов Америки.
- Лоуэлл Вейкер, сенатор США.
- Хьюберт Хамфри, сенатор США.
- Уолтер Мондейл, сенатор США.
- Билл Клинтон, президент, США.
- Уильям Слоан Коффин, церковный лидер.

Существуют сотни других имен, некоторые из них известны, некоторые менее значительны, но приведенных выше достаточно, чтобы проиллюстрировать суть. Карьера этих людей очень хорошо вписывается в тип врага, описанный президентом Эндрю Джексоном.

Одним из тех, кто внес большой вклад в распространение социализма в Великобритании и США, был знаменитый Малкольм Маггеридж. Сын Х.Т. Маггеридж, Малькольм сделал блестящую карьеру, написав статью для "Punch", имея хорошие связи в Москве. Тот факт, что он был племянником великой леди Беатрис Уэбб, имел к этому какое-то отношение. Маггеридж писал для New Statesman и Fabian News и был востребован в качестве лектора в школах выходного дня Общества. Малкольм Маггеридж стал одной из главных визитных карточек социализма в США и часто занимал видное место в телевизионных интервью.

Глава 2

ЧТО ТАКОЕ СОЦИАЛИЗМ, ПОЧЕМУ ОН ВЕДЕТ К РАБСТВУ

"С точки зрения целей, которые они преследуют, социализм и коммунизм являются практически взаимозаменяемыми терминами. Действительно, партия Ленина продолжала называть себя "социал-демократической" до седьмого съезда партии в марте 1918 года, когда она заменила термин "большевистской" в знак протеста против нереволюционной позиции западных социалистических партий...". Эзра Тафт Бенсон - *Наперегонки со временем*, 10 декабря 1963 года.

"Через реструктуризацию,[4] мы хотим придать социализму второе дыхание. Для достижения этой цели Коммунистическая партия Советского Союза возвращается к истокам и принципам большевистской революции, к ленинским идеям построения нового общества". Михаил Горбачев, в речи в Кремле в июле 1989 года.

Эти очень показательные комментарии и другие, которые мы процитируем позже, показывают социализм в его правильной перспективе. Большинство американцев сегодня имеют лишь смутное представление о том, что такое социализм, рассматривая его как полублагородное движение,

[4] Перестройка, Ндт.

целями которого является общее повышение уровня жизни простых людей. Ничто не может быть дальше от истины. У социализма есть только одно место, и это - коммунизм. Нас осаждали СМИ, заставляя верить, что коммунизм мертв, но некоторые размышления убедят нас в обратном.

Фабианские социалисты внимательно следили за Коммунистическим манифестом 1848 года, но в более элегантной и менее резкой форме. Однако их цели были одинаковы: мировая революция, которая приведет к созданию единого мирового правительства - нового мирового порядка - в котором капитализм будет заменен социализмом в государстве всеобщего благосостояния, где каждый человек будет подотчетен диктаторской социалистической иерархии во всех жизненных вопросах.

Не будет ни частной собственности, ни конституционного правительства, только авторитарное правление. Каждый человек будет обязан социалистическому государству своими средствами к существованию. На первый взгляд, теоретически это было бы очень выгодно для простых людей, но изучение социалистических экспериментов в Великобритании показывает, что эта система является полным и неработоспособным провалом. Как мы показываем в других местах, Великобритания в 1994 году полностью развалилась из-за социалистов и их государства всеобщего благосостояния.

Фабианские социалисты стремились достичь своих целей в Англии и США путем назначения интеллектуалов на ключевые посты, с которых они могли оказывать неоправданное влияние на смену руководства в обеих странах. В США двумя главными агентами в этом отношении, несомненно, были профессор Гарольд Ласки и Джон Кеннет Гэлбрейт. На заднем плане один из "старой гвардии" британского фабианства, Грэм Уоллас, был директором по пропаганде. Вместе они написали "Основы Фабианского общества социалистов".

> "Таким образом, Фабианское общество ставит своей целью реорганизацию общества путем освобождения земли и промышленного капитала от индивидуальной собственности и передачи их обществу для общего блага... Поэтому Общество добивается исчезновения частной

> собственности на землю... Общество также работает над передачей обществу промышленного капитала, которым общество может легко управлять. Для достижения этих целей Фабианское общество полагается на распространение социалистических взглядов и вытекающих из них социальных и политических изменений... Она стремится достичь этих целей путем общего распространения знаний об отношениях между человеком и обществом в их экономических, этических и политических аспектах".

В 1938 году цели и задачи общества были несколько изменены: "Фабианское общество социалистов".

> "Поэтому она направлена на создание общества, в котором экономическая власть отдельных лиц и классов будет упразднена коллективной собственностью и демократическим контролем над экономическими ресурсами общества. Она стремится достичь этих целей методами политической демократии. Фабианское общество связано с Лейбористской партией. Его деятельность направлена на пропаганду социализма и просвещение общественности в направлении социализма путем организации собраний, конференций, дискуссионных групп, конгрессов и летних школ, путем содействия исследованиям политических, экономических и социальных проблем, публикации периодических изданий, а также любыми другими подходящими средствами. "

Сразу бросается в глаза многократное употребление слова "сообщество", а также минимизация прав личности. Таким образом, получается, что фабианский социализм был настроен против христианства с первых собраний первых нескольких членов в Лондоне. Решимость национализировать промышленные проекты в интересах общества была очень очевидна и имела поразительное сходство с тем, что говорил по этому поводу Коммунистический манифест 1848 года. Также было ясно, что целью фабианского социализма является создание национального кооперативного общества общего богатства, в котором каждый будет иметь равные права на экономическое богатство нации.

Бостонский клуб Беллами, открывшийся в 1888 году, стал преемником Братства новой жизни с его теософским учением и первым фабианским социалистическим предприятием в США. Основание было несколько иным:

> "Принцип братства человечества - одна из вечных истин, которые управляют прогрессом мира по линиям, отличающим человеческую природу от грубой природы. Никакая истина не может восторжествовать, если она не применяется на практике. Поэтому те, кто стремится к благосостоянию человека, должны стремиться упразднить систему, основанную на грубых принципах конкуренции, и поставить на ее место другую систему, основанную на более благородных принципах ассоциации...".

> "Мы не выступаем за какие-либо внезапные или необдуманные перемены; мы не ведем войну с людьми, которые накопили огромные состояния только за счет реализации ложных принципов, на которых сейчас основан бизнес. Комбинации, тресты и союзы, на которые сейчас жалуются люди, демонстрируют практичность нашего фундаментального принципа ассоциации. Мы просто стремимся продвинуть этот принцип немного дальше и заставить промышленность работать в интересах нации - организованного народа, органического единства всего народа".

Эта проза - работа Сиднея Вебба и Эдварда Пиза, историка Фабианского общества, которые в 1880-х годах отправились в США, чтобы основать американский фабианский социализм. Мягкость тона и выбор слов маскируют суровость его революционных целей. Использование слова "реформы" было призвано обезоружить критиков, как и фабианские издания, такие как "The Fabian News", которые выступали за "реформы", которые могли бы нанести особый ущерб Конституции США. Это положило начало революции, которая превращает Соединенные Штаты из Республики Конфедерации в социалистическое государство всеобщего благосостояния (именно Джордж Вашингтон назвал Соединенные Штаты Республикой Конфедерации).

В "Американском Фабиане" 1895 года (в отличие от замаскированных социалистов, которые заполонили Палату представителей и Сенат США, судебные органы и выступают в качестве советников президента), социалистические цели

Фабиана для Америки были достаточно четко сформулированы:

> "Мы называем нашу газету "Американский Фабиан" по двум причинам: мы называем ее "Фабианской", потому что хотим, чтобы она представляла ту просветительскую социалистическую работу, которую так хорошо выполняет английское Фабианское общество... Мы назвали нашу газету "Американский фабианец", потому что наша политика должна в какой-то мере отличаться от политики английских фабианцев. Англия и Америка в некоторых отношениях похожи, в других - совершенно разные. Конституция Англии легко допускает постоянные, но постепенные изменения. Наша американская Конституция нелегко допускает такие изменения. Поэтому Англия может двигаться к социализму почти незаметно. Наша в значительной степени индивидуалистическая Конституция должна быть изменена, чтобы признать социализм, а каждое изменение требует политического кризиса".

Таким образом, с самого начала было ясно, что главной проблемой для внедрения социализма в Соединенных Штатах является Конституция, и с этого дня она стала объектом нападок социалистов на институты, составляющие Конфедеративную Республику Соединенных Штатов Америки. Как мы увидим, для этого были наняты такие закоренелые и бессердечные социалисты, как Уолт Уитмен Ростоу, чтобы подорвать самые основы нации. Как быстро поняли внимательные наблюдатели, фабианский социализм был не просто дружеским дискуссионным обществом, возглавляемым образованными профессорами и дамами, которые говорили с вежливым акцентом и создавали атмосферу мягкого разума.

Фабианский социализм развил искусство развенчания и лжи без видимой лжи. Многие были обмануты в Англии, а затем и в Соединенных Штатах, где нас до сих пор обманывают в больших масштабах. Но бывали случаи, когда социалистические лидеры не могли сдержаться, как, например, во время весенней конференции Восточных профессиональных школ учителей 1936 года. Роджер Болдуин объясняет двойной смысл слов, так часто используемых фабианскими социалистами: "прогрессивный" означает "те силы, которые работают над демократизацией промышленности путем расширения общественной собственности и контроля", а "демократия" означает "сильные профсоюзы, государственное регулирование бизнеса, собственность народа на отрасли, которые служат обществу".

Сенатор Леман был еще одним социалистом, который не мог сдержать своего рвения принести фабианский социализм в Соединенные Штаты. Выступая на юбилейном симпозиуме Американской Фабианской лиги на тему "Свобода и государство всеобщего благосостояния", Леман сказал:

> "Сто семьдесят лет назад концепция государства всеобщего благосостояния была воплощена в основной закон этой страны основателями республики... Отцы-основатели - это те, кто действительно создал государство всеобщего благосостояния".

Леман, как и многие его коллеги-социалисты в Сенате, не имел понятия о Конституции, поэтому неудивительно, что он спутал ее с Преамбулой к Конституции, которая никогда не была включена в Конституцию, просто потому, что наши отцы-основатели отвергали концепцию государства всеобщего благосостояния.

Преамбула Конституции: "для создания более совершенного союза и для общего благосостояния...". Сенатор Леман, похоже, перепутал свои желания с реальностью, поскольку этот пункт не является частью Конституции США. Он также, похоже, занимался излюбленным приемом социалистов - искажением слов и их значений.

В Конституции США есть пункт об общем благосостоянии, который содержится в статье 1, раздел 8 о полномочиях, делегированных Конгрессу. Но в данном контексте это означает общее благосостояние ВСЕХ граждан, т.е. состояние их благополучия, что далеко от социалистического значения всеобщих подачек, пособий, т.е. индивидуального благосостояния, обеспечиваемого государством.

Впервые американские социалисты попытались реализовать свой план нападения на промышленный капитал, вероятно, с помощью хитрого плана, предложенного Рексфордом Гаем

Тагвеллом. Этот план предусматривал назначение потребителей в двадцать семь промышленных советов, которые должны были быть созданы в соответствии с так называемым "Законом о национальном восстановлении". Тугвелл фактически пытался устранить мотив прибыли; лишенный своего внешне благожелательного намерения снизить цены для потребителей, реальное намерение состояло в том, чтобы уменьшить прибыль предпринимателей и соответственно повысить заработную плату рабочих, но эта схема была объявлена неконституционной единогласным решением Верховного суда. В 1935 году Суд еще не был заполнен "либеральными" (т.е. социалистическими) судьями. Рузвельт быстро принял меры для устранения этого "дисбаланса". Можно с уверенностью сказать, что Верховный суд 1920-х и 1930-х годов фактически спас Соединенные Штаты от удушения фабианских социалистов, которые проникли на все уровни власти, в банковскую систему, промышленность и Конгресс с целью буквально подавить страну.

Социалисты, пытаясь обойти Конституцию с помощью так называемых "законов", таких как неконституционный законопроект Брэди, не знают, что Конституция США - это "идеальный баланс или равновесие общего права". Конституция была написана таким образом, что все ее положения встречаются посередине и нейтрализуют друг друга, поэтому законопроекты, которые социалисты пытаются принять на основании того, что они могут расколоть Конституцию, не имеют юридической силы. Конституцию следует читать в целом, ее нельзя изолировать и разделять в угоду причудливым устремлениям таких людей, как президент Клинтон. Именно с этим столкнулся Рэмси Макдональд, и именно это полностью разочаровало профессора Ласки.

Фабианское общество в Лондоне и его американский аналог не были известны тем, что позволяли препятствиям вставать на своем пути. Чтобы обойти конституционные гарантии, американская Фабианская лига выдвинула идею выносить все свои предложения, противоречащие конституции, на референдум. Очевидно, что, обладая значительными ресурсами и имея в кармане почти всю стипендиальную прессу, фабианцы были уверены, что смогут склонить общественное мнение в свою пользу. Только посмотрите, что они сделали, поддерживая абсолютно незаконную войну Джорджа Буша в Персидском заливе.

Зная истинную природу социализма и его цели, легче понять, почему большевистская революция была куплена и оплачена лондонским Сити и банкирами с Уолл-стрит, поддержана действиями правительства, которое, казалось, всегда помогало большевикам. Большевистская революция, столь дорогая Горбачеву, не была коренной революцией русского народа. Скорее, это была чужая идеология, навязанная русскому народу ценой миллионов жизней. Русский народ не хотел и не требовал большевизма; он не имел права голоса и не мог защитить себя от этой чудовищной политической, социальной и религиозной силы, вторгшейся в его страну.

То же самое относится и к социализму, который заставляет людей принимать намеренно разработанные, далеко идущие изменения, которых они не хотят и которые осуществляются против их воли. Возьмем пример так называемого договора о Панамском канале. Единственное различие между большевизмом и социализмом заключается в том, что большевик использует грубую силу и террор, а социалист действует медленно и скрытно, причем намеченная жертва никогда не знает, кто враг и каков будет конечный результат.

В "Мировой революции" мы находим истинные цели коммунистов и их социалистического двойника:

> "Целью мировой революции не является уничтожение цивилизации в материальном смысле: революция, которой желают правители, - это революция моральная и духовная, анархия идей, в результате которой все нормы, установленные в течение девятнадцати веков, будут низвергнуты, все почтенные традиции растоптаны ногами, и, прежде всего, христианский идеал будет окончательно уничтожен".

Изучение книги Франклина Рузвельта "На нашем пути" приводит примерно к такому же выводу.

Эмма Голдман, одна из ярких звезд социалистов, организовала

убийство президента Мак-Кинли. Это был "прямой" метод, который предпочитал коммунизм, но в последние два десятилетия мы стали свидетелями социалистической анархии, которая прибегает к клевете, наговорам, измене, диффамации и очернению отдельных членов Палаты представителей, Сената и президента, которые пытались разоблачить ужасного сенатора Джозефа Маккарти, сенатора Хьюи Лонга, вице-президента Агню - список можно продолжать и продолжать, но этих имен должно быть достаточно, чтобы понять суть.

Благородство" фабианских социалистов далеко от истины. Они хотят взять под контроль образование и издательское дело с единственной целью - изменить сознание людей путем ложного изменения предпосылок, на основе которых формируются мнения, индивидуальные и массовые. Небольшая группа фабианских социалистов решила достичь этой цели, двигаясь тихо и незаметно, чтобы не привлечь внимание общественности, которую они хотели захватить, к своей истинной цели. Можно с определенной степенью точности сказать, что сегодня, в 1994 году, эта небольшая группа прошла долгий путь и практически контролирует судьбу англоязычного мира.

Большевистская революция никогда бы не произошла без полной поддержки и финансовых ресурсов ведущих социалистов Великобритании и США. Подъем большевизма и то, как он финансировался лордом Альфредом Милнером и банками Уолл-стрит, ежедневно контролируемыми эмиссарами Милнера, Брюсом Локхартом и Сиднеем Рейли из британской секретной службы МИ-6, подробно описаны в книге "Дипломатия путем обмана".[5]

В США поставщики социалистов вывешивают другие вывески у своих политических окон. Никто никогда не называет себя социалистом, по крайней мере, публично. Они не носят

---

[5] См. "*Дипломатия путем лжи - рассказ о предательстве правительств Англии и Соединенных Штатов*", Джон Коулман, Omnia Veritas Ltd, www.omnia-veritas.com.

никаких значков, регистрируя себя как "либералы", "прогрессисты" и "умеренные". Движения, жаждущие власти, маскируются под "мир" и "гуманизм". В этом отношении американские социалисты не менее коварны, чем их британские контролеры. Они приняли отношение британских фабианских социалистов к национализму, объявив его несущественным и необходимым для достижения того, что они называют "социальным равенством", т.е. социализма. Американские социалисты присоединились к своим британским сородичам, заявив, что лучший способ сломить национализм и продвинуть дело социализма - это программа прогрессивного подоходного налога.

Фабианских социалистов можно узнать по людям, с которыми они встречаются, и по программам, которые они поддерживают. Это эмпирическое правило очень полезно для различения своих тайных мужчин и женщин. В США они работают в более медленном темпе, чем их британские коллеги, никогда не показывая направление, в котором они движутся. Один из них, Артур Дж. Шлезингер-младший, получивший Пулитцеровскую премию за социалистическое руководство, писал:

> "Кажется, нет никаких внутренних препятствий для ГРАДУАЛЬНОГО (выделено автором) внедрения социализма в США через серию "новых соглашений", что является процессом отката к социализму." (*Партизанское обозрение* 1947)

Мы должны осознавать, что традиционные свободы, которые мы считаем само собой разумеющимися, находятся под серьезной угрозой социализма, который постепенно приводит к глубоким и разрушительным изменениям. Между тем, благодаря их контролю над книжной индустрией, издательским делом в целом и прессой, мы подвергаемся непрерывному процессу обуславливания "психополитикой", чтобы принять эти навязанные социализмом изменения как неизбежные. Смертоносные и разрушительные социалистические программы, навязанные США, начиная с президентства Вильсона, всегда казались выгодными и полезными, в то время как на самом деле они были разрушительными и разделительными.

Социализм по праву можно назвать опасным заговором, скрывающимся под плащом реформ. Почти без исключения их программы называли и продолжают называть "реформами". Социалисты "реформировали" образование, и они же "реформируют" здравоохранение. Они "реформировали" банковскую систему, и эта "реформа" дала нам Федеральные резервные банки. Они "реформировали" торговое законодательство и отменили защитные тарифы, которые обеспечивали большую часть доходов, необходимых для управления страной, до 1913 года.

В сфере образования фабианские социалисты стремятся создать "посредственное большинство", которое будет внешне, но не по существу, образованным.

Фабианские социалисты вели тайную войну за контроль над образованием, которая началась в 1920-х годах и завершилась победой в 1980 году с созданием Министерства образования, подписанного президентом Картером. Эта великая победа социализма гарантировала, что среднюю школу будут заканчивать только посредственные ученики. Такова была сумма и суть "реформы" социалистического образования. За рубежом существует заблуждение, что сегодня мы умнее наших предков. Однако если мы посмотрим на школьные программы 1857 года, то увидим, что эта идея абсолютно ложна. Предметы, по которым учащиеся средней школы должны были иметь достаточный уровень знаний, чтобы окончить школу, включают в себя :

"Арифметика Томпсона" "Алгебра Робинсона" "Алгебра Дэви" "Геометрия Дэви" "Философия Комстока" "История Уилларда" "Физиология Каттера" "Грамматика Брауна" "География Митчелла" "Серия Сандера".

Если вы посмотрите на учебную программу колледжа в конце 1880-х годов, вы будете поражены сложностью и количеством преподаваемых предметов. В те времена студенты изучали историю и знали все о Наполеоне и Александре Македонском. Загадок, т.е. вопросов с множественным выбором, не было. Студенты могли отвечать или не отвечать на вопросы в своих экзаменационных работах. Если они не знали их, то терпели неудачу и должны были остаться в школе, чтобы узнать больше.

Не было никаких факультативов, чтобы справиться с тем, чего вы не знали. Сегодня один факультатив за другим, оставляя учеников необразованными и неподготовленными к внешнему миру. В результате получается посредственность, и это цель образовательных "реформ" фабианского социализма - создать нацию с посредственным уровнем образования.

Великая социалистическая беда, погубившая образование в Соединенных Штатах, произошла после рассмотрения Верховным судом США дела "Браун против школьного совета Топеки, Канзас". В данном случае социалисты добивались того, чтобы образовательные стандарты были установлены чуть выше самого низкого общего знаменателя, чуть выше самых отсталых элементов класса. Это был уровень, на котором отныне должны были обучаться все дети. Очевидно, что самые умные ученики оставались на низком уровне.

Образование в Соединенных Штатах настолько ухудшилось, что даже те, кого мы считаем избранными на службу в Конгресс, не понимают языка Конституции США, а наши сенаторы, в частности, с каждым годом становятся все более и более некомпетентными в вопросах Конституции.

Вернемся к большевистской революции. Английские социалистические лидеры создали ложное впечатление, что это была "социалистическая" революция, призванная улучшить положение русского народа и положить конец тирании Романовых. На самом деле Романовы были самыми доброжелательными монархами в Европе, искренне любившими и заботившимися о своем народе. Обман - отличительная черта социализма. Его девиз. "Спешить медленно" - обманчиво, ибо социализм не был медленным и не является другом рабочих. Социализм - это коммунизм, который движется более осторожно, но цели одни и те же, хотя средства в некоторых случаях отличаются. Общая цель коммунизма и социализма - ликвидировать истинную капиталистическую систему свободного предпринимательства и заменить ее сильным центральным правительством, контролирующим все аспекты производства и распределения товаров и услуг. Любой, кто встает на их пути, немедленно получает клеймо "реакционера", "правого экстремиста", "реакционера маккартизма", "фашиста", "религиозного экстремиста" и т.д. Когда вы слышите эти слова, вы знаете, что говорящий - социалист.

Коммунизм и социализм имеют общую цель - создание федерального правительства, единого мирового правительства, или, как его чаще называют, "нового мирового порядка". Узнайте, что сказали их лидеры:

> "Я убежден, что социализм - это правильно. Я приверженец социализма... Мы, конечно, не собираемся менять советскую власть или отказываться от ее основополагающих принципов, но мы признаем необходимость перемен, которые укрепят социализм", - Михаил Горбачев.

> "Конечной целью Совета по международным отношениям (CFR) является создание единой мировой социалистической системы и превращение Соединенных Штатов в ее официальную часть." - Сенатор Дэн Смут, *"Невидимая рука"*.

> "Американский народ никогда сознательно не примет социализм, но под именем либерализма он будет принимать каждый фрагмент социалистической программы, пока в один прекрасный день Америка не станет социалистической нацией, не зная, как она к этому пришла...". При Эйзенхауэре Соединенные Штаты больше продвинулись к принятию социализма, чем при президенте Франклине Д. Рузвельте. - Норман Томас. *Два мира*.

Чтобы понять весь план и цель американской социалистической "законодательной акции" Флоренс Келли, необходимо сначала внимательно прочитать Декларацию принципов фабианских социалистов и международного социализма:

> "Ее цель - получить большинство в Конгрессе и в законодательных органах каждого штата, завоевать главные исполнительные и судебные должности, стать доминирующей партией и, оказавшись у власти, передать

> отрасли промышленности в собственность народа, начиная с тех, которые имеют общественный характер, таких как банковское дело, страхование и т.д.".

В Соединенных Штатах подавляющее большинство социалистов состоит в Демократической партии, а некоторые "прогрессисты" - в Республиканской партии. В этом смысле фабианский социализм является политической партией, хотя и путем поглощения, как это произошло в Англии с поглощением Лейбористской партии. Келли, как помнится, был движущей силой крайне разрушительных фальшивых психо-судебных "Брандейских записок", которые изменили способ принятия решений Верховным судом. Келли была близкой подругой лесбиянки-социалистки Элеоноры Рузвельт (Метод Брандейса полностью саботирует нашу правовую систему и является еще одним примером нежелательных и нежелательных изменений, навязанных социалистами народу Соединенных Штатов).

На страницах 9962-9977, Congressional Record, Senate, 31 мая 1924 года, мы находим еще более четкое объяснение целей социалистов и коммунистов:

> "Короче говоря, американские коммунисты сами признают, что продвижение революции в этой стране невозможно, пока не будут уничтожены права штатов, а централизованная бюрократия под руководством касты окопавшихся бюрократов, подобной европейской, для коммунистов (и социалистов) - основные условия для революции."

Хотя это ориентировано на цели коммунистов, давайте не забывать, что это также цель социалистов, которые отличаются только методом и степенью.

Я бы добавил, что при президентах Джонсоне, Картере, Буше и Клинтоне социалистическая повестка дня в Соединенных Штатах перешла на высокий уровень. Клинтон проработает всего один срок, но он сделает больше для активного продвижения социалистических планов и нанесет больше реального ущерба, чем Рузвельт, Эйзенхауэр или Джонсон.

Для тех, кто ищет истину, очевидно, что коммунизм не умер. Это лишь временная передышка, и в настоящее время социализм ждет, когда его догонят. Сегодня мы имеем то, что Карл Маркс называл "научным социализмом". Профессор Гарольд Ласки также назвал ее "психополитикой". Президент Кеннеди принял "научный социализм" - его программа "Новые рубежи" взята непосредственно из плана британского Фабианского общества "Новые рубежи" Генри Уоллеса (Нью-Йорк, Рейнал и Хичкок, 1934).

Психополитика" была обобщена Чарльзом Морганом в его книге "Свободы разума".

> "...Мы все обусловлены тем, что принимаем ограничения свободы... Я боюсь, что подсознательно, даже если мы готовы принять эту новую инфекцию... У огромной массы нашего народа нет иммунитета и осознания опасности... Можно придумать множество способов, с помощью которых население в целом обуславливается или подготавливается к этому ментальному изменению, этой потере индивидуальности и идентичности".

Трудно найти более четкое объяснение тому, что социализм разрушает себя изнутри.

Социалисты практикуют психополитику на народах Англии и США со времен Коммунистического манифеста 1848 года. Вот почему в 1994 году наши сенаторы обсуждают достоинства "национального плана здравоохранения", а не другого, вместо того, чтобы категорически отвергнуть эту идею как социалистическую уловку. Именно Ленин сказал, что национальный план здравоохранения - это арка социализма. Аналогичным образом, Сенат обсуждал достоинства так называемого законопроекта Брейди, вместо того, чтобы сразу отвергнуть его как социалистическую уловку для обхода Конституции США. Только на эту тему можно было бы написать целую книгу.

В администрации Кеннеди было 36 фабианских социалистов. Двое из них были членами кабинета министров, трое - помощниками Белого дома, двое - заместителями секретаря и один - заместителем госсекретаря. Остальные занимали жизненно важные политические позиции. Именно поэтому многие политические решения эпохи Кеннеди противоречили интересам Соединенных Штатов и их народа и странно расходились с тем, за что, по словам Кеннеди, он выступал.

После смерти Кеннеди социализм пустил глубокие корни в Соединенных Штатах, всегда поливаемый и взращиваемый так называемыми "либералами", "умеренными" и взращиваемый "толерантностью". Полковник Мандел Хаус и сэр Уильям Уайзман, директор североамериканского отделения британской секретной службы, "наставляли" президента Вильсона, который стал первым открыто социалистическим американским президентом, сидевшим в Овальном кабинете.

Фабианский социализм доминировал при шести президентах США, начиная с Вудро Вильсона. Цели социалистов никогда не менялись, особенно в том, что они описывали как "трудности, которые необходимо преодолеть", а они были, а в некоторых случаях и остаются:

1. Религия, в частности христианская религия.
2. Национальная гордость национальных государств.
3. Патриотизм.
4. Конституция США и конституции штатов.
5. Противники прогрессивного подоходного налога.
6. Разрушение торговых барьеров.

Эти цели описаны в их генеральном плане - "американских фабианских методиках", основанных на мракобесии.

Фабианское социалистическое движение было заинтересовано только в привлечении элиты британского общества, таких людей, как Клемент Этли, сэр Стаффорд Криппс, Герберт Моррисон, Эммануэль Шинвелл, Эрнест Бевин, лорд Грей, лорд Асквит и Рэмси Макдональд, которые в дальнейшем навязывали свою волю Англии из парламента. Хотя эти имена могут быть иностранными для американских читателей, эти люди сыграли ключевую роль в том, в каком направлении будут развиваться Соединенные Штаты, и поэтому они заслуживают упоминания.

Интересным аспектом деятельности Фабианского общества является то, что его комитет определил, что не более 5%

населения достойны стать хорошими социалистическими лидерами. Некоторые британские фабианские социалисты сыграли важную роль в изменении курса и направления развития США, и мы еще вернемся к этому аспекту. Фабианский социалист Макдональд, который позже стал премьер-министром Англии, в 1893 году был направлен в США для работы шпионом. По возвращении, 14 января 1898 года, Макдональд сказал членам своего комитета:

> "Великим препятствием на пути социалистического прогресса в Соединенных Штатах является их писаная Конституция, федеральная и штата, которая дает высшую власть суду".

Макдональд также сказал, что необходимо будет усердно работать над выполнением директивы Эдварда Беллами, американского фабианского социалиста. Большинство из нас знают его как автора книги "Хижина дяди Тома", написанной его наставником, полковником Томасом Уэнтуортом, известным аболиционистом и таким ярым фабианским социалистом, каким только можно быть.

Беллами был истинным приверженцем и последователем британского Фабианского общества и одним из первых членов американского отделения Фабианского общества. Написав в "American Fabian" в феврале 1895 года, за три года до того, как Макдональд представил отчет об обзоре своей поездки по Соединенным Штатам, Беллами сказал:

> "...наша в значительной степени индивидуалистическая Конституция должна быть изменена, чтобы признать социализм, а каждое изменение требует политического кризиса. Это означает постановку больших вопросов".

Разве Вильсон не поднимал "большие вопросы", разве Рузвельт, Трумэн, Эйзенхауэр, Кеннеди, Джонсон и Буш не делали то же самое, и разве не примечательно, что Клинтон продолжает "поднимать большие вопросы"? Такова методология социализма: поднимать "большие вопросы", такие как так называемая "реформа здравоохранения", и за облаками пыли, поднятой этим вопросом, делать грязную, скрытую работу по подрыву Конституции США.

Здесь кроется фундаментальное объяснение политических действий президентов Вильсона, Рузвельта, Трумэна, Эйзенхауэра, Кеннеди, Джонсона, Буша и Клинтона.

Предложения Макдональда очень точно соответствовали схеме, установленной Беллами. Макдональд подчеркнул, что необходимость внесения поправок в Конституцию Соединенных Штатов должна быть первостепенной в мышлении фабианского социалиста. Еще раз подчеркнем, что фабианский социализм несколько отличался от европейского социализма, прежде всего тем, что он утверждал, что не имеет партийной принадлежности. Это было бы правдой, если бы мы игнорировали тот факт, что путем "проникновения и оплодотворения" она захватила британскую лейбористскую и либеральную партии, а теперь захватила Демократическую партию в Соединенных Штатах.

Макдональд отметил, что в основе Конституции США лежат права, гарантированные Пятой поправкой, в частности, право на собственность - следствие естественного закона Исаака Ньютона. Поэтому, сказал Макдональд, изменение Конституции должно было быть сделано косвенно, в большой тайне и в течение нескольких лет. Он также указал, что разделение полномочий между тремя департаментами правительства является препятствием для тактики проникновения и проникновения социалистов.

Слова Макдональда были отголоском того, что Беллами предложил в феврале 1895 года. По крайней мере, Беллами был более грамотным в конституционном отношении, чем подавляющее большинство судей и политиков нашего времени. Он с готовностью признал, что Конституция США не отличается гибкостью. Это подчеркивает невежество судьи Рут Гинзберг, недавно назначенной в Верховный суд социалистическим президентом Клинтоном, которая на слушаниях в судебном подкомитете Сената заявила, что Конституция "гибкая", когда она неизменна.

Грандиозное видение фабианского социализма в 1890-х годах заключалось в "пересмотре" Конституции США, то есть в ее "реформировании". Хотя на первый взгляд казалось, что такая задача не по силам, способность фабианцев работать тихо и тайно, к сожалению, была недооценена и упущена из виду. Это напоминает мне популярную песню Фрэнка Синатры об амбициозных муравьях и резиновом дереве. У муравьев не было шансов свалить дерево за один раз, но они все же совершили невозможное, срывая лист за листом, пока каучуковое дерево не было снесено. Я думаю, это хорошая аналогия с тем, как фабианский социализм работает с 1895 года (задача, которая все еще продолжается), чтобы разрушить Конституцию США, часть за частью.

Беллами и Макдональд могут быть названы "провидцами", но это были фабианские социалистические провидцы с конкретными идеями о том, как добиться успеха. Методы, описанные в "Американском социалисте", включали создание социалистической элиты в США, а затем элитные кадры учились использовать каждый местный, национальный и государственный кризис в тайных целях социализма и добиваться поддержки этих идей через хорошо организованное проникновение в прессу. Кристаллизация американского фабианского социализма началась всерьез в 1905 году.

"Американский социалист" также призывал к формированию группы фабианских профессоров-социалистов, которые в последующие годы будут выступать в качестве советников ряда президентов, направляя их в русло великого проекта социализации Соединенных Штатов. Эти крайне левые профессора Маркса и Ленина в основном были взяты из рядов Гарвардской школы права. Образовательной работой" занимался элитный Гарвардский социалистический клуб, который, если наложить его на британское Фабианское общество - один из немногих случаев, когда они имели смелость показать свои социалистические воротнички - обнаруживает тесное соответствие.

Среди основателей Гарвардского социалистического клуба был Уолтер Липпманн, один из тех, кого Макдональд и Беллами выбрали для создания элитных социалистических кадров в США. Липпманн потратил годы на проникновение в мир бизнеса.

Роль Липпмана в направлении страны к фабианскому социализму мы обсудим в другой раз. Как мы увидим, социалисты во внутренних кругах власти были более страшным врагом, чем коммунизм, хотя американской общественности так и не дали этого понять. Как я часто говорил в прошлом, "врага в Вашингтоне следует бояться больше, чем врага в Москве".

Среднестатистический американец, услышав о социализме под его собственным названием, испытывает отвращение. В 1890-х годах американское Фабианское общество было только зарождающейся организацией, которая нуждалась в руководстве, особенно в технике медленного продвижения и затушевывания своих целей. Поэтому, когда упоминался социализм, он вызывал представления о причудливых сексуальных практиках - которые сегодня социалисты стремятся сделать культурно приемлемыми - и о том, как сделать социальное обеспечение доступным для всех. Поэтому его не воспринимали всерьез, за исключением горстки академиков, которые видели в нем большую опасность, чем большевизм, по крайней мере, для Америки.

И когда Энгельс, образец обманной практики социалистов и марксистов, посетил Соединенные Штаты в 1886 году, была допущена ошибка в продвижении его ядовитой книги "Происхождение семьи", которая впоследствии стала библией абортионистов, гомосексуалистов и так называемого движения "женского либби"[6] Молли Ярд, Патриции Шредер, Элеоноры Смил. Есть свидетельства того, что целью визита Энгельса было заложить основу для нового американского Фабианского социалистического клуба.

Точно так же, когда Элеонора Маркс - дочь Карла Маркса, известная как любовница Джорджа Бернарда Шоу - гастролировала по Соединенным Штатам с другим любовником, на этот раз Эдвардом Авелинг, реакция общественности была крайне неблагоприятной. Возмущение по поводу "свободной любви" стало неожиданностью для европейских социалистов, которые не представляли, насколько

---

[6] Освобождение женщин, родоначальник МЛФ. Ндт.

глубоко христианские ценности были укоренены в американском обществе в то время. Они просчитались, пропагандируя "свободную любовь" (основу абортов, т.е. свободную любовь без ответственности), и их нападки на семейные ценности вызывают лишь гневную реакцию.

Это послужило для американских социалистов отличным уроком: "Больше спешки" - это проигрышная философия. Необходимо было "спешить медленно". Но социалисты никогда не сдавались, не теряли из виду свои цели, и в результате сегодня зло социализма господствует в Америке со всех сторон, набирая силу, культурную, религиозную и социальную, так, как никогда не было, когда Энгельс, Элеонора Маркс и Эдвард Авелинг восхваляли его достоинства. Читатели, вероятно, знают, что Авелинг был официальным переводчиком с немецкого на английский "Das Kapital", самой известной из работ Маркса.

Для того чтобы отвести критику социализма, британское Фабианское общество решило создать в США группу, известную как Американская экономическая ассоциация, заседание которой состоялось 9 сентября 1885 года. На него были приглашены только элитные кадры начинающих американских социалистов. (Именно после этой встречи британские социалисты из Фабианского общества решили, что Мак Дональд должен отправиться в США, чтобы определить, какие проблемы мешают социализму и как их преодолеть).

9 сентября 1885 года Американская экономическая ассоциация собрала в Саратоге, штат Нью-Йорк, всех основных социалистических лидеров и начинающих социалистов того времени. Многие из "уважаемых гостей", как их описывали нью-йоркские газеты, были ведущими профессорами-социалистами, включая Вудро Вильсона, который станет первым открыто социалистическим президентом США.

Среди других участников были профессора Эли, Г. Р. Адамс, Джон Р. Коммонс и Э. Джеймс, доктор Э. Р. Селигман из Колумбии, доктор Альберт Шоу и Э. У. Бемис, которые впоследствии стали ведущими учениками социализма в Америке. Джеймс, доктор Э. Р. Селигман из Колумбии, доктор Альберт Шоу и Э. У. Бемис, которые впоследствии стали ведущими учениками социализма в Америке. Никто из них не был известен за пределами своих узких академических кругов, а социализм не рассматривался как серьезная угроза американскому образу жизни. Это была ошибка, которая будет совершена много раз в будущем, ошибка, которая повторяется сегодня. Из этого маленького начала вырос дуб социализма в Соединенных Штатах, разросшиеся ветви которого угрожают сегодня Конфедеративной Республике Соединенных Штатов. Уилсон, учившийся в то время в колледже Брин-Мор, в 1902 году начал преподавать социализм в Филадельфийском расширенном университете, маскируясь под политологию.

Там он вместе с другими ведущими социалистами погрузился в продвижение социалистических идей в образовании. В списке учителей-социалистов - члены британского Фабианского общества Сидней Уэбб, Р.У. Олден и Эдвард Р. Пиз; Эли и Адамс, два его американских соратника, о которых мы уже упоминали. Другими видными американскими социалистами, питавшими Уилсона своими социалистическими идеями, были Моррис Хилкитт и Эптон Синклер. Их контакты с британскими фабианскими социалистами распространялись на встречи, проходившие в Оксфорде в период с 1805 по 1901 год.

Доктор Селигман из Колумбийского университета спонсировал эти встречи, и ему приписывают дальновидность в том, что он дал Уилсону пост президента. Сходство между взлетом Вильсона и Клинтона весьма примечательно: оба были социалистами по убеждениям, оба были окружены большим количеством социалистической интеллигенции и оба неизгладимо прониклись социалистическими идеалами благодаря контакту с Оксфордским университетом.

На Вильсона оказали большое влияние фабианские социалистические издания, такие как "Новая свобода". Более того, он стал первым президентом США, который принял в советники университетских профессоров - радикальный отход от прошлых традиций и чисто социалистическая стратегия - методика навязывания американскому народу нежелательных и неприемлемых изменений. Это объяснялось тем, что никто не заподозрит академиков в гнусных намерениях.

Альберт Шоу, который добился избрания Вильсона путем

раскола голосов, выдвинул Теодора Рузвельта по независимому билету, партия "Бычий лось". Как сказал в то время доктор Сеймур, "отступничество Рузвельта привело Вильсона в Белый дом". Уловка заключалась в том, чтобы Хаус "разоблачил" Рузвельта как "дикого радикала", и это сработало. Вильсон стал президентом США, а его друг Альберт Шоу был назначен членом Комитета по труду в качестве награды, когда Вильсон вошел в Белый дом.

Хотя это тщательно скрывалось от общественности, британские фабианские социалисты выбрали Уилсона из-за его склонности проявлять интерес к социалистическим вопросам, а также по настоятельной рекомендации Хауса, чей шурин, доктор Сидни Мезес, был давним членом Британского фабианского общества и президентом Городского колледжа Нью-Йорка. Мезы играли ведущую роль в социалистическом планировании до и после Первой мировой войны.

К этому следует добавить тот факт, что значительная часть членов Фабианского общества были марксистами, одним из самых известных представителей лондонского Фабианского общества был профессор Гарольд Ласки, который впоследствии сыграл глубоко разрушительную роль в социализации Соединенных Штатов, вплоть до своей смерти в 1952 году. Не оспаривается, что Бернард Барух, который стал абсолютным контролером Вильсона в годы его пребывания в Белом доме, также был марксистом.

Вся программа президентства Вудро Вильсона была составлена советниками-социалистами, как здесь, так и в Великобритании. Одним из первых социалистических начинаний Вильсона была федерализация полномочий, которые были запрещены федеральному правительству и оставались за отдельными штатами. К ним относятся полицейские полномочия в области здравоохранения, образования, труда и полицейской защиты, гарантированные штатам 10-й поправкой к Конституции США.

Позже профессор Гарольд Ласки должен был оказать сильное давление на президента Рузвельта, чтобы тот своим указом нарушил и уничтожил разделение полномочий между законодательной, исполнительной и судебной ветвями власти. Это был ключ к черному ходу, чтобы сломать и сделать

Конституцию "неэффективной". Одним из основных пунктов программы Вильсона было уничтожение тарифов, которые до 1913 года обеспечивали Соединенные Штаты достаточным доходом, чтобы оплачивать счета страны и при этом иметь профицит. Скрытой целью было уничтожить этот источник дохода и заменить его прогрессивным подоходным налогом, вдохновленным марксизмом. Помимо любого другого результата, марксистский прогрессивный подоходный налог был разработан для того, чтобы навсегда подавить средний класс. Следует напомнить, что одним из основных препятствий, которые необходимо было преодолеть, по мнению Рэмси Макдональда, было сопротивление прогрессивному подоходному налогу. Благодаря президенту Вильсону британское Фабианское общество смогло наложить это обременительное бремя на американский народ, тем самым реализовав одну из своих самых заветных амбиций.

Необходимо сказать, и сказать громко и четко: коммунизм, хотя он и инициировал это, не вводил прогрессивное подоходное налогообложение в Соединенных Штатах. Это была лишь работа британского Фабианского общества. В течение последних 76 лет американский народ был одурачен верой в то, что коммунизм является самой большой опасностью для свободного мира. Мы надеемся, что на страницах этой книги будет достаточно доказательств того, что опасность социализма превосходит все, что еще можно было увидеть о коммунизме. Социализм нанес Соединенным Штатам в тысячу раз больший ущерб, чем коммунизм.

Дважды признанный Верховным судом США неконституционным, прогрессивный подоходный налог был предложен Уилсону британским Фабианским обществом, и его принятие, поощряемое американскими фабианскими социалистами, было окончательно достигнуто в 1916 году, как раз вовремя, чтобы оплатить Первую мировую войну. Пока внимание американского народа было приковано к событиям в Европе, Шестнадцатая поправка была протащена через Конгресс при поддержке и содействии множества законодателей-социалистов.

Шестнадцатая поправка так и не была ратифицирована всеми

штатами, поэтому она осталась вне Конституции, но это не помешало ее сторонникам-социалистам делать то, что они хотели. Вильсон пытался приравнять демократию к Демократической партии, хотя на самом деле такой партии быть не может. Правильное название - Демократическая партия. У нас не может быть "Демократической партии" в Конфедеративной республике или Конституционной республике.

Книга Уилсона "Новая свобода" (на самом деле написанная социалистом Уильямом Б. Хейлом) осуждала капитализм. "Это противоречит интересам простых людей", - сказал Уилсон. В то время, когда США наслаждались беспрецедентным процветанием и промышленным прогрессом, Вильсон назвал экономику "застойной" и предложил революцию, чтобы заставить все двигаться снова. Забавные рассуждения - если забыть, что Вильсон проповедовал жесткий социализм:

> "Мы находимся перед лицом революции - не кровавой, Америка не создана для пролития крови - но тихой революции, посредством которой Америка будет настаивать на восстановлении на практике идеалов, которые она всегда исповедовала, на обеспечении для себя правительства, преданного общим, а не особым интересам".

Самое главное, что было упущено из речи, это то, что это должна была быть СОЦИАЛИСТИЧЕСКАЯ РЕВОЛЮЦИЯ, скрытая революция, не имеющая границ в своем обмане, основанная на фабианских британских социалистических идеалах и принципах.

Затем Вильсон делает пророческое предсказание - по крайней мере, кажущееся пророческим, за исключением того, что при ближайшем рассмотрении он просто излагает социалистическую программу для Соединенных Штатов:

> "... Мы стоим на пороге эпохи, когда систематическая жизнь страны будет поддерживаться или, по крайней мере, дополняться во всех отношениях правительственной деятельностью. И теперь нам предстоит определить, какого рода будет эта правительственная деятельность; будет ли она в первую очередь направляться самим правительством, или же она будет косвенной, через инструменты, которые

> уже сформированы и готовы занять место правительства".

Американский народ по-прежнему не знал, что действует зловещая сила, абсолютно чуждая ему и Конституции, которая каким-то образом проникла во власть, поставив в Белый дом главу исполнительной власти, лидера, полностью подчиняющегося безжалостной, жаждущей власти группе, подобной которой можно найти в любой точке мира - включая большевистскую Россию - власть, приведшую фабианских социалистов в Британию и Соединенные Штаты.

Эта тенденция продолжается и по сей день, и, как мы видим, президент Клинтон сейчас является ее полным энтузиазма и желания руководителем. Большие надежды" муравьев, стремящихся захватить каучуковое дерево, медленно и неумолимо воплощаются в жизнь. Одна великая нация, Соединенные Штаты Америки, похоже, совершенно не осознает преступности, стоящей за социализмом, и не знает его целей, и поэтому плохо подготовлена к тому, чтобы остановить преступные грабежи, происходящие в ее собственном правительстве.

Как Вильсон мог обмануть американский народ по такому чудовищному вопросу, как прогрессивный подоходный налог, который не соответствует Конституции и без которого страна обходилась до 1913 года? Чтобы ответить на этот вопрос, мы должны снова взглянуть на способность социалистов осуществлять свою программу исподтишка, путем обмана и лжи, при этом облекая ее в формулировки, которые, казалось бы, говорили о том, что ядовитое блюдо, которое они готовят, предназначено для блага народа.

Первым препятствием, которое должен был преодолеть Вильсон, была отмена тарифов, которые защищали торговлю Америки и сделали ее процветающей нацией с уровнем жизни, которому завидовал весь мир. 4 июля 1789 года президент Джордж Вашингтон обратился к первому Конгрессу Соединенных Штатов:

> "Свободный народ должен поощрять производство, которое делает его независимым от других в отношении основных поставок, особенно военных".

Эти мудрые слова привели к созданию системы тарифных барьеров, которые налагали пошлины на страны, желающие продавать свои товары на американском рынке, что стало антитезой так называемой "свободной торговли", которая была не более чем уловкой, придуманной Адамом Смитом, чтобы позволить Великобритании выбрасывать свои товары на рынок без взаимности для американских товаров на английском рынке. Каким-то образом культивировалось впечатление - возможно, через контроль над прессой - что Соединенные Штаты повысили уровень жизни своего народа на основе "свободной торговли", хотя на самом деле все было наоборот.

Мы видели, как этот обман проявился во время дебатов Перо - Гор, когда Гор, ложно и со злым умыслом против народа Соединенных Штатов, осудил тарифный протекционизм как причину краха на Уолл-стрит в 1929 году. Перо не знал о законе Смута-Хоули, чтобы защищать его от лжи вице-президента.

Свободная торговля" была определена как марксистская доктрина в речи, произнесенной Марксом в 1848 году. Это была не новая, а впервые предложенная Адамом Смитом идея подорвать экономику молодой американской нации. Мудрый Вашингтон понимал необходимость защиты зарождающейся промышленности Америки. Эта мудрая политика защиты была продолжена Линкольном, Гарфилдом и Мак-Кинли. В течение 125 лет американцы получали огромную выгоду от этой мудрой политики, пока социалистический разрушительный молоток Вильсона не изменил лицо Америки.

Даже до Второй мировой войны только два процента экономики США зависело от внешней торговли. И все же, как он говорит сейчас, Соединенные Штаты погибнут, если не устранят последние остатки наших мудрых тарифных барьеров. То, что сделал Вильсон, было государственной изменой, а Конгресс совершил подстрекательство, приняв его разрушительную атаку на уровень жизни американского народа.

По большей части, администрация Вильсона злоупотребляла Конституцией. Не успели фабианские социалисты избрать Вильсона, как он созвал совместную сессию Конгресса. В 1900 году республиканская администрация с большинством голосов сохранила существующие торговые барьеры и возвела новые для защиты американских фермеров, промышленности и производителей сырья. Агитация против защитных тарифных барьеров зародилась в Лондоне среди членов социалистического Фабианского общества, которое контролировало Королевский институт международных отношений (RIIA). Идеи по разрушению тарифных барьеров передавались Вильсону через подстрекательский "Дом Манделя" прямо из Лондона.

Антитарифная пропаганда, которая непрерывным потоком лилась из Лондона, и которая всерьез началась в 1897 году, примером которой является эта статья:

> "Американский производитель достиг наивысшего уровня неэффективности в 1907 году, после заметного спада, начавшегося в 1897 году, в нескольких важных областях американские производители не могут противостоять иностранным конкурентам на домашнем рынке. Этот факт должен быть доведен до сведения американского народа, поскольку из-за тарифов он платит за товары более высокую цену, чем если бы тарифные барьеры, препятствующие торговле, были устранены. Фраза "мать всех трестов" может быть полезным способом описания протекционизма, особенно если она связана с увеличением стоимости жизни, которое можно отнести на счет протекционистской политики."

Примечание: исследовательский отдел Фабианского общества начал выпускать документы, которые они называли "трактатами", как будто они были союзниками христианских миссионеров. Эти тысячи "трактатов" затем были собраны в книги и позиционные документы. Приведенная выше цитата взята из трактата, опубликованного в 1914 году.

Чего эта вводящая в заблуждение пропаганда не говорила, так это того, что не было никакой связи между ростом стоимости жизни между 1897 и 1902 годами, поскольку тарифы не оказывали никакого влияния на внутренние цены. Но это не предотвратило согласованную атаку крупных газет с иностранным участием (особенно "*Нью-Йорк Таймс*") с целью осудить тарифную защиту как причину роста стоимости жизни.

Этому вторили лондонский "Экономист" и другие журналы, принадлежащие банкирам лондонского Сити.

Подстрекательство не ограничивалось демократами. Многие так называемые "прогрессивные" республиканцы ("прогрессивный" и "умеренный" всегда означали социалистический) присоединились к атаке на защитные тарифы. Как социалистам удалось убедить Конгресс согласиться с их планами разрушить нашу всемирно известную торговлю? Они сделали это, объединив социологию с политикой - метод, который толкает социалистов на высокие посты, где они могут оказывать наибольшее неправомерное влияние на жизненно важные национальные вопросы.

В качестве примера рассмотрим вопрос о дипломатическом признании варварского большевистского правительства. Благодаря добрым услугам Артура Хендерсона, в 1929 году британцы признали большевистских мясников законным правительством России. Затем они обратили свое внимание на Соединенные Штаты и, благодаря социалистам на высоких постах, заставили США сделать то же самое. Эти действия лидеров англоязычного мира придали большевикам престиж и уважение, на которые они явно не имели права, и открыли двери для дипломатических, торговых и экономических контактов, которые в противном случае остались бы наглухо закрытыми на десятилетия, если не навсегда.

Фабианские социалисты, как в Соединенных Штатах, так и в Великобритании, казались такими доброжелательными, а их высококультурное происхождение и большое личное обаяние не позволяли поверить тем, кто предупреждал, что эта приветливая социальная элита является подрывной группой, намеревающейся подавить права собственности и угрожающей отнять Конституцию США, часть за частью. Было просто невозможно воспринимать эту элиту как революционеров и анархистов, которыми они на самом деле являлись.

Полковник Эдвард Мандел Хаус, который был не только достаточно условным во всех смыслах этого слова, но и консервативным в своих манерах и речи - по крайней мере, когда он находился в пределах слышимости публики, был хорошим примером, но он двигался в кругах, которые были далеки от того, что можно представить себе как анархистскую группу.

Именно эта группа "приветливых анархистов" избрала Вудро Вильсона. По мнению Хауса, американские граждане - не более чем лохи, которых можно обмануть внешним видом. Будучи уверенным, что избиратели не воспримут выдвижение Вильсона как кандидата "Made In England", Хаус отплыл в Европу в день выдвижения Вильсона на демократическом съезде в Балтиморе в 1912 году. "Я не чувствую необходимости следить за дебатами", - сказал Хаус Уолтеру Хайнсу, который познакомил его с Уилсоном в предыдущем году. По прибытии в Англию Хаус сказал собранию фабианских социалистов в РИИА: "Я был убежден, что американский народ примет Вильсона без вопросов". И они сделали это.

Затем Вильсон стал президентом, его главной задачей было подорвать Конституцию, как это было предписано Рэмси Макдональдом, без того, чтобы американский народ когда-либо узнал об этом, в истинно фабианском социалистическом стиле. Хаус часто выражал свою ненависть к Конституции в частных беседах со своими тайными сторонниками с Уолл-стрит. Он назвал Конституцию США "творением умов XVIII века, не только устаревшим, но и гротескным", добавив, что "она должна быть немедленно отменена". Мы возвращаемся к человеку, которого Уилсон называл своим самым большим другом.

Как говорит Хаус, "Вильсон был избран для того, чтобы проводить социалистическую программу, не тревожа народ". Как это должно было быть сделано, было изложено в беллетризованной версии генерального плана долгосрочных целей фабианских социалистов. "Филипп Дру, администратор" был замечательным признанием социалистического планирования и стратегий, которые должны были быть использованы против американского народа, очень показательно, как социалисты ожидали, что президентство США будет подорвано и подорвано.

Под редакцией фабианского социалиста Б.В. Хюбша эта книга должна была вызвать тревогу по всей Америке, но, к сожалению, она не смогла заставить американский народ понять, за что выступал Хаус. В нем программа президентства Вильсона была изложена так четко, как если бы она была представлена Конгрессу самим Хаусом. "Филипп Дру" (на самом деле Хаус) предложил стать лидером Америки с помощью серии исполнительных указов. Среди задач, которые поставил перед собой "Дру", было создание группы экономистов для работы над уничтожением Закона о тарифах, что в конечном итоге "привело бы к отмене теории защиты как вопроса государственной политики". Группа также должна была разработать прогрессивную систему подоходного налога и ввести новое банковское законодательство. Обратите внимание на лукавое использование слова "теория". Защитные тарифы были не просто теорией: тарифы привели США к уровню жизни, которому завидовал весь мир. Защита торговли была доктриной, установленной Джорджем Вашингтоном, которая была опробована и проверена в течение 125 лет, и не была просто теорией.

Как 'Dru' может называть защиту тарифов "теорией"? Очевидно, что это была попытка очернить и унизить концепцию и проложить путь к социалистическому идеалу "свободной торговли", который положит начало снижению уровня жизни американского народа. Здесь же Уилсон почерпнул идею о подоходном налоге, который, будучи введенным, еще больше снизил бы уровень жизни среднего класса.

Уилсон нарушил свою клятву соблюдать Конституцию США по меньшей мере 50 раз. В лице Вильсона Комитет 300 нашел идеального человека для начала социализации Америки, точно так же, как позже они нашли другого идеального кандидата для своих анархистских целей в лице Билла Клинтона. Вторая параллель между Уилсоном и Клинтоном заключается в том, какими советниками они себя окружили.

В ближайшем окружении Вильсона были видные анархисты, социалисты и коммунисты: Луис Д. Брандейс, Феликс Франкфуртер, Уолтер Липпманн, Бернард Барух, Сидни Хиллман, Флоренс Келли и, конечно же, Эдвард Мандел Хаус. Хаус, близкий друг матери Рузвельта, жил в двух кварталах от губернатора Нью-Йорка Франклина Д. Рузвельта и часто встречался с ним, чтобы посоветоваться о том, как финансировать его будущие социалистические программы.

Первой атакой на Конституцию стало заявление Рэмси Макдональда о необходимости внесения поправок в Конституцию. Вторую атаку возглавил Хаус, чей отец заработал миллионы долларов во время Гражданской войны, работая на Ротшильдов и Варбургов. После встречи с Вильсоном в 1911 году, через добрые услуги Уолтера Хайнса, Хаус был уверен, что нашел подходящего человека для выполнения работы по изменению Конституции США, о которой Макдональд просил 14 января 1898 года.

Хаус начинает ухаживать за Уилсоном, которому льстит внимание человека, который, кажется, знает всех в Вашингтоне. Существует явная параллель между Хаусом и миссис Памелой Гарриман, которая видела в Клинтоне идеального человека, способного провести широкий спектр социалистических реформ, не вызывая тревоги у народа. Гарриман также знал всех в Вашингтоне.

Хаус знает, что Уилсону понадобится помощь убежденного социалиста. Поэтому он устроил ему встречу с Луисом Д. Брандейсом, профессором права из Гарварда. Эта встреча должна была оказаться зловещей для будущего благополучия нации, поскольку Брандейс пообещал сделать Конституцию недействующей с помощью законодательства. Брандейс уже записал свои пристрастия в закон, "интерпретируя" Конституцию, чтобы сделать ее недействующей на основе социологических предпосылок, а не конституционного права.

Третья атака фабианских социалистов на Конституцию США произошла с основанием Американского союза гражданских свобод (ACLU) в январе 1920 года фабианским социалистом Филипом Ловеттом. Хюбш, редактор журнала "Филип Дру, Администратор", был одним из основателей этой социалистической организации, главной целью жизни которой было внесение поправок в Конституцию США тем путем, который Флоренс Келли называла "законодательным".

Хотя это отрицалось, расследования показали, что в правлении ACLU было четыре известных коммуниста. В 1920-х годах

Келли и его соратники прилагали все усилия, чтобы уничтожить Конституцию США через ряд ложных фронтов, таких как Национальная лига женщин-избирателей, к которой мы вернемся позже. Это было началом "дефеминизации" женщин социалистами.

Несколько наиболее значимых социалистических (и коммунистических) лидеров в США были тесно связаны с ACLU, некоторые даже входили в его национальный комитет. Одним из них был Роберт Мосс Ловетт, директор и близкий друг Нормана Томаса и Пола Бланшара, которые были в союзе с "Протестантами и другими американцами, объединенными за разделение церкви и государства".

Томас - бывший священнослужитель, ставший коммунистом. Очаровательные манеры и приятное поведение Ловетта скрывают тот факт, что под его приветливой манерой скрывается опасный анархист-радикал худшего сорта. Однажды в порыве гнева Ловетт взорвался и раскрыл свою истинную сущность:

> "Я ненавижу Соединенные Штаты, я готов увидеть, как взорвется весь мир, если это уничтожит Соединенные Штаты".

Ловетт олицетворял очень опасную сторону фабианского социалиста.

Исследуя заявления коммунистов против Соединенных Штатов, я никогда не мог найти такого ядовитого по своему намерению заявления, как заявление Ловетта из ACLU. Краткая история ACLU может оказаться полезной на этом этапе книги:

ACLU вырос из Бюро гражданских свобод 1914-1918 годов, которое выступало против милитаризма. Одним из его первых директоров был Роджер Болдуин, который провел время в тюрьме за уклонение от военной службы. В очень откровенном информационном письме, адресованном членам, филиалам и друзьям ACLU, Болдуин использовал традиционную тактику обмана фабианских социалистов, чтобы скрыть истинные намерения и цели ACLU:

> "Избегайте создания впечатления, что это социалистическое предприятие. Мы также хотим выглядеть патриотично во всем, что мы делаем. Мы хотим иметь большое количество флагов, много говорить о Конституции и о том, что наши предки хотели сделать со страной, и показать, что мы действительно те люди, которые отстаивают дух наших институтов".

Если когда-либо и существовала подходящая будущая эмблема для британского Фабианского общества, то это была она - волк в овечьей шкуре par excellence.

В 1923 году Болдуин забыл свой собственный совет, открыв свое истинное лицо:

> "Я верю в революцию - не обязательно в захват власти силой в вооруженном конфликте, но в процесс роста классовых движений, полных решимости экспроприировать класс капиталистов и взять под контроль все социальные блага. Будучи пацифистом - поскольку я верю, что ненасильственные средства лучше всего рассчитаны на достижение долгосрочных результатов, - я выступаю против революционного насилия. Но я бы предпочел увидеть насильственную революцию, чем вообще никакую революцию, хотя лично я не стал бы ее поддерживать, потому что считаю, что другие средства гораздо лучше. Даже страшная цена кровавой революции - это более дешевая цена для человечества, чем продолжающаяся эксплуатация и потопление человеческой жизни под установленным насилием нынешней системы."

В 1936 году Болдуин объяснил некоторые термины, используемые фабианскими социалистами:

> "Под прогрессивными я подразумеваю те силы, которые работают над демократизацией промышленности путем расширения общественной собственности и контроля, что само по себе упразднит власть тех, относительно немногих, кто владеет богатством...". Истинная демократия означает сильные профсоюзы, государственное регулирование бизнеса, собственность народа на отрасли, которые служат обществу".

Достаточно посетить любой завод, чтобы увидеть, как далеко

продвинулись социалисты в деле порабощения Соединенных Штатов. На стенах офиса можно увидеть обескураживающее множество "разрешений", санкционирующих то или иное действие. Инспекторы OSHA, EPA и "равных возможностей" имеют "право" приходить без предупреждения в любое время, прерывать и даже останавливать работу, пока они проверяют, не были ли нарушены условия в их "разрешениях".

Обманчивый язык, который использовал Болдуин, означал совсем не то, что думал о нем средний американец. Болдуин отрабатывал приемы фабианского социализма на элитной группе "арьергарда", которая должна была аккуратно вести Америку за руку по дороге к рабству. Это социализм в худшем его проявлении. Никто не смог бы объяснить цели и методы социализма лучше, чем президент ACLU, который сегодня ни на йоту не изменил своих позиций и методов. Хотя в период с 1920 по 1930 год число членов ACLU никогда не превышало 5 000 человек, тем не менее, ему удалось проникнуть во все аспекты американской жизни, которые он затем перевернул с ног на голову.

Основной задачей ACLU в 1920-х годах было юридическое блокирование большого количества арестов и депортаций коммунистов и анархистов. В начале 1920-х годов социалисты начали свою кампанию по подрыву Конституции США через черный ход, используя иностранцев для проповеди - и совершения актов подстрекательства. Гарвардский профессор-социалист Феликс Франкфуртер служил юридическим руководством для ACLU, чей Роджер Болдуин описывал анархистов, коммунистов и подстрекателей к мятежу как "жертв закона, членов рабочих и благотворительных движений, которые подвергаются коварным нападкам со стороны беспринципных людей, работающих под прикрытием патриотизма".

Франкфуртер - при закулисной помощи Гарольда Ласки - помог президенту Вильсону создать посреднический комитет, который, по настоянию Франкфуртера, продолжал использовать Конституцию, чтобы квалифицировать подстрекателей, анархистов, явных врагов Соединенных Штатов для защиты по Конституции США. Это была подлая тактика, которая сработала удивительно хорошо: с 1920 года злоупотребление Конституцией США для предоставления "прав" и защиты каждому Дику, Тому и Гарри, пытающимся подорвать Республику Конфедерации, выросло до ужасающей степени.

Другие, такие как профессор Артур М. Шлезингер-старший и профессор права Гарвардского университета Фрэнсис Б. Сэйр, зять Уилсона, бросили свой вес на "преследуемых иммигрантов" и "жертв закона", в категорию которых входят все леваки, поджигатели, расисты и тому подобное. Сэйр, зять Уилсона, бросил свой вес на "преследуемых иммигрантов" и "жертв закона" - категорию, в которую входят все левые, поджигатели, социалистические агитаторы, убийцы и подстрекатели. Это было началом огромной кампании по попранию истинной цели и намерений Конституции США, и она увенчалась успехом, превосходящим самые смелые мечты саперов социализма в этой стране.

Это было время, когда Соединенные Штаты пытались избавиться от потока коммунистов, которые пришли совершить акты подстрекательства в попытке коммунизировать и социализировать страну. Социалист Эптон Синклер написал целую книгу в защиту закоренелых бунтовщиков, а юридическая школа Гарварда отправила в бой лучших социалистов, включая своего декана Роско Паунда. Новостные СМИ, включая такие журналы, как "The Nation" и "New Republic", делают все возможное, чтобы запутать правовые воды постоянными ссылками на "красный испуг".

В 1919 году Комитет Овермана по большевизму Сената США после всестороннего расследования пришел к выводу, что фабианский социализм представляет серьезную угрозу для граждан Соединенных Штатов, особенно для женщин и детей.

ACLU был в авангарде "дефеминизации" женщин под прикрытием "прав женщин". ACLU успешно защищает ключевых игроков социализма, бросаясь на их защиту всякий раз, когда они боятся, что настоящие лидеры и цели социализма будут разоблачены. Это основная цель ACLU: Чтобы отвести нападки на социалистическое интеллектуальное руководство, "реформаторов" с "благими намерениями" и гарвардских профессоров права в тылу.

С 1920 года modus operandi ACLU остается неизменным, и лучше всего его можно описать самому:

> "Против неизбирательных федеральных, государственных и местных мер, которые, будучи направлены против коммунизма (за исключением социализма), угрожают гражданским свободам всех американцев; сделать эффективную программу гражданских прав законом страны; против цензуры фильмов, книг, спектаклей, газет, журналов и радио правительственными и частными группами давления; и способствовать справедливым процедурам в судебных процессах, слушаниях в Конгрессе и административных слушаниях".

ACLU не оставляет сомнений в том, что он намерен переписать Конституцию "через законодательство". Также нет никаких сомнений в том, что этот важный социалистический аппарат изменил лицо Америки В интервью Фариду Закарии из журнала Foreign Affairs Ли Куан Ю, бывшему премьер-министру Сингапура, был задан вопрос:

> "Как вы думаете, что пошло не так с американской системой? "
>
> "В мои обязанности не входит говорить людям, что не так с их системой. Моя роль заключается в том, чтобы сказать людям не навязывать свою систему дискриминационным образом обществам, где она не будет работать", - ответил Юй.

Затем Закария спросил: "Разве вы не рассматриваете Соединенные Штаты как модель для других стран? ", на что Ли ответил:

> "... Но как система в целом, я считаю некоторые ее части (Соединенные Штаты) совершенно неприемлемыми. Бродяжничество, непристойное поведение на публике, расширение права индивида вести себя так, как ему заблагорассудится, - все это идет в ущерб порядку в обществе. На Востоке главной целью является создание упорядоченного общества, чтобы каждый мог в полной мере пользоваться своей свободой. Эта свобода существует

> только в упорядоченном состоянии, а не в естественном состоянии спора и анархии".
>
> "... Идея неприкосновенности личности (в США) была превращена в догму. И при этом никто не возражает против того, чтобы военные захватили президента другого штата, привезли его во Флориду и посадили в тюрьму (это относится к бандитским действиям бывшего президента Джорджа Буша по похищению генерала Норьеги из Панамы). "

Затем Закария спросил:

> "Будет ли справедливо сказать, что вы восхищаетесь Америкой больше, чем 25 лет назад? Как вы думаете, что пошло не так? "

Ли ответил:

> "Да, все изменилось. Я бы сказал, что это во многом связано с эрозией моральных устоев общества и снижением личной ответственности. Либеральная интеллектуальная традиция, развившаяся после Второй мировой войны, утверждала, что человеческие существа достигли такого совершенного состояния, в котором всем будет лучше, если предоставить им возможность заниматься своими делами и процветать. Это не сработало, и я сомневаюсь, что сработает. Существуют фундаментальные элементы человеческой природы, которые не меняются. Человеку необходимо определенное моральное чувство добра и зла. Зло существует, и оно не является результатом того, что вы стали жертвой общества...".

Несомненно, ACLU сыграл решающую роль в растягивании существующих "прав" и изобретении прав, которых нет в Конституции, до такой степени, что Соединенные Штаты сейчас находятся в состоянии фактической анархии. Возьмем пример гей-парада в Сан-Франциско в воскресенье, 19 июня 1994 года, в День отца.

Выбор дня и даты был не случайностью, а преднамеренным и продуманным оскорблением христианства, традиций брака и семьи. Парад состоял из лесбиянок, мчащихся на мотоциклах, голых или полуголых (их называли "dykes on bikes"), мужчин в непристойных костюмах для кроссдрессинга и полчищ других мужчин с полностью обнаженными гениталиями, бегающих вокруг. Это было отвратительное проявление вульгарности на улицах города, которое никогда не было терпимо раньше и не должно быть терпимо сейчас.

Но стоит кому-то упомянуть об отвратительном "параде" и, возможно, предложить соответствующие меры по ограничению подобных уродливых и совершенно отвратительных демонстраций в будущем, и он обязательно найдет ACLU, защищающий "гражданские права" наиболее аморальной части населения. Этот прискорбный "парад" был воспет газетой *San Francisco Chronicle,* которая также опубликовала восторженную рецензию на фильм о двух лесбиянках, "влюбляющихся друг в друга". Газета описала отвратительно аморальное произведение как "подходящее для натуралов". Таким образом, мы как общество опустились на самое дно социалистической выгребной ямы. Фабианские социалисты всегда были большими поклонниками Карла Маркса. Они не охотно признают это "поклонение героям", чтобы не насторожить тех овец, которых они так презирают. В течение пяти лет интенсивного обучения в Британском музее в Лондоне я углубленно изучал экономические труды Маркса. Я смог это сделать, потому что Карл Маркс провел 30 лет, занимаясь в том же Британском музее, и некоторые из моих наставников знали, какие книги он любил и читал больше всего, и рассказали мне, какие именно.

Что я обнаружил в его трудах, так это то, что в них было очень мало оригинальных мыслей. Это характерно для большинства великих социалистических "мыслителей". Все экономические теории Маркса, очищенные от густого многословия, которое их окружает, можно свести к семи или восьми основным математическим уравнениям, которые я мог решить в восьмом классе.

Теории Маркса сводятся к тому, что капиталисты, финансирующие предприятия, в конечном итоге крадут большие суммы денег у рабочих. Это полностью игнорирует реальную предпосылку, что, взяв на себя все риски для начала бизнеса, инвестор имеет право на свою прибыль. В этом, по сути, и состоит сумма и содержание теорий Маркса и его словоблудия.

Лига за индустриальную демократию (ЛИД) заняла место сразу после ACLU. Основанная в 1905 году как ответвление Межвузовского социалистического общества, Лига должна была сыграть важную роль в искажении образования, промышленности и труда. ILS на протяжении всей жизни поддерживала Элеонора Рузвельт, а также Флоренс Келли и Фрэнсис Перкинс. Элеонора Рузвельт продвигала "социал-демократию" внутри и вне организации вместе с Фрэнсис Перкинс, комиссаром по труду штата Нью-Йорк ее мужа и близким другом судьи-социалиста Харлана Стивенса.

Моррис Хиллквит был казначеем LID с 1908 по 1915 год. Ловетт, так долго возглавлявший ACLU, всегда был тесно связан с Лигой за индустриализированную демократию, однажды назвав этот период своей социалистической карьеры "самыми счастливыми днями в моей жизни". Моррис Хиллквит в начале своей социалистической карьеры выступал за "индустриальный социализм".

Hillquit и Eugene V. Деббс всегда следовал модели лондонского Фабианского общества, не имея программ и платформ, а используя образовательные учреждения как пленную аудиторию и вдохновляя студентов социалистическими идеями и философией, чтобы впоследствии они могли проникнуть в существующие политические партии. Социалистические курсы вводились спокойно, по крайней мере, в начале 1900-х годов, но в 1970-х годах, в соответствии с истинно фабианской социалистической ортодоксией, этот процесс был значительно ускорен во многих учебных заведениях.

Считается, что Лига промышленной демократии оживила американский социализм, который к 1900 году находился в упадке. В то время несколько видных представителей элиты американского общества посетили фабианских социалистов в Англии. Среди них были религиозные лидеры, учителя и политики: Пол Дуглас, который позже стал сенатором Дугласом; Артур М. Шлезингер, чей сын занимал видное место в администрации Кеннеди и Джонсона; Мелвин Дуглас, актер, и его жена Хелен Дуглас; и Уолтер Раушенбуш, бывший пастор

Второй баптистской церкви в Нью-Йорке. Раушенбуш был преданным последователем Джузеппе Мадзини, Джона Раскина, Эдварда Беллами и Маркса. Мадзини был мировым лидером в масонстве. Рёскин был самопровозглашенным "коммунистом старой школы" и преподавал в Оксфорде. Беллами был ведущим американским социалистом того времени.

Раушенбуш отказался от проповеди христианства ради проповеди социалистической политики, которую он пытался внушить как можно большему числу своих собратьев-баптистов. LID была включена в список подрывных организаций армейской разведки США, но, как и многие подобные социалистические и коммунистические организации, Вудро Вильсон приказал армии уничтожить имевшиеся у него списки, и эта потеря никогда не была восстановлена. Тот факт, что Вильсон не имел полномочий по Конституции отдать такой приказ, был отброшен как несущественный социалистами в его администрации в Гарварде и на Уолл-стрит.

Но это были не немецкие агенты времен Первой мировой войны или русские агенты эпохи холодной войны, а британские фабианские социалисты, которые проникли и пронизали все аспекты правительства, его институтов и самого президентства. Поскольку образование было признано средством продвижения социализма, были предприняты большие усилия для захвата "студенческого рынка". Когда комиссия Луска расследовала деятельность школы Рэнд в Нью-Йорке, она упомянула об этом:

> "Мы уже обращали внимание на Фабианское общество как на очень интересную группу интеллектуалов, которые ведут блестящую пропагандистскую кампанию".

Очевидно, Комитет Луска был несколько одурачен ложной атмосферой откровенности, которой были пропитаны публикации ЛИД, и ни одному буйному революционному типу не было позволено запятнать свои списки членов. Отвлеченный, стремящийся к коммунизму Комитет Луска - так же, как это бесконечно делали США - полностью пропустил очень подрывной и опасный LID. Наблюдатели не перестают удивляться мастерству, с которым социалистам удается отвлечь внимание от самих себя, постоянно ссылаясь на "красный испуг" и принижая все усилия по обеспечению внутренней безопасности как основанные на несуществующей "коммунистической угрозе". В 1994 году мы все еще в значительной степени обмануты так же, как и Комитет Луска в 1920 году.

После Первой мировой войны LID стал ассоциироваться с несколькими известными социалистическими организациями в США, включая ACLU, Federated Press и Фонд Гарланда, который, по данным военной разведки, был склонен финансировать коммунистов и некоторые явно социалистические организации. Роберт Мосс Ловетт из ACLU был директором всех вышеперечисленных организаций, включая "Протестанты и другие американцы, объединенные за разделение церкви и государства".

Членов LID призывали публично открещиваться от социализма и открещиваться от своего родителя - Фабианского общества, основанного Сиднеем и Беатрис Уэбб. Это была стандартная социалистическая практика: отрицать, отрицать, отрицать. Когда одного из самых почетных членов Фабианского общества спросили, является ли он социалистом, Джон Кеннет Гэлбрейт ответил: "Конечно, нет". Во время Второй мировой войны, когда стало ясно, что Рузвельт сделает все, чтобы втянуть США в войну против Германии, LID счел нужным изменить свою позицию и в 1943 году выпустил заявление, в котором говорилось, что целью LID является углубление понимания демократии через образование, а не ведение войны.

В LID не было сказано, что "демократия", которую он имел в виду, - это то, что Карл Маркс называл "научной социалистической демократией". Тот факт, что США являются республикой, а не демократией, был просто отброшен в сторону. Таким образом, путем ухищрений, скрытности и хитрости LID стала ведущей социалистической организацией в США, нацеленной на уничтожение Республики. История LID показывает, что она сыграла ключевую роль в продвижении социалистических "реформ" через администрации Вильсона и Рузвельта.

Когда Рузвельт был губернатором Нью-Йорка, он назначил

Фрэнсиса Перкинса комиссаром по промышленности. (Мы приводим выдающиеся достижения Перкинс в главах о женщинах-социалистках). Перкинс обратился к экономисту LID Полу Х. Дугласу с просьбой разработать программу борьбы с безработицей, которая была принята губернатором Рузвельтом. Одним из его сотрудников был доктор Айседор Любин, убежденный социалист, который вместе с Перкинсом лоббировал преференциальное отношение к Советскому Союзу, совет, который Рузвельт быстро принял.

Перкинс и Любин начали долгий процесс, основанный на британской фабианской социалистической стратегии преобразования Соединенных Штатов из капиталистического государства в социалистическое, через государство всеобщего благосостояния. В их число входил "Национальный план медицинского страхования" прямо из Советского Союза. Следует отметить, что "реформа здравоохранения", национальные пенсии по старости и страхование по безработице - все это было частью плана по изменению структуры Соединенных Штатов, не последнюю роль в котором играло "социальное обеспечение".

В 1994 году у нас появилась еще одна женщина-социалист, Хиллари Клинтон, которая использовала фразу "реформа здравоохранения" как свое собственное изобретение, хотя на самом деле это была фраза, использованная Пресотонией Мартин Манн, одной из самых преданных женщин-социалистов на американской сцене, которая сама позаимствовала ее у лидера британских фабианских социалистов Сидни Уэбба. Эта фраза была шедевром прикладной психологии, как и другой шедевр прикладной психологии, призванный обмануть, - "Закон о социальном обеспечении", придуманный в Англии и привезенный в эту страну отцом Райаном. Фабианский социалистический план был позже адаптирован к американским условиям Престонией Мартин, как мы находим в ее книге "Запрет бедности", за которую выступала Элеонора Рузвельт.

LID никогда не претендовала на какие-либо заслуги за свое закулисное участие в работе с Перкинсом и Мартином, так же как она никогда не утверждала, что Феликс Франкфуртер был одним из ее сотрудников. Значительный ущерб, нанесенный LID в США, поражает воображение, учитывая относительную малочисленность этой группы. Именно так работает фабианский социализм - скрыться на заднем плане, проникнуть во все важные правительства и органы принятия решений, а затем продвинуть (опять же на заднем плане) восходящую политическую звезду для запуска программ, разработанных социалистами.

Именно так социализм работал в 1920-х годах и до сих пор работает в Соединенных Штатах, и именно так социалисты и их союзники марксисты/коммунисты подошли опасно близко к захвату власти в Соединенных Штатах в 1920-х и начале 1930-х годов. Вильсон, Рузвельт, Джонсон, Буш и теперь президент Клинтон и его жена, Хиллари Клинтон, являются почти идеальными примерами социализма, действующего через восходящих политиков. Клинтон был выбран британским Фабианским обществом, но задача "накачать его" была тайно возложена на социалистку Памелу Гарриман.

Президенту Клинтону, президенту с одним сроком, поручено провести социалистические программы с разрушительными и далеко идущими последствиями. Среди его успехов в середине 1994 года - крупнейшее в мире повышение подоходного налога, торговые соглашения с правительством одного мира и, возможно, "национальная реформа здравоохранения". Уже трижды британский фабианский социализм менял лицо Америки, используя лидерские группы и президентских "советников", а также через суды для достижения социалистических целей. Именно LID предоставил кадры, необходимые Перкинсу и Рузвельту для реализации "Нового курса". Интересно отметить, что "Новый курс" был углеродной копией британской социалистической книги Фабиана. Четвертое движение к социализации Америки произошло во время президентства Клинтона.

Одним из "больших парней" в LID был Уолтер Ройтер. Но, в типичной социалистической манере, Ройтер предпочел отрицать, что он был социалистом. В интервью "Face the Nation" в 1953 году Ройтера спросили о его социалистическом прошлом. Он выступил со стандартным социалистическим оправданием:

> "...Я был, когда был очень молод и очень глуп, и очень быстро выкарабкался из этого, за что я очень благодарен".

Но это было далеко от истины. На самом деле Ройтер работал в комитете LID, членом которого он был с начала 1940-х годов. В 1949 году он был почетным гостем на ужине фабианских социалистов в Лондоне.

Члены LID играли ведущую роль в продвижении социалистических программ через Сенат, и их влияние на школы не знало границ. Теодор "Тед" Соренсон, который впоследствии стал ключевой фигурой в администрации Кеннеди, был пожизненным социалистом, получившим свое назначение благодаря сенатору от LID Полу Дугласу. Другими сенаторами США, которые квалифицировались как социалисты по LID, были сенаторы Леман, Хамфри, Нойбергер и Морс (из "консервативного Орегона"). К этому списку можно добавить сенаторов Джейкоба Джавитса и Филипа Харта. Хотя они энергично отрицали это, в 1950 году бывший генеральный прокурор Фрэнсис Биддл (бывший президент организации "Американцы за демократические действия" (АДА), преемницы ЛИД) назвал их известными членами ЛИД и ее преемницы, АДА.

Анализ списка голосов Джавитта в Сенате показывает, что он поддержал LID и ADA в 82 из 87 социалистических мер, по которым он голосовал. Родитель из Восточной Европы, поселившийся в нью-йоркском Нижнем Ист-Сайде в швейном районе, Джавиттс вступил в ЛИД в раннем взрослом возрасте и стал одним из самых популярных ораторов ЛИД, при этом категорически отрицая какую-либо связь с социализмом в своих личных убеждениях и связях с социалистическими группами, такими как ЛИД. В любом случае, Джавиттс был основным докладчиком на семинаре, организованном LID в 1952 году, под названием "Необходимо моральное пробуждение в Америке". Уолтер Ройтер, "несоциалист", также присутствовал на этом мероприятии, которое тщательно избегало обсуждения коррупции на рабочем месте, в то же время активно нападая на корпорации работодателей и бизнес в целом.

Сенатская газета Congressional Record от октября 1962 года содержала длинный список видных социалистов в правительстве, здравоохранении, образовании, движении за права женщин, религии и труде. Список содержал имена более 100 профессоров и преподавателей из самых престижных колледжей и университетов страны. Список содержал имена более 300 действующих и бывших членов ЛИД, которые распространились и внедрились во все ветви власти, юриспруденцию, образование, советников по внешней политике, церкви и так называемые организации по защите прав женщин. Когда LID изменила свое название на "Американцы за демократические действия" (ADA), многие бывшие члены LID оказались в списке членов ADA.

Межвузовское социалистическое общество (ISS), которое предшествовало LID, открыло двери университетов и предоставило возможность распространять социалистические программы среди впечатлительных студентов. Это была скрытая социалистическая программа, которая изменит лицо образования в Соединенных Штатах.

Ничего этого не было видно при рождении этого фабианского социалистического предприятия. Первая встреча МКС состоялась в ресторане Пека в Нью-Йорке 12 сентября 1905 года. Среди присутствующих были полковник Томас Вентворт, Кларенс Дэрроу, Моррис Хиллквит и два молодых писателя-социалиста, Эптон Синклер и Джек Лондон. Оба автора были энтузиастами-социалистами, которые путешествовали по стране, проповедуя евангелие фабианского социализма в университетах и социалистических клубах.

Еще одним представителем несколько более грубого темперамента, присутствовавшим на ужине в ресторане Пека, был Уильям З. Фостер, который впоследствии играл ведущую роль в Коммунистической партии США. Фостер, который в дальнейшем играл ведущую роль в Коммунистической партии США. Любовь Фостера к Карлу Марксу была ярко продемонстрирована в течение нескольких лет. Настоящая цель ужина была раскрыта лишь 25 лет спустя: на самом деле это была первая встреча Американского Фабианского общества.

Хиллквита лучше всего запомнят как движущую силу Социалистической партии Америки, образованной в 1902 году. Два года спустя Социалистическая партия получила 400 000 голосов на выборах - в основном это были рабочие швейной промышленности, которые приехали в США из России в начале 1890-х годов, прихватив с собой революционеров и анархистов. Однако, несмотря на свое невзрачное революционное лицо, Социалистическая партия Америки привлекла удивительное количество представителей социальной элиты Нью-Йорка. Но британские фабианские социалисты посоветовали проявить осторожность - столь поспешное вмешательство может привести к катастрофе, и поэтому "партия" была тихо распущена.

Как выразился Эдвард Р. Пиз, секретарь Фабианского общества в Лондоне:

> "Европейские страны с их великими столицами имеют развитые национальные мозги. Америка, как и низшие организмы, имеет ганглии для различных целей в разных частях своего гигантского каркаса".

Пиз принадлежал к элите Фабианского общества, которая терпеть не могла Америку, так и не простив колонистам столь жестокого поражения армий короля Георга III. Несмотря на это оскорбление, ряд видных американцев отправились в Лондон и записались в ряды фабианских социалистов.

Долгосрочные цели британского Фабианского общества по отношению к Соединенным Штатам еще предстояло определить и разработать. Предстояло найти и назначить президента, который был бы очень открыт для социалистических идей, чтобы можно было реализовать хорошо скрытые социалистические методы завоевания власти исподтишка. Как сказал Рэмси Макдональд, США будет очень трудно социализировать - но не невозможно.

Главным камнем преткновения, конечно же, была Конституция. К этому добавлялась обширность страны и шесть различных расовых групп с очень разнообразными религиозными убеждениями. Образование и хорошо оплачиваемая работа, как считалось, являются двумя другими препятствиями, которые необходимо преодолеть. Как выразился Уэбб, "материнство и яблочный пирог" были препятствием для амбициозных пропагандистов социализма. Лондон приказал Социалистической партии распуститься и угаснуть, чтобы перегруппироваться под другим названием в то время, когда ее методы будут гарантировать успех.

Создание политической партии не стояло на повестке дня социалистов. Они должны были следовать модели "лиг" и "обществ" МКС. Путем ухищрений они надеялись кооптировать существующие политические партии, но они никогда больше не будут пытаться создать собственную партию. Так, в 1921 году были основаны Лига индустриальной демократии (ЛИД) и МКС, которые стали социалистическим штабом британского Фабианского общества в США.

Одним из наиболее тонких способов, с помощью которых американские социалисты скрывали свои намерения и следы, было назначение профессоров-социалистов ответственными за политику президента. Эта техника началась с Уилсона и продолжается до сих пор. Лица, принимающие решения, редко объявляли о своей программе, но писали позиционные документы и подписывали их. Эти газеты имели строго ограниченный тираж, что держало широкую публику на расстоянии.

За пределами круга профессоров другие известные люди сыграли важную роль в президентстве Вильсона. Среди них Уолтер Липпманн стоял на голову и плечи выше остальных. Этот получивший британское образование фабианский социалист считался их апостолом номер один в США, который вместе с Мандел Хаусом разработал "14 пунктов", первую попытку американского президента сформировать "новый мировой порядок". Принято считать, что военная речь Вильсона в Конгрессе США 6 апреля 1917 года опустила занавес над старым порядком, заставив США сделать первые шаги на долгом социалистическом пути к рабству.

Вильсон заложил основу для лжи, на которой будет построен американский социализм. Американцы - самые лживые люди на планете. С тех пор, как Вильсон вышел на политическую арену, и, конечно, даже до этого, вся социалистическая структура состояла из лжи на лжи с вкраплениями другой лжи. Одна из самых больших неправд заключается в том, что мы принадлежим к Организации Объединенных Наций. Другая ложь заключается в том, что аборты разрешены, что школьные автобусы и так называемый "контроль за оружием" разрешены; ГАТТ, НАФТА, война в Персидском заливе, Уэйко, FEMA, налет "короля" Джорджа Буша на Панаму и похищение главы государства, а также правление Манделы в Южной Африке - это лишь верхушка огромного айсберга многослойной социалистической лжи.

Пожалуй, одна из самых своеобразных его больших неправд заключается в том, что социализм стремится улучшить положение простых людей и что, в отличие от капитализма, социалисты не заинтересованы в личном богатстве. Социалисты всегда проповедуют о пороках капитализма. Но беглый взгляд на некоторых ведущих социалистов быстро показывает, что их лидеры происходят из самых элитарных элементов нашего общества, людей, которые используют социалистические цели для набивания собственных карманов.

Для Франклина Д. Рузвельта и его семьи в их поисках денег не было ничего слишком низкого и никакой выгребной ямы слишком глубокой. Семья Делано (Рузвельт женился на Саре Делано) сколотила свое состояние на торговле опиумом. Один из ближайших "советников" Рузвельта, Бернард Барух, и его партнер обладали монополией на медную промышленность, что позволило Баруху заработать миллионы и миллионы долларов на Первой мировой войне, в то время как "простой человек" миллионами умирал в грязи и крови в окопах во Франции.

Рузвельт работал в правлении Международной ассоциации банкиров до тех пор, пока не стал губернатором Нью-Йорка. За время своей работы в качестве банкира он обеспечил миллиардные займы для европейских стран в то время, когда американские рабочие с трудом выплачивали ипотечные кредиты, а позже, в годы депрессии, искали работу. Рузвельт был непревзойденным социалистическим лжецом, как и лучшие из них. Он не сказал американскому народу, что деньги пойдут банкирам, чьи заводы будут производить товары для продажи на американских рынках, благодаря отмене тарифных барьеров его предшественником Вильсоном. По оценкам, 12 миллионов человек потеряли работу благодаря наступлению Вильсона-Рузвельта на наши торговые барьеры, призванные защитить американские рабочие места.

Яркий пример тысячи больших лож Рузвельта можно найти на страницах 9832-9840, Congressional Record, Senate, 25 мая 1935 года:

> "...и поскольку на съезде он объявил, что на 100% поддерживает платформу демократов, вряд ли можно представить, что народ поймет, если он и его покорный Конгресс немедленно снизят тарифы (пошлины на импорт сельскохозяйственной продукции и вспомогательных промышленных товаров), когда 12 миллионов человек остались без работы. Поэтому он, его друзья-банкиры и крупные корпорации (т.е. Комитет 300 корпораций) сразу же задумали запустить N.R.A. - так называемый Акт национального восстановления, более известный сегодня как "Акт национального разорения".
>
> "Сообщалось, что Бернард Барух и его друзья создали 1800 фабрик в зарубежных странах, и что республиканские тарифы были немного слишком высоки для них, чтобы заставить наш рынок дешевой иностранной рабочей силой в угоду их идеям больших денег. Так почему бы под прикрытием войны с депрессией не передать Национальную ассоциацию рэкетиров народу и не поставить партнера Барни Баруха, бригадира "Крэкэпа" Джонсона, ответственным за то, чтобы цены были подняты до уровня 1928 года, фиксируя цены на сельское хозяйство в период с 1911 по 1914 год".
>
> "Фермеры не заметят диспропорции, а если и заметят - поскольку в этих условиях он мог контролировать газеты, радио, фильмы и все каналы передачи информации народу на деньги налогоплательщиков, наполнять их уши пропагандой, которую он хотел...".

Рузвельт, лидер американских социалистов, и его друзья-международные банкиры, при поддержке подстрекателей из Федеральной резервной системы, играли в азартные игры с жизнями народа страны и намеренно привели к рецессии 1922 года, краху на Уолл-стрит в 1929 году, Второй мировой войне и последующим событиям. Рузвельт хотел получить на посту президента больше власти, чем было у его помешанного на власти предшественника Вильсона.

Хотя американский народ этого не знает - а миллионы людей до сих пор не знают, - Вильсон втянул США в Первую мировую войну, а его неизбранный советник Мандел Хаус заложил основу для Второй мировой войны. Рузвельт обеспечил продолжение процесса предоставления международными банками миллиардных кредитов европейским державам для развязывания войн. Согласно документам, доступным мне в Британском музее, лорд Бивербрук, великий британский фабианский социалист, практически использовал Белый дом в качестве своего вашингтонского офиса, показывая Рузвельту, как вливать миллиарды и миллиарды долларов в Германию для финансирования прихода Гитлера к власти.

Вильсон не стеснялся назначать откровенных социалистов на ключевые посты в своей администрации, с которых они могли делать все возможное для продвижения дела социализма в Соединенных Штатах. Фред К. Хау, один из социалистических назначенцев Вильсона, был назначен комиссаром по делам иммиграции в Нью-Йорке. Его любимым занятием было освобождение подстрекателей и анархистов, содержавшихся в нью-йоркском порту в ожидании депортации.

Еще одним назначением "по должности" из Палаты представителей стал Уолтер Липпманн в качестве секретаря группы "мозгового штурма", созданной для придумывания правдоподобных военных целей и причин, по которым Соединенные Штаты должны участвовать в Первой мировой войне. Именно Липпманн придумал лозунг "мир без победы", который стал основой для корейской и вьетнамской войн. Назначение скандально известного Рэя Стэннарда Бейкера конфиденциальным корреспондентом Вильсона во время переговоров по Версальскому договору было еще одним из таких "решающих назначений".

Бейкер, как говорят, был главной причиной зависимости Вильсона от британского Фабианского общества, до такой степени, что он не мог самостоятельно принимать какие-либо решения на Парижской мирной конференции без предварительной консультации с Сиднеем Уэббом, основателем Фабианского общества, Грэмом Уолласом, Бертраном Расселом и Джорджем Лэнсбери. Именно эта группа постоянно называет администрацию Вильсона "демократической". В депешах Бейкера Вильсону в Вашингтон намеренно упоминалась "ваша демократическая администрация".

Парижская мирная конференция провалилась из-за Конституции. Около 59 просвещенных сенаторов, полностью осведомленных о намерениях социалистов, отказались принять договор Лиги Наций, признав его документом о едином мировом правительстве, который стремился поставить Лигу выше Конституции США. В то время Хаус, как сообщается, сказал Сиднею Уэббу, что единственный способ обойти Конституцию США - это наделить все будущие американские администрации ключевыми социалистами, которые будут применять "двухпартийный подход к вопросам большой важности". С тех пор, как были произнесены эти слова, "двухпартийный подход" стал эвфемизмом для обозначения социалистического подхода к вопросам, имеющим жизненно важное значение для американского народа.

Чтобы воплотить в жизнь новую "двухпартийную" идею, Хаус организовал 19 мая 1919 года ужин в парижском отеле Majestic для нескольких американских фабианистов и социалистов. Среди гостей были профессора Джеймс Шотвелл, Роджер Лансинг (государственный секретарь Вильсона), Джон Фостер и Аллен Даллес, Таскер Блисс и Кристиан Хертер, который впоследствии привел Мао Цзэдуна к власти в Китае. С британской стороны также присутствовали Джон Мейнард Кейнс, Арнольд Тойнби и Р.У. Тоуни, все великие практики фабианского социализма и его знаменосцы.

Группа заявила, что для того, чтобы обойти Конституцию США, необходимо создать в США организацию под руководством Королевского института международных отношений (RIIA). Американское отделение должно было называться Институтом международных отношений. Его мандат, предоставленный его лондонским родителем, заключался в "содействии научному изучению международных вопросов". Фабианское международное бюро должно было выступать в качестве советника RIIA и его американского родственника, который в 1921 году сменил название на Совет по международным отношениям (CFR).

Эти три учреждения были созданы с четырьмя основными целями:

1. Создание путаницы вокруг Конституции США.
2. Использовать эти организации для влияния и обмана Конгресса США и общественности.
3. Разделить оппозицию социалистическим целям в Палате представителей и Сенате с помощью ухищрений "двухпартийных комитетов по изучению".
4. Уничтожить разделение полномочий между законодательной, исполнительной и судебной ветвями власти, как рекомендовал профессор Гарольд Ласки.

Мандел Хаус был инициатором "бесед у костра", ключевого пропагандистского инструмента, широко использовавшегося Рузвельтом, и он "предложил" большинство назначений в социалистический кабинет. Во многих случаях он консультировался с профессором Гарварда Чарльзом У. Эллиотом - тем очагом социализма, который сыграл столь важную, хотя и тайную, роль в нашей истории. Это неудивительно, учитывая, что в Гарварде полностью доминировал фабианский социалист Гарольд Ласки, чьи частые лекции в Гарварде задавали тон для сильно ориентированных на социализм методов обучения.

Большинство взглядов Хауса было опубликовано в "Новой Республике", журнале, популярном среди американских социалистов, включая самого Вильсона. У Хауса было много близких социалистов в Социалистическом регистре. Одного из них, Джозефа Фелса, Хаус уговорил одолжить 500 фунтов стерлингов Ленину и Троцкому, когда они застряли в Лондоне перед встречей с лордом Альфредом Милнером. Барух однажды сказал: "Хаус приложил руку к назначению каждого кабинета министров и к каждому другому важному назначению". Это было действительно преуменьшение.

Считается, что Вильсон был хорошо осведомлен о деятельности социалистки Нины Нитце, которая была главным казначеем немецких шпионов, действовавших в США. Очевидно, это не беспокоило ни Вильсона, ни Хауса, как и не повлияло впоследствии на суждения президентов Кеннеди и Джонсона, которые назначили брата Нины, Пола Нитце, министром военно-морского флота в обеих администрациях и главным представителем на различных конференциях по разоружению. Известно, что Нитце склонял баланс сил в пользу России на каждой конференции по разоружению, где он представлял Соединенные Штаты.

Согласно документам Британского музея, финансирование Гитлера осуществлялось через семью Варбургов по обе стороны Атлантики; в Европе, в частности, через социалистический банк Мендельсона в Амстердаме, Голландия, банк Шредера в Лондоне и Франкфурте, Германия, в то время как тот же банк осуществлял план финансирования Гитлера через свой филиал в Нью-Йорке. Сделки контролировались юридической фирмой Комитета 300, Sullivan and Cromwell, старшим партнером которой был Аллен Даллес, представитель семьи Даллесов. Братья Даллес взяли под контроль Сенат и Государственный департамент, чтобы гарантировать, что несогласные голоса тех, кто мог узнать о договоренности, будут заглушены до того, как они смогут оповестить нацию.

Такие финансовые договоренности были распространены и в преддверии Второй мировой войны. За пять лет учебы я обнаружил в Британском музее в Лондоне документы, касающиеся того, как работали социалисты по обе стороны забора. Телеграммы, отправленные послом Германии в Вашингтоне своему начальству в Министерстве иностранных дел в Берлине, показали, что с 1915 года Дж. Уильям Берд Хейл был одним из их собственных сотрудников, работавших в Министерстве иностранных дел Германии с зарплатой 15 000 долларов в год.

Хейл, один из членов внутреннего круга в Черепашьей бухте,

эксклюзивной летней колонии, где проживала элита американских социалистов. Среди них был профессор Роберт Ловетт и множество других профессоров Гарвардской школы права. Дом жил недалеко, в Манчестере. Все они были описаны обожаемой прессой того времени как "отполированные продукты Гарварда и Гротона", но пресса была настолько ослеплена этими гламурными людьми, что не упомянула, что они также были социалистами из верхнего ящика Фабианско-американского общества. Ловетт любил работы Джона Рёскина, самопровозглашенного "коммуниста старой школы", и Уильяма Морриса.

Хейл, убежденный "христианский" социалист, добился успеха вместе с Вильсоном в Мексике, организовав кражу мексиканской нефти для своих ведущих коллег-социалистов. (Полный отчет об этой возмутительной краже у мексиканского народа см. в статье "Дипломатия путем обмана"). Оказалось, что Хейл на самом деле представлял Министерство иностранных дел Германии до 23 июня 1918 года, когда тысячи американских солдат Гражданского ополчения умирали "за дело свободы". Затем этот "христианский" социалист отправился в Германию в качестве корреспондента Американской пресс-службы. Его просоциалистические, сильно тенденциозные репортажи занимали видное место в газетах того времени, которые можно найти в архивах Британского музея.

Благодаря этим сделкам элита социалистического мира разбогатела. Не то чтобы в этих отвратительных договоренностях было что-то новое. По мере приближения Гражданской войны и на протяжении всего ее периода коммунизм и социализм добились огромных успехов в Америке, и этот факт не упоминается в наших учебниках истории и хорошо скрывается от публики в огромных голливудских феериях об этой самой трагической из всех войн.

Через фабианское социалистическое движение проходит общая нить: страстное желание все разрушить и уничтожить. Это подтверждается на страницах 45944595, Congressional Record, 23 февраля 1927 года, под названием "General Deficiency Bill". На этой странице нашей истории рассказывается о социалистах и коммунистах и их попытках уничтожить Конфедеративную Республику Соединенных Штатов Америки. Много информации о том, как социалисты сотрудничали со своими братьями-коммунистами, вы найдете в брошюре "Ключевые люди Америки".

Социализм - это мировая революция в гораздо большей степени, чем коммунизм, но в более медленном темпе и на более спокойном уровне. Но революция, которой желают социалисты, одна и та же: духовная анархия, разрушение девятнадцати веков западной цивилизации, рассеяние традиций и конец христианства. Если читатель сомневается в этом, то прочтение книги Франклина Д. Рузвельта "На нашем пути" убедит скептиков, что социализм отличается от коммунизма только методом.

Большевизм был насильственным и радикальным экспериментом, который пытался избавить Россию от христианства: В Соединенных Штатах используются другие, более тонкие средства, такие как запрет молитвы в школах, так называемое "отделение церкви от государства", и в классах, где мириады учителей-социалистов промывают мозги ученикам, чтобы те пропагандировали тихую революцию, которую ведут социалисты. Большевизм, марксизм. Социализм, все они имеют одну общую цель, и они идут рука об руку с "либерализмом", "пацифизмом", "толерантностью", "прогрессивизмом", "умеренностью", "миром", "демократией", "народом" и уловками, используемыми для сокрытия и маскировки истинных целей социализма.

Эти термины призваны обмануть несведущих людей, чтобы социализм не ассоциировался с революцией. Но цель социализма и большевизма одна и та же: разрушение цивилизации, построенной на девятнадцати веках традиций и христианства. Целями социализма являются:

1. Упразднение правительства.

2. Отмена патриотизма.

3. Отмена прав собственности. (В то время как коммунисты запретили бы это прямо, социалисты выбирают скрытый и скрытый способ налогообложения

прав частной собственности, чтобы заставить их исчезнуть.

4. Отмена наследования. (Опять же, коммунисты запретили бы это прямо, социалисты - через законы о налоге на наследство).

5. Отмена брака и семьи.

6. Отмена религии, особенно христианства.

7. Разрушение национального суверенитета стран и национального патриотизма.

Вудро Вильсон знал эти цели, но не уклонялся от них и без колебаний стал инструментом международных социалистов, с энтузиазмом приняв американские социалистические программы, для чего ему понадобились полномочия, не предоставленные ему Конституцией США. Вильсон без колебаний использовал скрытые методы социалистов для достижения своих целей. Например, ему удалось втянуть США в Первую мировую войну, назвав "патриотическим долгом" защиту Америки, которой никогда не угрожала Германия!

Вильсон не был первым жаждущим власти президентом, хотя он был первым открытым социалистом. Сомнительная честь захвата власти принадлежит президенту Линкольну, который первым стал издавать прокламации, которые сейчас называются исполнительными приказами. Президент Джордж Буш пошел по стопам Рузвельта, используя те же неконституционные методы, чтобы свить свое гнездо, ныряя в каждую выгребную яму, где можно было заработать за счет американского народа.

Так называемый "республиканец", Буш нанес столько же вреда "простым людям" Соединенных Штатов, сколько Рузвельт и Вильсон до него. Остерегайтесь партийных ярлыков. Джордж Вашингтон называл политические партии "неприличными и бесполезными", и современная история показывает, что они вносят раскол. Тираны добились успеха благодаря политическим партиям и их менталитету "разделяй и властвуй". Конституция США предусматривает импичмент таких людей, как Вильсон, Рузвельт и Буш. На самом деле, патриотичный конгрессмен Генри Гонсалес подал шесть статей импичмента против Буша во время войны в Персидском заливе, но партийная политика не позволила использовать статью 2, раздел 4, статью 1, раздел 3, чтобы привлечь Джорджа Буша к ответственности.

Было много причин для импичмента Буша, не последней из которых была его неспособность соблюсти Конституцию и получить правильно составленное объявление войны. Во-вторых, его неконституционное прощение египетского долга в размере 7 миллиардов долларов, его подкуп Сирии и других стран, присоединившихся к его "Буре в пустыне" против Ирака: его продолжающееся злоупотребление тремя ветвями власти в нарушение Конституции и его самоназначение в качестве главнокомандующего вооруженными силами, которым он не являлся, также подлежат судебному преследованию.

Стоит повторить, что война в Персидском заливе была незаконной. Она была проведена без объявления войны, вопреки Конституции. Конгресс, во многом руководствуясь партийными настроениями, попытался составить некую резолюцию - не объявление войны - которая должна была придать некое подобие законности действиям Буша. Но Конгресс добавил оскорбление к оскорблению американского народа, совершив ошибку, составив свою версию объявления войны в соответствии с мандатом ООН, выданным Бушу, а не в соответствии с Конституцией США.

Это абсолютно неверно: Соединенные Штаты никогда не вступали в ООН по конституции, и объявление войны этим органом единого мирового правительства не может быть в одном документе или даже ассоциироваться с объявлением войны Конгрессом. Статья 1, раздел 9 Конституции Соединенных Штатов Америки отрицает и ограничивает полномочия Конгресса на законодательную деятельность. Конгресс не обладает абсолютной властью издавать законы и может делать это только в соответствии с Конституцией.

Принятая Конгрессом резолюция "половина и половина", с помощью которой Буш пытался добиться видимости законности для своей незаконной войны, была вне рамок и духа Конституции США и не являлась объявлением войны. Анализ того, как голосовал Конгресс, ясно показывает, что почти все сотни социалистов, населяющих Палату представителей и Сенат, проголосовали за Буша, чтобы позволить ему и дальше попирать Конституцию. Бушу следовало объявить импичмент и судить его. Если бы при таком разбирательстве следовали Конституции, нет сомнений, что он был бы заключен в тюрьму, чего он по праву заслуживает.

Полномочия президента содержатся в разделе II Конституции США. Действия, не содержащиеся в разделе II, являются проявлением произвольной власти. Социалисты, начиная с Хауса, Франкфуртера и Брандейса, а затем Катценбаха и других, утверждают, что три ветви власти равны. Это ложь - еще одна ложь, составляющая огромный айсберг, на котором утонет наша нация, если мы не изменим курс. Профессор Гарольд Ласки был главным инициатором этой лжи, которая рассматривается как первый шаг к ослаблению разделения властей, предусмотренного Конституцией США.

Три ветви власти не являются равноправными и никогда ими не были. Палата представителей и Сенат создали судебную власть, и Палата представителей и Сенат никогда не собирались наделять их равными полномочиями. Конечно, если бы об этом стало известно, социалистическое захват Конституции "законодательным путем" было бы выброшено в окно. Возможно, американский народ проснется, пока не поздно, от того, как судьи коверкают Конституцию.

Конгресс обладает высшими полномочиями - одним из них является расходное право. Еще один простой способ избавиться от судей-социалистов - ввести в действие статью III, раздел I, которая гласит, что судьи не могут "получать за свои услуги какое-либо вознаграждение, которое не может быть уменьшено в течение срока их полномочий".

Это означает, что судьи Верховного суда США по закону не могут получать зарплату в обесценившейся валюте, а лучшего примера обесценившейся "валюты", чем банкноты Федерального резерва, обычно (и ошибочно) называемые "долларами", не найти. Каким ударом будет для наследников доктрины Келли, если мы, народ, закроем Верховный суд из-за отсутствия денег, которые не списываются.

Уилсону также должен был быть объявлен импичмент. Его безумный захват власти был спровоцирован Манделом Хаусом, заклятым социалистическим врагом народа Соединенных Штатов, который работал в тени над своими зловещими, скабрезными и злобными планами по свержению и уничтожению Конфедеративной Республики Соединенных Штатов Америки. Для этого Хаус попросил Уилсона назначить на ключевые посты всевозможных элитных социалистов.

Цели американского социализма хорошо скрывались в прошлом, особенно в период, предшествовавший Второй мировой войне. Очевидно, что социализм достиг многих своих целей. Она сделала это, сформировав движения, призванные разрушить мораль Америки, о чем свидетельствует поразительный рост "свободной любви" (любви без ответственности), которая на сегодняшний день стоила жизни более 26 миллионам убитых младенцев, санкционированных решениями Верховного суда, принятыми в пользу абортов, все из которых на 100% неконституционны, потому что в Конституции ничего не говорится об абортах. Когда Конституция умалчивает о какой-либо власти, это означает запрет на эту власть.

Президент Клинтон твердо верит в детоубийство и, будучи хорошим социалистом, поддерживает аборты всеми силами своей администрации. Интересно отметить, что впервые об абортариях задумались, когда миссис Ласки, жена профессора Ласки из Фабианского общества, начала создавать клиники по контролю над рождаемостью в Англии. Тактика госпожи Ласки использовала методы печально известного коммунистического комиссара, товарища Александры Коллонтай.

Когда социалистам противостоят и разоблачают их, продвигая дело коммунизма с помощью различных тактик, они громко протестуют. Но старая поговорка "рана коммуниста и социалиста кровоточит" никогда не была так верна, как сегодня. В Соединенных Штатах существует тайное, высокоуровневое, параллельное социалистическое правительство, известное как Совет по международным отношениям, созданный в 1919 году архисоциалистами Мандел Хаусом и Уолтером Липпманом под руководством и контролем

RIIA в Лондоне.

Часто мы видим в прессе истории об открытых разногласиях между коммунистами и социалистами. Это делается для того, чтобы одурачить несведущих и удержать тех, кто был обманут, поверив, что "прогрессивный", "либеральный", "умеренный" действительно означает нечто иное, чем то, что подразумевают социалисты. Таким образом, им удается держать в узде большое количество людей, которые в противном случае отшатнулись бы в шоке, узнав, что они продвигают цели революционного мирового правительства. Тот факт, что наш новый президент, обвиняемый в том, что он бабник, морально несостоятельный либертин, приемлем для миллионов американцев, которые не являются социалистами, является триумфом методов фабианского социализма.

Их методы настолько тонкие, что их цели не всегда можно распознать с первого взгляда. В последнее время ведется много дискуссий (в основном низкого уровня, показывающих отсутствие понимания Конституции США у большинства сенаторов) о том, что право вето является правом президента. Это чисто антиконституционная социалистическая пропаганда и продолжение начатого социалистами при президенте Вильсоне процесса уступки президенту прав, которые обычно принадлежат законодательной ветви власти. Цель социалистов - наделить президента полномочиями, которых у него нет и на которые он не имеет права, чтобы они могли отбросить Конституцию на пути своих планов по установлению нового мирового порядка.

Социалисты хотят, чтобы президент имел право вето, не предусмотренное Конституцией, в контексте "усиленного прекращения полномочий". В социалистической традиции они не говорят прямо: "Мы хотим, чтобы президент мог наложить вето на любую часть законопроекта, принятого Палатой представителей и Сенатом". Это то, что подразумевается под "оговоркой вето".

Эта уловка следует директиве Флоренс Келли о том, что изменения должны быть внесены заранее, "законодательными средствами", если они не могут быть достигнуты конституционными средствами. Как мы видим в других частях этой книги, профессор Гарольд Ласки провел много времени, обсуждая с Феликсом Франкфуртером и президентом Рузвельтом, как подорвать конституционное положение о том, что полномочия каждой ветви власти, предоставленные Конституцией, не могут быть переданы. Ласки часто нападал на этот камень преткновения на пути продвижения социализма "законодательным путем". Вопиющее лицемерие социалистов проявляется в том, что они настаивают на строгом соблюдении идеи так называемого "отделения церкви от государства". Очевидно, что то, что является соусом для гуся, не является соусом для гуся.

Передача такой власти президенту - это акт самоубийства и, скорее всего, измены. Реальный вопрос здесь - власть, и то, как социалисты могут захватывать все больше и больше власти через одного из своих приспешников, которого они посадили в Белый дом. Нет ничего более опасного, чем желание социалистов наделить президента полномочиями, зарезервированными для Палаты представителей и Сената, что породит супер-Уилсонов, Рузвельтов, Бушей и Клинтонов и ввергнет Соединенные Штаты в социалистическую диктатуру - что уже практически и происходит.

Вето превратится в партийную политическую склоку, запугивая законодателей, которых народ штатов отправил обратно в Вашингтон, чтобы они делали то, что хочет народ штатов, а не федеральное правительство. Передача права вето Конгрессу гарантирует появление в будущем тиранов еще хуже, чем Джордж Буш, чья частная война за и от имени британской короны стоила сотни жизней американцев и 200 миллиардов долларов. Наложение президентского вето стало бы большим триумфом для Флоренс Келли.

Предоставление президенту права вето на тот или иной пункт запутает Палату представителей и Сенат, парализует их усилия и в целом ускорит крах правительства в этой стране - все заявленные цели социалистов. Напряженность и страсти между законодательными ветвями власти будут высоки, что сделает Конгресс полностью подчиненным воинственному президенту, стремящемуся следовать социалистической повестке дня. Конституция США станет чистым листом бумаги, а система сдержек и противовесов превратится в тлеющие руины.

Эта нация уже слишком сильно пострадала от излишеств президентов-социалистов, которых они поставили (Вильсон, Рузвельт, Кеннеди, Джонсон, Картер, Эйзенхауэр, Буш и Клинтон). Эти президенты ввергли страну в кровопролитные войны, в которые мы никогда не должны были ввязываться, ценой миллионов и миллионов жизней, не говоря уже о миллиардах долларов, которые эти войны принесли, миллиардах, которые пошли банкирам Уолл-стрит и лондонского Сити, Банку международных расчетов, Всемирному банку и т.д.

Право вето и так называемые незаконные исполнительные распоряжения сделают будущего президента-тирана калибра Рузвельта и Буша королем так же уверенно, как если бы этот титул был присвоен им самим. Наделение президента конституционным правом накладывать вето на законопроекты Конгресса потребует внесения поправки в Конституцию США. Три департамента не могут принимать законы или иным образом передавать функции или полномочия другой ветви власти. Отцы-основатели написали это положение, чтобы предотвратить захват власти потенциальными тиранами таким способом.

Если мы хотим увидеть пример тирании, нам не нужно смотреть дальше, чем нападение федерального правительства на христианскую церковь в Уэйко, совершенное в полном нарушении Конституции США. В Уэйко было убито 87 человек. В результате "бойни" на площади Тяньаньмэнь (так описывают это событие социалистические СМИ) погибли 74 китайца. Тем не менее, Клинтон была готова скрестить шпаги с Китаем за нарушения "прав человека", вызванные восстанием на площади Тяньаньмэнь против пекинского правительства, но до сих пор не сделала ничего, чтобы привлечь к ответственности виновных в Уэйко. Это типичное вопиющее лицемерие истинного социалиста.

Где в Конституции США сказано, что федеральное правительство имеет право вмешиваться в дела штатов и преследовать религиозную группу? Нигде! Федеральное правительство не имеет права вмешиваться в дела штатов, особенно когда речь идет о полицейских полномочиях. Десятая поправка совершенно ясна в этом вопросе: полицейские полномочия в области здравоохранения, образования и защиты полиции принадлежат исключительно штатам. Если бы "Бранч Давидианы" случайно совершили преступление, которое оправдывало действия полиции против них, эти действия должна была бы предпринять местная полиция, и никто другой. Департамент шерифа Уэйко потерпел катастрофическое фиаско в выполнении своих обязанностей по надлежащей защите давидианцев внутри их церкви.

Федеральное правительство в очередной раз продемонстрировало свое высокомерное отношение к Конституции США, нарушив статью 1 Билля о правах Конституции США, которая гласит, что..:

> "Конгресс не должен принимать законов, касающихся установления религии или запрещающих ее свободное исповедание, или ущемляющих свободу слова или печати, или право народа мирно собираться и обращаться к правительству с петициями об удовлетворении жалоб".

В Уэйко произошло то, что федеральное правительство взяло на себя полномочия, которых у него нет, и отправилось в Уэйко с явным намерением запретить свободное осуществление религиозных убеждений и свободу самовыражения. Это светский гуманизм в действии, и ему не место в нашей Конституции. Социалисты очень любят "отделение церкви от государства" - когда это им подходит. Что случилось с "отделением церкви от государства" в Вако? Его там не было!

Федеральное правительство решило, что оно может упростить религию, которая является сложным предметом, не поддающимся упрощению. На странице E7151, Запись Конгресса, Палата представителей, 31 июля 1968 года, судья Дуглас сформулировал этот вопрос следующим образом;

> "...Правительству невозможно провести границу между добром и злом (нострум светского гуманизма), и чтобы быть верным Конституции, лучше оставить такие идеи в покое".

Вместо того чтобы прислушаться к мнению своих собственных

судей-социалистов, федеральное правительство решило, что оно имеет право решать между "хорошей" религией и "плохой". Правительственные агенты на месте событий в Уэйко взяли на себя смелость слишком упростить сложный характер религии. Опыт веков показал, что религию нельзя упрощать. Более того, она находится вне сферы политических вопросов и никогда не предназначалась для упрощения.

Первые 10 поправок к Конституции США представляют собой ограничение деятельности федерального правительства. Кроме того, статья 1, раздел 9 Конституции США отрицает право федерального правительства принимать законы по религиозным вопросам. Основные полномочия Палаты представителей и Сената содержатся в статье 1, раздел 8, пункт 1-18. Помните, что федеральное правительство не обладает абсолютной властью. Федеральное правительство не имеет права решать, что является церковью, а что культом. По-видимому, правительственные агенты в Уэйко сделали это определение с помощью некоего "культового депрограмматора". Сама идея такого действия отвратительна, если не является откровенно незаконной.

Если бы федеральное правительство имело такую власть - а оно ее не имеет - оно имело бы возможность уничтожить все религии - элемент социалистической программы и одна из целей мировой революции. Эти полномочия не содержатся ни в Первой поправке к Конституции США, ни в делегированных полномочиях Конгресса, ни в основных полномочиях Конгресса в статье 1, раздел 8, пункты 1-18. Когда Конституция США умалчивает о какой-либо власти, это означает запрет на эту власть.

Так откуда у ФБР и ATF взялись полномочия для нападения на христианскую церковь? По-видимому, от президента и генерального прокурора, ни один из которых не имеет таких полномочий, и поскольку они оба признают ответственность за ужасающий акт в Уэйко, им должен быть объявлен импичмент. В Уэйко погибло больше американцев, чем китайских студентов на площади Тяньаньмэнь. Назвала ли американская бульварная пресса китайских студентов "сектой"? Конечно, нет. Федеральное правительство также не имеет права называть христианское движение "сектой".

Действия федерального правительства в Уэйко поставили под угрозу Конституцию США. Конституция США не может быть скомпрометирована. Ни одно правительственное учреждение не стоит выше Конституции, и федеральные правительственные учреждения, принимавшие участие в нападении на Уэйко, нарушили закон. Они не имели конституционного права вмешиваться в дело, которое находилось в юрисдикции штата Техас, но не федерального правительства. Федеральное правительство назвало Бранч Давидианов "террористами", но не должно было иметь права голоса при разграничении. Это должен был сделать штат Техас.

Нигде в Билле о правах федеральное правительство не имеет права называть христианскую церковь "террористической" организацией. Основания для нападения на Уэйко не содержатся в статье 1, разделе 8, пунктах 1-18. Для того чтобы уполномочить федеральное правительство совершить вооруженное нападение на церковь Бранч Давидиан в Уэйко, потребовалось бы принятие КОНСТИТУЦИОННОГО ДОПОЛНЕНИЯ. Чтобы полностью понять ужас Уэйко, необходимо прочитать Декларацию независимости, где перечислены акты жестокости, совершённые против колонистов королем Георгом III. Уэйко - это король Георг III, только еще хуже.

Конгресс (Палата представителей и Сенат) имеет возможность исправить эту ошибку. Он может распорядиться о проведении полного слушания в Конгрессе. Конгресс также может прекратить финансирование федеральных агентств, которые принимали участие в этой современной атаке короля Георга III на граждан Соединенных Штатов. Срочно необходимы статьи импичмента. Конгресс должен взять на себя большую часть ответственности. Федеральные агенты, участвовавшие в нападении на церковь Бранч-Давидиан, вероятно, думали, что действуют по закону, хотя это было не так. Конгресс должен знать об этом, и Конгресс должен исправить ситуацию, чтобы она не продолжалась в других местах. Берч Бэйх, бывший сенатор-социалист от штата Индиана, был использован Фабианским обществом для подрыва Конституции США, и он делал это при любой возможности, как ясно показывает чтение страниц S16610-S16614, Congressional Record, Senate.

Где в статье 1, разделе 8 или в полномочиях, делегированных Конгрессу, говорится, что федеральное правительство имеет право использовать военные машины для нападения на церковь? Где сказано, что федеральные агенты имеют право называть церковь "сектой"? Это нападение на христианскую церковь Бранч Давидиан является нарушением 1-й, 4-й и 5-й поправок и представляет собой обвинительный акт против граждан Соединенных Штатов в Уэйко. Ни законодательная, ни исполнительная, ни судебная ветви федерального правительства не имеют права называть христианскую церковь - или любую другую церковь, если на то пошло - "культом". С каких пор федеральное правительство имеет право решать эти сложные религиозные вопросы? С каких пор федеральное правительство может осуществлять Билль о выкупе?

В Уэйко федеральное правительство взяло сложный религиозный вопрос и превратило его в простую проблему "культа", который ему не нравился. Согласно статье II Конституции США, исполнительная власть не имеет полномочий атаковать то, что президент и его генеральный прокурор назвали "культом". Это не первый случай, когда федеральное правительство начинает атаку на религиозную группу, которая ему не нравится. Это не оправдание, если просто сказать, что президент и его генеральный прокурор берут на себя ответственность за нарушение закона.

На страницах 1195-1209, Congressional Record, Senate February 16, 1882, мы видим, что Сенат попытался действовать как Бог, назначив комиссию из пяти человек, чтобы помешать мормонам голосовать просто потому, что они мормоны. Это было вопиющим нарушением закона о помиловании. Единственное, что хорошо в этом ужасном эпизоде истории - это то, что в Сенате состоялись дебаты. Жертвы федерального правительства в Уэйко не имели такого права. О попытках помешать мормонам голосовать, и мы находим это на странице 1197 - и это очень важно для нападения в Уэйко, мы читаем: "Это право принадлежало американской цивилизации и праву задолго до принятия Конституции".

Это право уже существовало в колониальные времена, как и право на ношение оружия, и эти права были включены в Конституцию через ряд поправок, в дополнение к тем, что были в первоначальном документе. Эти поправки были призваны защитить права. Они лишь гарантировали права, которые уже существовали до принятия Конституции, которая не была создателем самих прав. То, что федеральное правительство сделало в Уэйко, не сильно отличается от действий, за которые выступал международный социалист Карл Маркс, и которые китайское правительство наблюдало на площади Тяньаньмэнь. Гражданам, погибшим во время пожара в Уэйко, было отказано в их конституционных правах на справедливый суд и надлежащую правовую процедуру, изложенных в 5-й поправке.

Я продолжаю читать из отчета Конгресса, Сенат, 16 февраля 1882 года, на странице 1200:

> "Например, никто, как мы полагаем, не станет утверждать, что Конгресс может издавать на любой территории закон об установлении религии или свободном отправлении религиозных обрядов, или ограничивать свободу слова или печати, или право жителей территории собираться мирно и обращаться к правительству с петициями об удовлетворении жалоб. Конгресс также не может лишить народ права хранить и носить оружие, права на суд присяжных или заставить кого-либо свидетельствовать против себя в уголовном процессе. Эти полномочия в отношении прав личности, которые нет необходимости перечислять здесь, прямо и позитивно отрицаются Генеральным правительством; и право на частную собственность должно быть сохранено с такой же тщательностью".

То, что произошло в Уэйко, - это неограниченный социализм в действии, грубо попирающий Конституцию США. Поскольку очевидно, что ни Конгресс (Палата представителей и Сенат), ни судебная власть, ни исполнительная власть (президент) не имели конституционного права отдавать приказ о вооруженном нападении на церковь Бранч Давидиан в Уэйко, возникает вопрос: что делает Конгресс, чтобы исправить это грубое нарушение Конституции, и что он делает, чтобы привлечь к ответственности виновных в федеральном правительстве?

В социалистическом/марксистском государстве Уэйко было бы простым использованием правительственной власти. Но Соединенные Штаты, благодаря своей Конституции, не являются социалистическим/марксистским государством; они остаются Конфедеративной Республикой, несмотря на ужасающие нападки на нее социалистов-фабианцев, таких как Гарольд Ласки, Феликс Франкфуртер, Хьюго Блэк, Франклин Рузвельт, Дуайт Эйзенхауэр, Джордж Буш, а теперь и президент Уильям Джефферсон Клинтон. Уэйко было циничным использованием полномочий, не предоставленных судебной или исполнительной ветвям власти, и стоит в одном ряду с прошлыми проявлениями религиозной нетерпимости.

Вернемся к попыткам социалистов передать полномочия от одной ветви власти к другой. Даже без права вето у нас уже был король вместо президента. Я говорю о "короле" Джордже Буше, чья жажда власти порождала еще больше власти и еще больше власти, пока нацию не захлестнул прилив его безумного захвата власти, и она не оказалась втянута в войну, столь же неконституционную, как и любая другая в истории США.

В ходе дебатов в Палате представителей и Сенате о том, стоит ли "наделять" президента такими полномочиями, было упущено то, что, будучи на 100% неконституционным, это потребует внесения поправки в Конституцию США. Конгресс (Палата представителей и Сенат) не имеет права наложить вето на конкретную статью: это не может быть сделано Конгрессом, а только через поправку к конституции.

Отцы-основатели хотели предотвратить обход Конституции тремя департаментами, передающими полномочия друг другу. Статья 1, раздел 9 Конституции США отрицает или сильно ограничивает законодательную власть Конгресса. Конгресс не может передать свои функции Верховному суду или президенту без внесения поправки в конституцию. Это положение было призвано помешать помешанным на власти социалистам, таким как Вильсон, Рузвельт и Буш, ввергать страну в одну войну за другой, но оно не помешало Вильсону, Рузвельту и Бушу сделать именно это.

Клинтон ждет своего шанса начать новую войну. Он только что пропустил его против Северной Кореи, но его очередь может наступить до конца его единственного срока. Право секционного вето - это еще один шаг к социалистической цели "сделать Конституцию США неэффективной". Конституционные полномочия президента содержатся в разделе II Конституции США. У него нет другой власти.

Фабианское общество продолжило войну, проигранную армиями короля Георга III. Они спровоцировали Гражданскую войну и все войны с тех пор в надежде свергнуть Конфедеративную Республику Соединенных Штатов. Анналы Конгресса, глобусы Конгресса и записи Конгресса содержат множество информации и деталей, подтверждающих эту точку зрения. На странице 326, Congressional Globe, House, July 12, 1862, мы находим речь достопочтенного Ф.У. Келлога, озаглавленную "Происхождение восстания": "...

> "Национальная гордость была удовлетворена, а также ростом могущества и уверенностью в том, что еще через полвека Соединенные Штаты должны стать самой могущественной нацией на земле. Но великие державы Европы с тревогой наблюдали за этим стремительным ростом; и защищать Америку, которой немцы никогда не угрожали! "

Злодеяния современных американских социалистов огромны. Джейкоб Джавиттс рассматривал то, что он называл "вопросами гражданских прав", как золотую возможность взбаламутить расовую ситуацию, внедрив социалистов в ключевые правительственные учреждения, такие как Комиссия по равным возможностям. На международной арене Джавиттс, используя тактику запугивания, в которой так хороши социалисты, был ответственен за создание так называемых "международных банков", а затем добился от Конгресса их финансирования совершенно неконституционным способом.

Другим великим пропагандистом социализма в этой стране был судья Эйб "Фиксер" Фортас, который, как никто другой из социалистов, был ответственен за "легализацию" потока непристойной литературы и порнографии. Эта мера была направлена на дальнейшее ослабление нравственности нации. Фортас подал решающий голос при принятии Верховным судом США абсолютно неверного решения о разрешении порнографии под видом "свободы слова". Психологи и психиатры говорят нам, что это напрямую привело к огромному росту преступности, поскольку этот вид "развлечений" возбуждает низшие центры мозга.

Члены Палаты представителей и Сената должны нести свою долю ответственности за эту ситуацию и за шокирующий рост безработицы и преступности в тандеме. Палата представителей и Сенат могут двумя третями голосов отменить любое решение Верховного суда, и они должны были сделать это десять лет назад, не дожидаясь, пока ситуация выйдет из-под контроля, а затем позволить социалистам в своей среде свалить вину за проблему на "оружие". В Палате представителей и Сенате есть несколько действительно горячих социалистов. Представитель Билл Ричардсон является ярким примером: на страницах E2788 E2790, Congressional Record, среда, 31 июля 1991 года, Ричардсон начал восхвалять одного из худших социалистов в мире: тогдашнего представителя Стивена Соларза, который вмешивался в дела Родезии, Южной Африки, Филиппин, Южной Кореи и всех нелевых стран под солнцем. Как будто этого было недостаточно, следователи, изучающие банковский скандал в Палате представителей, обнаружили, что Соларз выписал больше всего невыполненных чеков.

Другими социалистическими "святыми", которые нанесли этой стране неограниченный вред и привели к краху не только нашей экономической, политической и судебной систем, но и активно стремились продвигать социалистическую повестку дня за счет американского народа, являются: Гарри Декстер Уайт, Джон Кеннет Гэлбрейт, Артур Шлезингер, Телфорд Тейлор, Роберт Стрендж Мак Намара, Дэвид К. Уильямс, Джордж Болл, Феликс Франкфуртер, Бернард Барух, Артур Голдберг, Алджер Хисс, Джадж Гезелл, Ральф Бунче, Николас Катценбах, Кора Вайс, Луис Брандейс, Макджордж Банди, Генри Киссинджер, Аллен и Джон Фостер Даллесы, Сэм Ньюхаус и Уолт Уитмен Ростоу. Некоторые из этих и других социалистических "воинов" представлены в главе "Звезды социалистической твердыни" с описанием их действий.

Их планы и цели заключались в том, чтобы медленно, коварно, легкими шагами, незаметно для народа, продвигать

Соединенные Штаты к социализму. Программа была составлена Фабианским обществом в Лондоне и подробно описана его главными участниками - профессором Ласки, Грэмом Уолласом и Кеннетом Гэлбрейтом. Эти планы были составлены таким образом, чтобы совпадать или соответствовать тому, что "либералы" делали в Америке, особенно в области образования, ослабления Конституции США, американской системы политической экономии, основанной на разумных деньгах и защитных торговых тарифах.

Они во многом совпадали с планами международных социалистов по формированию в конечном итоге единого мирового правительства - Нового мирового порядка. Для фабианцев в Англии адаптация их планов к американскому расписанию была серьезным делом. Об их успехе можно судить по тому, что в 1920-1930-е годы им почти удалось полностью социализировать Соединенные Штаты.

Глава 3

ОБРАЗОВАНИЕ ПОД КОНТРОЛЕМ СОЦИАЛИСТОВ: ПУТЬ К РАБСТВУ

Единственная сфера жизни в Соединенных Штатах, которая была полностью захвачена фабианским социализмом, - это образование. Ни в одной другой области их усилий по социализации Америки их косвенная, скрытая, тайная методология не была столь успешной, как в долгом шествии фабианского социализма к захвату системы образования этой страны. Социалисты захватили Йельский, Гарвардский, Колумбийский и многие другие университеты, которые должны были непосредственно служить социализму. Они должны были стать будущими образовательными центрами и "выпускными школами" социалистов в Америке, как Оксфорд и Кембридж для Фабианского общества в Англии.

В этих университетах сформировался слой элитных преподавателей высокого уровня, чьи связи с британским фабианством были очень сильны. Среди наиболее выдающихся членов этой элитной группы были Уолтер Липпманн и Джон Рид, который похоронен в Кремле в Москве. Социалистическое давление на образование распространилось: левые/социалистические профессора угрожали ставить плохие оценки консервативным студентам за неправильные ответы - неправильные всякий раз, когда они противоречили фабианским социалистическим идеям. Таким образом, традиционные американские христианские консервативные взгляды подверглись страшной эрозии. Двухлетнее исследование (1962-1964 гг.) в одном из школьных округов Калифорнии показало, что в классах, укомплектованных учителями-социалистами, оказывалось такое же давление, как и в университетах по всей стране. Родители не хотели жаловаться, потому что в случаях, когда жалобы поступали в школьный совет, их дети получали низкие оценки и теряли кредиты.

С момента визита Рамзи Макдональда в США лондонские фабианские социалисты знали, что о лобовой атаке на образование в Соединенных Штатах не может быть и речи. На одном из самых запоминающихся собраний социалистов, состоявшемся в Нью-Йорке в 1905 году в ресторане Пека, было создано Межвузовское социалистическое общество (МСО). Это был плацдарм, который дал бы фабианским социалистам в Америке дорогу к захвату системы образования.

Человеком, которого Фабианское общество выбрало для социализации образования в Америке, был Джон Дьюи, профессор философии Колумбийского университета в Нью-Йорке. Дьюи известен как отец прогрессивного (социалистического) образования, отождествляемый с марксистскими организациями, такими как Лига индустриальной демократии (ЛИД), президентом которой он был. Дьюи впервые попал в поле зрения социалистической иерархии, когда преподавал в Школе Линкольна при Учительском колледже, очаге марксистско-либералистского образования, поддерживаемого Советом по общему образованию.

Именно здесь Дьюи познакомился с Нельсоном Олдричем и Дэвидом Рокфеллером. Сообщается, что Дьюи сказал, что Дэвид был тщательно социализирован и полностью воспринял его философию. Неамериканский комитет перечислил Дьюи как члена 15 марксистских подставных организаций. Через несколько лет Рокфеллер вознаградил Дьюи, назначив его губернатором Нью-Йорка и членом Совета по международным отношениям (CFR). Хотя Дьюи в дальнейшем занимал большинство политических постов, именно индоктринация Нельсона и Дэвида Рокфеллеров в социализм и марксизм нанесла наибольший ущерб, поскольку миллионы и миллионы долларов были впоследствии пожертвованы на борьбу со школьными делами по "религиозной оговорке" в Верховном суде, подрыв образования и заражение американской школьной системы социалистическим вирусом.

Десятая поправка к Конституции США оставляет за штатами полицейские полномочия в области образования, здравоохранения и охраны правопорядка. Полномочия федерального правительства - это полномочия, делегированные штатами. Первые 10 поправок к Конституции США представляют собой запрет полномочий, одна из самых строгих из которых гласит, что образование является обязанностью штата.

Пока им не удалось добиться прогресса в законодательной сфере, как заявила Флоренс Келли (настоящая фамилия Вешневецкая), американские фабианские социалисты должны были работать над подрывом образования в США типично фабианским способом. Встреча Межвузовского социалистического общества (МСО) в ресторане "Пекс" стала первым медленным шагом в проникновении и пронизывании образования без раскрытия направления, в котором оно будет развиваться. Когда мы вспоминаем, как, казалось бы, медленно и почти нерешительно создавалась МКС, трудно поверить, что то же самое американское фабианское социалистическое движение, которое ее создало, мчится сегодня галопом, таща за волосы нашу систему образования.

Другие считали: судья Дуглас, Феликс Франкфуртер, Фрэнк Мерфи, Уильям Дж. Бреннан, Артур Голдберг, судья Хьюго Блэк и Эйб Фортас. Помимо того, что они были ярыми социалистами, Дуглас, Мерфи и Бреннан были высокопоставленными масонами. Именно в период 1910-1930 годов Верховный суд начал проявлять пристальный интерес к делам о так называемой "религиозной оговорке" в сфере школьного образования, в которых он не участвовал по меньшей мере два десятилетия. Именно в этот период американской системе образования был нанесен наибольший ущерб, что позволило социализму совершить огромные успехи, о которых раньше не могло быть и речи.

В то время как Верховный суд запретил религиозное образование - особенно молитвы в школах - их масонские братья весьма успешно проникали в школы и пропитывали их социалистической масонской литературой. В 1959 году

Франклин В. Паттерсон убедил директора средней школы в Бейкере, штат Орегон, использовать в школе учебники социалистической направленности. То же самое произошло в Северной Каролине, где масонская социалистическая литература была распространена в каждом классе каждой школы в Шарлотте.

Как выразился председатель банковского комитета Палаты представителей Луис Т. Макфадден:

> "В вопросах образования фабианские иллюминаты придерживались теории, которая была не чем иным, как теорией, предложенной популяризатором баварского иллюминизма Николаем в восемнадцатом веке. Получив должности в школьных советах страны, фабианским социалистам стало очень легко внедрять свои образовательные и дехристианизированные принципы в школьную программу. Их атака на религиозное образование была тонкой, но смертоносной, о чем свидетельствует законопроект об образовании 1902 года".

Они открыто хвастаются тем, что в их рядах несколько епископов и теологов, список возглавляет епископ Хедлам, один из первых фабианцев... Среди образовательных проектов фабианцев - формирование "ясельных" образовательных групп, которые задумывались как своего рода школа подготовки для потенциальных совсем юных социалистов. (Губернатор Клинтон из Арканзаса создал свою социалистическую "Губернаторскую школу" по этой модели)... Но, безусловно, самой важной мерой, предпринятой фабианцами в области образования, было открытие в существующих университетах "социалистических университетских обществ". Кульминацией фабианского триумфа в образовании стало создание Лондонской школы экономики и политических наук при Лондонском университете, одним из главных преподавателей которой сейчас является социалист Гарольд Ласки...".

Можно сказать, что социалистические планы заразили сферу образования вирусом, который, как они надеялись, распространится и радикально изменит наш социальный порядок. Этот "вирус" должен был проникнуть в спинной мозг "обществоведения" и "общественных наук" и повернуть все исследования влево. Такова была основная позиция Национальной ассоциации образования, изложенная в ее 14-м ежегоднике в 1936 году, позиция, от которой социалистические педагоги никогда не отступали: "Мы за социализацию личности".

В этом свете в 1920-х годах социалисты, пронесшиеся по Соединенным Штатам, как саранча, намеревались реализовать в законодательстве об образовании как можно больше идей из "Коммунистического манифеста" 1848 года. Они надеялись обойти конституцию с помощью того, что Флоренс Келли называет "законодательным действием". На страницах 4583-4604, Congressional Record, 23 февраля 1927 года, под заголовком 'General Deficiency Appropriation Bill', мы находим описание их методов.

> "... Коммунистические группы должны показать детям, как превратить тайную ненависть и подавленный гнев в сознательную борьбу... Самое главное - это борьба против тирании школьной дисциплины".

Джон Дьюи и его последователи пытались ограничить изучение лексики в школе, понимая, что глубина образования пропорциональна словарному запасу. Словарный запас должен преподаваться детям, даже если он изучается только по словарю. Все претенденты на работу в государственной службе должны сдавать тест на знание английского языка, и это требование можно распространить на претендентов на работу в штатах. Даже претендентов на получение социального пособия следует обязать сдавать тест на знание английского языка. Это свело бы на нет эффект социализма в образовании и помешало бы цели социализма - производить большинство посредственных детей, которые вырастут посредственными взрослыми, "получателями пособий" для поддержания режима социализма.

Другая специализированная тактика заключается в растрате материальных средств государств путем безответственного расходования, так что "разрушительное" становится в порядке вещей. Это приводит к постоянному росту стоимости высшего образования. Мы видим кумулятивный эффект политики Джона Мейнарда Кейнса в количестве студентов, которые не поступают в университет, и тех, кто бросает учебу, потому что плата за обучение становится для них слишком высокой. Таким образом, число студентов с будущими лидерскими качествами уменьшается, намеренно и намеренно.

Вся идея социалистического "образования" заключается в том, чтобы снизить интеллект до минимума, насколько это возможно, поощряя при этом посредственность. Конечно, это не относится к будущим лидерам, которых они сами выбрали из самых лучших и ярких социалистов и отправили в оксфордскую "школу" в качестве стипендиатов Родса. Отличное упоминание об образовании как средстве запутывания коммунизма и социализма можно найти в Записях Конгресса, Палата представителей, 26 июня 1884 года, страница 336, приложение:

> "Я считаю, что интеллект является основой нашей формы правления, поэтому я являюсь убежденным сторонником народного образования. Дэниел Вебстер выразил эти чувства, истинность которых доказана историей, когда сказал: "Именно разум воздвиг величественные колонны нашей национальной славы, и именно разум может удержать их от падения в прах. Распространением разведданных должно заниматься правительство - это будет не только защитой от централизации политической и финансовой власти, с одной стороны, но и нашей надежной и верной защитой от коммунизма, нигилизма и революционных тенденций, с другой."
>
> "Но с плотным населением, накопленным богатством и определенным феминизмом появляются новые опасности, и мы должны полагаться на образование и интеллект, чтобы противостоять им, насколько это возможно, ибо "что посеешь, то и пожнешь" относится как к государствам, так и к людям. После христианской религии величайшим цивилизатором человека является школа. Государственные школы, как и все остальное, подвергаются критике, но пока не будет придумано что-то лучшее, я выступаю за их сохранение и расширение...".

Эту великую речь произнес достопочтенный Джеймс К. Джонс из Арканзаса. Джонс, из Арканзаса, и показывает, насколько более продвинутыми были наши представители в 1800-х годах, чем те, кто сейчас заседает в Конгрессе. Она также показывает самым ясным образом, почему социалисты считают необходимым захватить образование для своих зловещих целей, и почему они также считают необходимым отрицать христианство. Понятно, что мораль, образование и религия идут рука об руку, и социалисты это знают.

Социалистам удалось добиться назначения одного из своих самых важных сторонников, Хьюго Лафайета Блэка, на должность члена Верховного суда. Блэк, член унитарианской (безбожной) церкви и масон, не должен был быть утвержден, так как он нарушил все правила Сената. Серьезная ситуация, возникшая в связи с назначением Блэка, была поднята сенаторами Уильямом Борахом (R.ID) и Уорреном Остином (R.NH). Они указали на то, что Блэк не имел конституционного права, поскольку он был членом Конгресса, когда тот принимал закон об увеличении зарплаты судей Верховного суда, и поэтому не мог быть выдвинут на должность, которая оплачивалась больше, чем он получал как член Конгресса.

Конституция совершенно ясна в этом вопросе:

> "Ни один сенатор или представитель не может в течение периода, на который он избран, быть назначен на любую гражданскую должность под властью Соединенных Штатов, которая была создана или вознаграждение которой было увеличено в течение этого периода".

На момент назначения Блэка его зарплата как члена Конгресса составляла 109 000 долларов, в то время как зарплата судей была увеличена до 20 000 долларов в год. Однако, несмотря на это явное нарушение закона, генеральный прокурор Рузвельта, Гомер Каммингс, постановил, что назначение Блэка в Верховный суд было законным!

Альянс социалистов и масонов нуждался в Блэке в Верховном суде, поскольку они знали, что он симпатизирует их делу и всегда будет принимать решения в их пользу в делах об образовании в соответствии с "религиозной оговоркой", и их доверие к Блэку было сполна вознаграждено. Блэк был в союзе с Самуэлем Унтермайером, Шофилдом, Гуннаром Мирдалом, судьями Эрлом Уорреном и Луи Д. Брандейсом, Рузвельтом и

Флоренс Келли, которые стремились поставить образование под контроль социализма.

Высшим и органическим законом страны является закон, основанный на учении христианской Библии. Не подчиняясь ему, Верховный суд США совершает преступление. Современное образование, основанное на решениях Верховного суда, нарушило библейский закон. Школы и колледжи стали самыми опасными местами, где наши молодые люди остаются без присмотра и присмотра. Одним из способов, с помощью которого социалисты одержали верх, было непризнание религиозных школ, особенно католических.

В данном случае услуги незаконно назначенного судьи Хьюго Блэка были неоценимы при решении дел, возбужденных по так называемой "Религиозной оговорке" противниками Конституции США. Блэк, известный своим воинствующим антикатолицизмом и противодействием школьному образованию в целом, рабски следовал масонским "принципам" в своих судебных решениях; на самом деле, большинство из них были взяты непосредственно из масонской литературы. Наиболее заметными "принципами", на которых Блэк основывал свои решения, были следующие:

> Принцип 1: "Общественное образование для всех детей всего народа".
>
> Принцип 5: "Полное отделение церкви от государства и противодействие любым попыткам прямого или косвенного выделения государственных средств на поддержку сектантских или частных учреждений".

Как мы увидим в главах, посвященных коррупции Конституции, в течение двух лет после назначения Блэка Верховный суд сделал огромный поворот влево и объявил государственное финансирование религиозных школ неконституционным, основываясь на абсолютно ложной предпосылке Билля Джефферсона о религиозной свободе, которого не было в Конституции, но который был зарезервирован для Вирджинии. Так родилась абсолютно неконституционная "стена отделения церкви от государства", основанная на обмане и откровенном мошенничестве.

Вопрос о "федеральной" помощи религиозным школам был вновь поднят представителем Грэмом Барденом в 1940 году. Барден был социалистическим масоном, и по ходу дела мы увидим, как масонство и социализм вместе разрушили образование в Америке. Замысел законопроекта Бардена заключался в том, чтобы контролировать школы, чтобы социализм можно было преподавать свободно. Это подтвердил доктор Клойд Х. Марвин, президент Университета Джорджа Вашингтона, в письме от 11 мая 1944 года в Комитет Палаты представителей по делам ветеранов мировой войны. Берден пытался сделать то, что он хотел сделать, - это устранить право ветеранов посещать богословские семинарии, особенно католические, если они того пожелают. В 1941 году Барден участвовал в Фабианской конференции представителей образовательных ассоциаций, которая была инструментом масонства и социализма.

По мнению доктора Марвина, государственных школ не должно быть, так как, по его словам, "мы не можем поддерживать две системы, чтобы вмешиваться в обычную образовательную политику". Это был один из самых ярких случаев в записях о масонстве как движущей силе Конференции представителей Образовательной ассоциации. Хотя якобы обсуждаемый законопроект был в первую очередь связан с законопроектом о G.I., его последствия, тем не менее, были очень широкими, поскольку Rep. Барден попытался оградить частные религиозные школы от ветеранов, посещающих колледж по программе G.I. bill.

Доктор Марвин не был обычным педагогом. Он был пожизненным социалистом и масоном 33-й степени. В Университете Джорджа Вашингтона он смог оказать мощное влияние благодаря гранту в размере 100 000 долларов, полученному им от Шотландского обряда масонства. Марвин нашел друга в судье Хьюго Блэке, который был обязан своим положением в Верховном суде масонам. После его ухода из Сената социалисты добились того, чтобы место Блэка в Сенате занял Листер Хилл из Алабамы, обычный социалистический крестоносец и убежденный масон. В течение многих лет Хиллу удавалось блокировать федеральное финансирование государственных школ, особенно религиозных. Хилл указан в справочнике Конгресса, 79-й Конгресс, 1-я сессия, август 1985 года, страница 18, как масон 32-й степени.

Нигде социалистическое давление на образование не проявилось так сильно, как в Национальной ассоциации образования (NEA). После принятия Билля о GI Bill была предпринята еще одна попытка отменить федеральное финансирование государственных школ без каких-либо условий, причем условия все еще находились в руках NEA. 10 января 1945 года NEA выступила спонсором нового законодательства, которое не допускало федерального финансирования государственных школ. Законопроект был разработан судьей Хьюго Блэком. Цель этой меры заключалась в том, чтобы путем бездействия, а не прямого исключения, достичь желаемых целей NEA. Это грамотно составленный законодательный акт. Тот же навык был продемонстрирован в 1940 году при разработке так называемого закона об "отделении церкви от государства".

Решения социалистически-унитарных судей, которые доминировали в Верховном суде с 1935 по 1965 год, фактически запретили христианские образовательные программы в государственных школах. В атмосфере истерии военного времени 1940-х годов никто не счел нужным указать на то, что любое вмешательство федерального правительства в образование является явным нарушением 10-й поправки. Далеко идущее решение суда о так называемом "отделении церкви от государства" было абсолютно незаконным и не содержится в Конституции. Не существует конституционной основы для "отделения церкви от государства", которая была использована для уничтожения основы для религиозного обучения в школах.

Принятие этого предвзятого законодательства, представляющего собой сильную атаку на конституционные права "Мы, народ", оказало непосредственное влияние на качество американского образования, которое рухнуло сразу после этого мошеннического и неконституционного решения. Затем в американское образование вторглось преподавание всевозможных "прав", которых не существовало: "права женщин", "гражданские права" и "права геев". За запретом религиозного образования в школах и введением "гуманизма" Джоном Дьюи почти сразу же последовал огромный рост насильственных преступлений.

Америка, основанная на христианстве, была похищена, выкуплена, изнасилована, стала жертвой социалистического варварства, избита и ушиблена, и едва способна ползать на коленях в 1990-х годах, примерно так же далеко от страны, как ее намеревались сделать отцы-основатели. В этом жестоком нападении на праведную Республику Соединенных Штатов масонский социалистический контроль над образованием, начиная с самого первого года, играл ведущую роль.

Многократно доказано, что дети начинают учиться в начальных классах - 1-м, 2-м, 3-м. В семьях среднего класса, где обучению придается большее значение, родители помогают своим детям читать, но в семьях низшего класса родители неизменно не помогают своим детям, в результате чего плохо читающие дети тяготеют к преступной деятельности. Всегда есть исключения, но педагоги, которые не ослеплены повязкой "меньшинства", признают, что вышесказанное в целом верно.

В ходе гнилого сговора между социалистами и президентом Гарри Трумэном, Plessy v. Ferguson, доктрина "раздельного, но равного" образования, была подорвана президентом Трумэном, при этом он подло заявлял, что поддерживает ее. Реальный вопрос заключался в том, что ни Трумэн, ни кто-либо другой в федеральном правительстве не имел права вмешиваться в вопросы образования, поскольку, как мы уже говорили в другом месте, 10-я поправка к Конституции США оставляет полномочия в области образования за штатами. Федеральному правительству запрещено вмешиваться в сферу образования, которая принадлежит исключительно штатам.

Одна из главных причин ужасающего упадка образования в нашей стране кроется в знаковом деле "Эверсон против Совета по образованию", рассмотренном в Верховном суде Нью-Джерси 5 октября 1943 года. Дело возникло из вопросов, поднятых представителем Грэмом Барденом в 1940 году относительно религиозных школ, получающих государственные субсидии. Дело Эверсона было возрождением провалившегося законопроекта Бардена. Как я уже отмечал ранее, социалисты настойчиво пытаются отменить Конституцию США, которую они считают главным камнем преткновения на пути своего горячего желания социализировать народ этой страны.

Дело Эверсона касалось того, что штат Нью-Джерси разрешил городу Юинг оплачивать расходы на перевозку (добровольную, а не обязательную) школьников во все школы, включая религиозные. Истец, Арч Эверсон, выступал против финансирования перевозок детей, посещающих религиозные школы. В этом его поддержали масоны и Американский союз гражданских свобод (ACLU), хотя ACLU остался в стороне от судебных разбирательств в штате. Утверждается, что возражение касалось только г-на Эверсона в данном разбирательстве. Социалистам необходимо было выиграть дело, чтобы использовать его в качестве краеугольного камня для создания прецедента для будущих запланированных атак на дела о "религиозной оговорке" в сфере образования, которые они планировали возбудить в случае победы Эверсона.

Дело рассматривалось в Верховном суде Нью-Джерси, который разрешил городу Юинг продолжать финансировать перевозку детей во все школы. При поддержке откровенного ACLU и масонов Эверсон довел свое дело до Верховного суда. Это был шанс всей жизни для Блэка продемонстрировать свое незнание Конституции и предубеждение против христианства, одновременно нанося удар по социализму. Верховный суд вынес решение против штата Нью-Джерси, при этом ACLU открыто выступил в качестве "друга суда". Документ ACLU был практически копией цитаты Мейсона из Элмера Роджерса несколькими годами ранее. Наложенная на цитату Мейсона, справка ACLU почти идеально подходила.

Решение суда, принятое большинством голосов, было написано судьей Хьюго Блэком. Наполненный социалистами и масонами, суд вряд ли мог принять решение вопреки предрассудкам своих членов, ненавистников, яростно выступающих против преподавания христианских верований в школах, получающих так называемую "федеральную" помощь.

До 1946 года "стена между церковью и государством" практически никогда не использовалась в юридических аргументах. В конце концов, это были просто слова Томаса Джефферсона, простая фраза, не найденная в Конституции. Но после дела Эверсона, в котором судья Хьюго Блэк был назначен членом Верховного суда специально для того, чтобы вынести решение в пользу истца Эверсона, суды обрушили поток оскорблений на христианство в частности и на религиозное обучение в школах в целом.

Суды объявили вне закона молитвы в школах, запретили устные чтения из Библии, объявили атеизм и светский гуманизм религиями, защищенными Первой поправкой, отменили обычай разрешать детям посещать молитвенные службы на территории школы, все это вопреки давним традициям и обычаям, таким как пение рождественских гимнов, запретили религиозное обучение учителей и, как мы увидим в главах о праве, вышли за рамки Конституции. Верховный суд взял фразу Джефферсона "стена отделения церкви от государства", которая не имеет конституционного значения, и вставил ее в Конституцию, тем самым превратив Соединенные Штаты Америки в общество, в котором христианской религии не позволено играть какую-либо роль в делах государства, что, безусловно, не входило в намерения отцов-основателей.

Блэк был настолько вопиюще предвзят, что его коллеги-судьи имели возможность писать о нем в нелестных выражениях. В записи в дневнике от 9 марта 1948 года Франкфуртер написал, что судья Гарольд О. Бартон "не имеет ни малейшего представления о злокачественности таких людей, как Блэк и Дуглас, которые не только могут быть, но и являются порочными". Это стало очевидным в деле Эверсона, где Блэк продемонстрировал свою предвзятую, христоненавистническую решимость, что религия не должна играть никакой роли в жизни нашей нации. Гниение началось с Эверсона, продолжилось в деле Браун против Совета по образованию и, неизбежно, в деле Ро против Уэйда, которое и по сей день остается величайшей победой и триумфом над Конституцией США и американским народом, когда-либо достигнутым фабианскими социалистами. Верховный суд стал коррумпированным с приходом Блэка и с тех пор остается таким.

Никогда не было более явного случая нарушения 9-й поправки, чем решение по делу Эверсона. Девятая поправка запрещает судьям включать в вопросы права свои собственные идеи, которые не закреплены в Конституции. Это называется преимущественным правом, и именно это Блэк и его коллеги сделали в деле Эверсона. Они извратили и сжали Конституцию в соответствии со своими зловонными предрассудками и встали на сторону социалистических масонов, полностью осквернив Конституцию.

Социалисты собираются обратиться в Верховный суд по делу "Браун против школьного совета Топеки, штат Канзас". Судья Винсон сказал Трумэну, что дело Брауна против школьного совета будет решено и что "раздельное, но равное" образование останется в силе. Винсон сделал это, прекрасно зная, что это неправда. Поэтому, когда председатель Верховного суда Эрл Уоррен, социалист и масон 33-й степени, зачитал решение по делу "Браун против школьного совета", аудитория вскрикнула от удивления, причем некоторые из них были хорошо информированы, поскольку пришли послушать, как суд поддерживает дело "Плесси против Фергюсона".

Мало кто в зале суда в тот роковой день мог осознать, какой огромный удар был нанесен по "стандартизированному", "социализированному" образованию, что стало самым вопиющим нарушением Конституции на сегодняшний день. Действительно, в прошлом было предпринято несколько попыток обойти Конституцию путем "законодательного действия", предложенного социалисткой Флоренс Келли (Вешневецкой). В 1924 году был внесен законопроект с намерением и целью нарушить 10-ю поправку к Конституции США, поскольку законопроект был направлен на создание Департамента образования, который взял свое название от коммунистического Департамента образования в большевистской России. Идея заключалась в том, чтобы "национализировать", "стандартизировать" и "федерализировать" образование в США, как в СССР.

Целью законопроекта было заставить всех американских детей читать одни и те же "стандартизированные" учебники, которые включали бы в себя здоровую дозу марксистских, социалистических и ленинских учебников, чтобы дети выходили из школьной системы хорошими маленькими социалистами, готовыми маршировать к единому мировому правительству - новому мировому порядку. Ведущие социалисты Фабианского общества всегда говорили, что стандартизация образования - это самый быстрый способ разрушить естественные барьеры на пути к социализму в Америке, обусловленные размером, географией, климатом, местными обычаями, местными школьными советами. Уэбб заметил, что разнообразие является проблемой для социализма, а разнообразие существует в Америке в изобилии, что делает страну труднодоступной для проникновения марксизма, коммунизма, социализма.

Именно поэтому наши отцы-основатели в своей дальновидности и мудрости позаботились о том, чтобы полномочия в области образования оставались в руках штатов и были недоступны для федерального правительства. Эта государственная система образования была защитой от анархии и нигилизма в народе. Несмотря на неудачу в этом деле, социалисты не оставили попыток взять образование под контроль, и их шанс появился благодаря вероломному поведению президента Джимми Картера и подстрекателей в Палате представителей и Сенате, которые протолкнули законопроект о федерализации образования в нарушение 10-й поправки. В результате было создано незаконное Министерство образования США.

Картер войдет в историю как президент, совершивший государственную измену и мятеж в огромных масштабах. "Я не буду вам лгать", - сказал Картер, а затем приступил к реализации социалистического законодательства, которое лишило штаты возможности принимать собственные решения в области образования и лишило народ страны Панамского канала. 13-я, 14-я и 15-я поправки к Конституции США никогда не были ратифицированы, поэтому любое законодательство, принятое Конгрессом в соответствии с этими поправками, не подпадает под контроль и сферу действия Конституции. Доктор Уильям Х. Оуэн был бы в восторге от Картера. Оуэн был президентом Чикагского нормального колледжа, Чикаго, штат Иллинойс, и президентом NEA, который был выбран представителем NEA на Всемирной конференции по образованию 23 июня 1923 года в Сан-Франциско. В своей речи он, в частности, сказал:

> " ... Несмотря на то, что мы пишем и говорим, мир не верит, что образование, как форма социального контроля, сопоставимо с армией, флотом и государственным мышлением... Мы должны посвятить свое время и усилия совместному использованию конструктивной образовательной программы, которая продемонстрирует, что может сделать образование как форма социального контроля, сравнимая с армией...".

Вышеизложенное показывает, почему так опасно оставлять образование на милость федерального правительства, особенно с приходом социалиста Вудро Вильсона, чья администрация собирала социалистов квантовыми скачками, до сегодняшнего дня мы имеем администрацию Клинтона, изобилующую социалистами, фактически, она мало чем отличается от социалистических правительств Лейбористской партии в Англии. Наши отцы-основатели были достаточно мудры, чтобы предвидеть время, когда агенты социализма, такие как Вильсон, Кеннеди, Джонсон, Картер, Буш и Клинтон, и социалисты вроде Оуэна, замаскированные под "педагогов", попытаются направить нашу нацию влево через свои подстрекательские программы "образования", и поэтому они позаботились о том, чтобы полномочия в области образования были недоступны федеральному правительству.

Однако использование Верховного суда для обхода Конституции стало опасным событием, которое отцы-основатели не могли предвидеть. Они знали, что в их время существовали предатели, но они не могли знать, что появится такой человек, как председатель Верховного суда Эрл Уоррен, и станет насмехаться над Конституцией. Уоррен, как говорят, придал 14-й поправке к Конституции США значение "всего и вся". Именно благодаря этим ужасным уловкам, нератифицированным поправкам и Верховному суду, задушенному судьями, у которых на уме бунт, одиозное решение по делу "Браун против Совета по образованию" стало "законом", которым оно не является, но которому штаты, тем не менее, обязаны подчиняться.

Еще одним уродливым ухищрением и откровенным обманом было использование Уорреном совершенно предвзятых социологических данных, раскопанных доктором Гуннаром Мирдалем, социалистическим отступником, чьи экономические теории стоили Швеции миллиарды долларов, и мы вернемся к этому лжецу в свое время.

Министерство образования было создано, чтобы отобрать контроль над образованием у штатов и заменить американское образование системой, которая обеспечит, чтобы дети росли в социалистическом формате и становились политическими лидерами, по-социалистически продвигая новый политический порядок, основанный на советской системе, который приведет к единому мировому правительству - Новому мировому порядку.

То, что пытался сделать суд Уоррена в деле Браун против Совета по образованию, и то, что пытались сделать и другие судьи Верховного суда, - это отделить 1-й раздел 14-й поправки от всей Конституции, чтобы он мог означать все, что они захотят в него прочитать - классическое пристрастие, запрещенное 9-й поправкой. Любая часть Конституции ДОЛЖНА толковаться в свете всей Конституции, которая не может быть фрагментирована. Решения по "Бойне" высмеяли решение Уоррена по делу "Браун против Совета по образованию", которое, если бы он его заметил, показало бы Уоррену ошибочность его путей.

Судья Уоррен решил не читать решение о скотобойне, поэтому он вынес решение по делу "Браун против Совета по образованию" на основании Закона о гражданских правах 1964 года. Более подробно мы обсуждаем это в главах, посвященных Конституции. В деле Браун против Совета по образованию мы имеем дело с коммунизацией образования в Соединенных Штатах. В чем разница между принудительным вывозом детей из их местности и вывозом политических заключенных в сибирские ГУЛАГи, или вывозом поселенцев в Англию для суда, против которых Томас разразился яростью?

Разницы нет! Детей, черных и белых, против их воли перевозят в другие места. Это нарушение жизни, свободы и собственности, а также надлежащей правовой процедуры, в которой Браун против Совета по образованию отказал детям и родителям. Только в этом отношении "Браун против Совета по образованию" на 100% неконституционен. Почему родители и дети должны страдать от нарушения своих прав по 5-й поправке, чтобы осуществить социалистические замыслы социалистических педагогов и их друзей в суде? Наши дети подвергаются "жестокому и необычному наказанию", когда их перевозят за пределы их района в школы-магниты, школы-паринг и т.п. из-за их расовой принадлежности. Они не получают ни суда присяжных, ни надлежащей правовой процедуры, а просто загоняются в автобусы в соответствии с тоталитарными, коммунистическими "законами".

Дети и их родители являются гражданами штатов, ПЕРВЫЙ: Статья IV раздел 2, часть 1. Граждане каждого штата имеют право на все привилегии и иммунитеты граждан нескольких штатов и американских граждан, во-вторых. 14-я поправка все еще является ограничением для федерального правительства, даже если она не была ратифицирована, поэтому штаты сохранили свой суверенитет и не могут облагаться федеральным правительством налогами на образование.

На судей оказывается огромное давление, чтобы они выносили решения в пользу Американского союза гражданских свобод (ACLU) в делах, связанных с религией в школах. ACLU подает 23 таких записки, и в делах, которые рассматривает судья Феликс Франкфуртер, он всегда выносит решение в пользу ACLU. Одним из союзников ACLU является пастор Дэвис из унитарианской церкви, членом которой является судья Хьюго Блэк. Вот что сказал Дэвис по поводу школьных дел, связанных с "религиозной оговоркой":

> "Как и свобода Святого Павла, религиозная свобода должна быть куплена дорогой ценой. И для тех, кто осуществляет его наиболее полно, настаивая на религиозном образовании для своих детей, смешанном со светскостью в терминах нашей Конституции, цена больше, чем для других... Религии устарели, основа их утверждений истекла вчера".

Судья Хьюго Блэк был на 100% за то, чтобы заполнить Верховный суд США судьями-социалистами, что Рузвельт и Трумэн, конечно, и сделали.

Судья Хьюго Блэк был убежденным масоном, и надо полагать, что он был неравнодушен к масонским палаткам в образовании:

> "Кроме того, форма научного литературного общества лучше всего подходит для наших целей, и если бы масонство не существовало, эта оболочка была бы использована, и она может быть гораздо больше, чем оболочка, она может быть мощным двигателем в наших руках. Создавая общества чтения и подписные библиотеки, беря их под свое руководство и подпитывая их своей работой, мы можем двигать общественное сознание в нужном нам направлении... Мы должны завоевать простых людей на каждом углу. Мы должны завоевать простой народ во всех уголках, и сделаем это главным образом с помощью школ, открытого и теплого поведения, популярности и терпимости к их предрассудкам, которые на досуге искореняют и рассеивают их... Мы должны приобрести направление образования и управления церковью - от профессиональной кафедры и алтаря".

Что действительно удивительно, так это то, что если мы возьмем труды Беатрис и Сиднея Вебба и наложим их на масонские взгляды на образование, то обнаружим, что они почти всегда идентичны! Нападение на американское образование возглавил Тавистокский институт человеческих отношений, ведущее мировое учреждение по промыванию мозгов, и его "педагоги" Курт Левин, Маргарет Мид, Х.В. Дикс, Ричард Кроссман и У.Р. Бион. Эти враги американской республики были развязаны против невинной и ничего не подозревающей публики, что привело к катастрофическим последствиям для образования.

Их проекты "новой науки" для американских школ включали изучение мастурбации, гомосексуализма, трансвестизма, лесбиянства, проституции, экзотических религий, культов и религиозного фундаментализма.

Так называемый "Акт о гражданских правах" 1870 года, который должен был обеспечить соблюдение 15-й поправки, которая так и не была ратифицирована должным образом, применялся конкретно к китайцам, завезенным контрабандистами опиума и железнодорожными магнатами, такими как Хариманы, и не должен иметь никакого влияния сегодня, поскольку 15-я поправка так и не была ратифицирована должным образом. Подразумевать, что "равная защита законов" в разделе 1 14-й поправки означает, что каждый человек обладает одинаковым уровнем интеллекта - это больше, чем может утверждать даже самый отъявленный либерал! Но это именно и есть то, что пытался сделать Браун против Совета по образованию - уравнять все умы до среднего или среднестатистического уровня. В этом суть дела "Браун против Совета по образованию", и это эгалитаризм в действии.

Подрывная деятельность в сфере образования - такая же реальность, как и "контроль над оружием", как и подрывная деятельность, которую практикуют сенатор Мезтенбаум и представитель Шумер. Извращение образования, сначала через создание федерального правительственного департамента образования, а затем через решение Верховного суда по постановлению "Браун против Совета по образованию", является изменой и подстрекательством. Разрушение американской системы образования и замена ее марксистской/ленинской/социалистической системой приведет к загниванию нации изнутри. Судья Уоррен, светский гуманист, был виновен в измене, когда позволил "Брауну против Совета по образованию" стать "законом".

Национальная ассоциация образования (NEA) - это 100% социалистическо-марксистская организация. Его первой задачей было убрать из школ правильное преподавание истории, географии и обществоведения и поставить на их место прокоммунистическое обществоведение. NEA - это социалистическая организация, которая активно занимается подрывом образования в США с 1920-х годов. Они, несомненно, были в авангарде тех, кто возбудил дело "Браун против совета по образованию" в 1954 году, "организованное" судьей Эрлом Уорреном в манере Эйба Фортаса.

С захватом американских школ социалистами были введены новые учебные программы, по которым детям вменялись в обязанность такие предметы, как мыльные оперы и бессмысленные "экологические вопросы". "В общей сложности

Тавистокский институт набрал 4000 новых социологов для работы над тем, чтобы отвратить американское образование от традиционных ценностей. Результат их усилий можно увидеть в огромном росте насильственной подростковой преступности, школьных преступлений, изнасилований. Эта статистика отражает успех методов Тавистокского института.

Среди "просветителей", завербованных социалистами, был социалист Гуннар Мирдал и его жена из Швеции. Мирдалы имеют долгую историю преданности социалистическим/марксистским идеям. Доктор Мюрдаль работал помощником ярого социалиста Уолта Уитмена Ростоу в Европейской экономической комиссии ООН в Женеве. О предательской деятельности Ростоу рассказывается в других главах этой книги. До прихода в Ростоу Мирдаль работал в Швеции министром торговли, на этом посту он нанес почти непоправимый ущерб шведской экономике в истинно социалистическом стиле расходов.

Мирдал был выбран социалистическим Фондом Карнеги для проведения исследования расовых отношений в США с грантом в 250 000 долларов. Считалось, что поскольку у Мирдаля не было опыта общения с чернокожими, так как в Швеции их не было, его исследование будет беспристрастным. В то время никто не понимал, что все это было подстроено: Мирдал должен был подготовить ряд выводов, которые будут использованы в знаменитом деле "Браун против совета по образованию". Мирдал подготовил отчет, полный абсолютно фальшивых социально-политических выводов, в котором, по сути, утверждалось, что чернокожие недополучают образование. Выводы Мирдаля были изобилуют зияющими дырами.

Более того, будучи далеко не бескорыстным ученым, Мирдал был заявленным врагом Конституции США, которую он описывал как

> "почти фетишистский культ... 150-летняя Конституция (которая) во многих отношениях непрактична и плохо приспособлена к современным условиям... Современные исторические исследования показывают, что Конституционный съезд был ничем иным, как заговором

> против народа... До недавнего времени Конституция использовалась для блокирования народной воли".

Мирдаль и его жена совершили турне по Соединенным Штатам под эгидой социалиста Бенджамина Мальцбергера. Среди многих уничижительных замечаний, сделанных Мирдалом, было одно, в котором он назвал американский народ "узколобыми белыми, у которых доминирует евангелическая религия", а южных белых - "бедными, необразованными, грубыми и грязными". Именно этот человек написал "беспристрастный" социологический отчет, который, как говорят, позволил председателю Верховного суда Эрлу Уоррену принять решение по делу "Браун против Совета по образованию".

Что стояло за великой социалистической кампанией 1920-1950-х годов по разрушению американской системы образования? Его можно резюмировать несколькими словами: центральной идеей было "производство новых умов", потому что только с помощью новых умов человечество сможет переделать себя - так утверждал один из первосвященников социалистического образования Эрик Трист, который добавил, что новый ум будет исключать веру в христианскую религию. И, как сказал Мюрдаль, "с чего лучше начать, как не со школы? ".

Чтобы довести дело "Браун против школьного совета" до Верховного суда, NAACP получила 10 миллионов долларов из различных источников, включая Группу политических действий, социалистическую подставную организацию, и масонство. Юристы NAACP получили подробные инструкции от Флоренс Келли и Мэри Уайт Овингтон. Келли был родоначальником "Брандейских записок", которые состояли из сотен социологических мнений и часто были покрыты не более чем двумя страницами юридических ссылок. Метод "Брандейс бриф" стал способом, которым Верховный суд должен был решать все будущие дела, связанные с конституционными вопросами.

Социально развращенные школьные программы Америки не учат Конституции, потому что если бы детям рассказывали о ней, их бы учили, что Конституция - это первая защита от федерального правительства и таких президентов, как Джордж

Буш и Билл Клинтон, которые стремились бы стать тиранами, если бы не подчинялись ее ограничениям. Целью социалистических педагогов является постепенное разрушение конституционных гарантий, гарантирующих жизнь, свободу и собственность всех граждан, и замена их тоталитарным социализмом.

Только система образования, основанная на библейских принципах, является хорошей. Все другие системы были разработаны людьми и поэтому обязательно должны быть несовершенными. Наши школы попали в руки глубоко влиятельных людей, чья главная цель в жизни - превратить их в оплот социализма. В этом их поддерживают судебные органы. Цель состоит в том, чтобы медленно, в истинно социалистическом стиле, двигаться к социалистическому/марксистскому правительству, изменяя фокус и направление того, что преподается в школах. Если социалисты продолжат прогрессировать так, как они это делали в течение последних трех десятилетий, то к 2010 году мы получим нацию молодых взрослых и граждан среднего возраста, которые не будут возражать против тайной программы централизованной власти в социалистической диктатуре, поддерживаемой национальной полицией.

Очевидно, что одной из целей, уже достигнутых социалистами, является отсутствие интереса к чтению. Американские дети были бы совершенно потеряны, если бы их поместили, скажем, в библиотеку Британского музея в Лондоне или Лувра в Париже. Великим писателям и художникам было бы нечего им сказать. Книги уже не являются друзьями детей, какими они были в начале нашей истории. В этом убедилась наша система образования. Даже Диккенс незнаком большинству американских студентов.

Отсутствие настоящего образования заставляет детей и молодых взрослых искать вдохновение в фильмах, в рок-музыке, что и было задумано. Единственный способ борьбы с этим коварным, ползучим параличом - регулярное и энергичное вмешательство. Так называемая "борьба с расовыми предрассудками" в 1960-х годах сильно повлияла на умы и взгляды нашей молодежи. Так называемая демократизация наших школ и университетов за последние три десятилетия была прямой атакой на их внутренние структуры, что привело к потере направления и фокуса.

Так называемое "феминистское" движение - это прямой продукт коммунистического манифеста 1848 года и извращенного мышления Гуннара Мюрдаля и ученых "Новой науки" из Тавистокского института. В результате студенты ставят под сомнение данный Богом биологический пол. Точно так же искажение "истории" очень живо в 1990-е годы. Группу школьников спросили, кто самый злой человек в мире; не задумываясь, они ответили: "Гитлер". Эта же группа вообще ничего не знала о Сталине, и уж тем более о том, что он был величайшим мясником человечества всех времен, который убил в десять раз больше людей, чем убил бы Гитлер. Такое заявление вызвало недоумение на их лицах.

Герои школьников и студентов - это не великие деятели истории; их "кумиры" - это скорее декадентские, злые, грязные, одурманенные наркотиками "поп-звезды". Бетховен и Брамс для них ничего не значат, но они сразу проявляют неподдельный интерес, когда воздух наполняют отвратительные звуки "рок-музыки". С другой стороны, Маркс известен большинству студентов, но они не знают, за что он выступает. Мы достигли того момента в образовании в наших школах, когда "реформа" ставится выше обучения. В 1990-е годы почти все вопросы образования связаны со словом "реформа".

Нигде не произошло такой трансформации в результате "реформ", как в области полового воспитания. Коммунисты были убеждены, что даже самых маленьких учеников нужно заставлять узнавать о сексе. Мадам Зиновьев была ответственна за проект в большевистской России, который она пыталась перенести в Соединенные Штаты, но который был заблокирован в 1920-х годах Верховным судом, еще не заполненным судьями-социалистами, и бдительностью американских Дочерей революции. Продукты "феминистских судов" теперь рассматривают брак как простой контракт. Секс перестал быть мистикой, поэтому современный студент не хочет тратить время на формирование эмоциональных отношений, прежде чем предаваться "свободной любви". Мы знаем, что эти идеи были подготовлены в большевистской России мадам Коллонтай, а затем перенесены в Соединенные Штаты.

Наша несовершенная система образования производит девочек, которые не пригодны для жизни в обществе, и статистика преступлений с участием девочек-подростков подтверждает истинность этого утверждения. Наркокультура глубоко укоренилась в молодежной среде 1990-х годов. Духовные вопросы были изгнаны из наших школ. Сегодня наши молодые студенты находятся на пороге "социалистического просвещения", когда все можно, если это приятно.

Из всех наук политология - самая древняя, восходящая к Древней Греции. Политология охватывает любовь к справедливости, и она объясняет, почему люди хотят управлять государством. Но политология не преподается должным образом в наших учебных заведениях, которые сейчас учат извращенной форме, известной как социализм. Если бы политология преподавалась в наших школах и университетах должным образом, судье Уоррену не было бы так легко впихнуть нам в глотку "Браун против совета по образованию". Таким образом, с помощью хитрости, скрытности и обмана социалисты добились принятия судьбоносного решения "Браун против Совета по образованию", которое перенаправило образование в США в русло социализма/марксизма/коммунизма.

Фонды Рокфеллера и Карнеги финансировали исследовательскую группу, состоящую из Маргарет Мид, антрополога новой науки, и Ренсиса Лайкерта, чтобы предложить пересмотр всей образовательной политики, регулируемой библейским законом. Г-жа Мид использовала метод обратной психологии Института Тавистока, чтобы преодолеть то, что в отчете описывается как "проблема преподавания". Отчет, оказавший разрушительное влияние на образование в США, остается засекреченным и по сей день. Одним из результатов исследования Мида-Лайкерта стало появление Национальных учебных лабораторий (НУЛ), насчитывающих более четырех миллионов членов. Одним из ее филиалов была Национальная ассоциация образования (NEA), крупнейшая в мире организация учителей.

Благодаря усилиям этой организации и сотен тысяч учителей-социалистов светское и гуманистическое образование прошло полный круг от своего медленного начала в 1940 году. В 1990-х годах социалисты одержали столько впечатляющих побед в Верховном суде, что уже не скрывали своего намерения полностью секуляризировать образование. Этот новый проект, хотя и не совсем новый, за исключением названия, оставит американское образование в пыли, а наших детей - среди самых необразованных в мире.

Ранее мы упоминали Тавистокский институт человеческих отношений при Сассекском университете в Англии и ту решающую роль, которую он сыграл в экономической, политической, религиозной и образовательной жизни страны. Эта организация была неизвестна в США до тех пор, пока я не опубликовал свою работу о ней в 1970-х годах. Тависток находится под прямым контролем самых влиятельных социалистических деятелей Великобритании и тесно связан с британским масонством. Он имеет самые тесные контакты с Национальной ассоциацией образования, чьи руководящие сотрудники прошли обучение в Национальных учебных лабораториях. Именно на этом уровне "геополитика" вошла в образование на уровне учителя.

Новая" система называется "образование, основанное на результатах" (OBE). OBE научит наших детей тому, что не обязательно учиться читать и писать правильно, не обязательно преуспевать в учебе; важно то, как они ведут себя друг с другом и с детьми других рас.

Что такое OBE? Это система, которая наказывает за превосходство и поощряет посредственность. OBE стремится превратить наших детей в одноуровневых студентов, где доминирующей нормой является посредственность. Почему это так желательно? Очевидный ответ: нацию, в которой подавляющее большинство населения образовано до уровня самого низкого общего знаменателя, легко направить в сторону социалистической диктатуры. Основа для OBE была заложена в деле Брауна против Совета по образованию, который в реальном смысле "зафиксировал" уровень образования на самом низком общем знаменателе.

Что сделает ОБЭ, так это превратит американских детей-христиан в язычников, не уважающих своих родителей и не любящих свою страну, детей, которые будут презирать национальную идентичность и патриотизм. Любовь к родине превращается в нечто уродливое, чего следует избегать любой ценой. ОБЭ учит марксистской концепции, согласно которой традиционная семейная жизнь устарела. Это именно то, что мадам Коллонтай пыталась навязать в США в 1920-х годах; это то, что социалисты Бебель и Энгельс пытались внедрить в традиционное образование в Америке. Сегодня их самые смелые ожидания воплощаются в жизнь благодаря OBE.

Странно, даже тревожно, как OBE воспроизводит труды Бебеля, Энгельса, Коллонтай и Маркса - почти точная копия врагов семейной жизни и святости брака. Тревожно отметить, что система, предложенная ОБЭ, почти слово в слово повторяет Коммунистический манифест 1848 года. Мы можем только сказать, что после ошеломляющих успехов Эверса и Брауна против Совета по образованию социализация образования в Америке разразилась как ураган, и, очевидно, сегодня ничто не может ее сдержать.

Судьи Блэк и Дуглас были бы счастливы, если бы они все еще были с нами, как и Брандейс, Франкфуртер и Эрл Уоррен. ОБЭП взял на себя управление школами. Теперь вместо учителей у нас есть агенты перемен, которые заставляют принимать групповые взгляды, которые они, фасилитаторы, вымывают из сознания учеников. Реформы", проводимые под руководством координаторов, настраивают детей против родителей и семейных ценностей. Лидер группы в классе занимает место родителя. Всегда существует понятие "внутренней реформы" или "внутренних потребностей", которые должны быть удовлетворены, и эти "потребности" означают все, что скажет лидер группы.

Старая социалистическая техника "полового воспитания" выходит далеко за рамки всего, что делалось раньше. В OBE есть групповые пары с явным тренингом чувственности, и промискуитет активно поощряется. Нет никакой попытки привить чувство истории. Ничего не рассказывается о великих лидерах прошлого, которые принесли цивилизацию в мир. Акцент делается на настоящем, "делай это сейчас" и "делай это, если тебе приятно". ОБЭ несет ответственность за огромный рост преступности среди молодежи. Нынешнее и будущее поколение молодых людей, которых обучают методам ОБЭ, станут уличными толпами сегодняшней "французской революции", которые в недалеком будущем будут использованы для тех же целей.

Несомненно, проект OBE вырос из Всемирной учебной программы 1986 года и книги Олдоса Хаксли "Brave New World", в которой он утверждал, что идеальный мир - это мир без семей, без детей без родителей, в котором слова "отец" и "мать" будут ненавистны и отвратительны, и в котором о детях будут заботиться государственные социальные учреждения, дети, чья преданность будет исключительно государственной. Поиск такого общества уходит корнями в далекое прошлое, еще до "Мирового курса" и Хаксли. Коммунист Бебель написал свою версию того, как следует относиться к детям - как к подопечным государства. Маркс, Энгельс и, в особенности, мадам Коллонтай, чья книга "Коммунизм и семья" стала источником большей части "Храброго нового мира" Хаксли.

Дети появлялись в пробирке, и в лабораториях подбирали сперматозоиды, чтобы получить более высокий уровень интеллекта, средний уровень интеллекта и низкий уровень интеллекта. Во взрослой жизни этим существам будут отведены различные роли в мире рабов, как я описал в своей книге "Комитет 300".[7] Если это покажется читателю слишком сложным, вспомните, что дети из пробирки уже среди нас. Они были приняты обществом, не осознавая зловещей цели, стоящей за этим нечестивым развитием. Социализму нужна масса дебилов и небольшое количество людей с высшим интеллектом. Массы дебилов будут выполнять работу в

[7] См. "*Иерархия заговорщиков - история Комитета 300*", Джон Коулман, Omnia Veritas Ltd, www.omnia-veritas.com.

рабовладельческом социалистическом мире, потому что власть принадлежит классу умных. В таком мире у нас будет такой "апартеид", что южноафриканский вариант будет выглядеть как золотой век доброй воли.

Реакция читателей на эту информацию, как и следовало ожидать, будет скептической. Однако мы должны смотреть на реалии, поэтому давайте посмотрим, насколько далеко зашел ОВЕ, чтобы сравняться с Хаксли, Коллонтай, Энгельсом и Бебелем. Законопроект HR 485 является частью социалистической программы "реформы" образования. Президент Клинтон был выбран для проведения огромной батареи реформ - и он делает это с большой скоростью и эффективностью, зная, что он будет президентом на один срок. Социалистический план "Родители как учителя" (Parents as Teachers, PAT) уже действует в 40 штатах. Так называемая "программа совместного воспитания" (ПСП) началась с пилотной программы в Сент-Луисе, штат Миссури, в 1981 году. Реальное намерение КС - заменить социальными работниками КС родительскую власть, предпочтительно в пренатальный период.

Вдохновленная Олдосом Хаксли, Лора Роджерс написала книгу под названием "Новая смелая семья в Миссури", в которой она утверждает, что понадобилось всего четыре года, чтобы ТАР была принята законодательным собранием штата Миссури, и что концепция ТАР распространилась в Европе и внедряется в 40 штатах США. Такова ли реальность? Сравнимо ли это с тем, что мы описали в этой главе об образовательных "реформах"? Социалисты намерены "реформировать" образование до такой степени, чтобы создать тот самый климат, который предсказан в "Brave New World" Хаксли. И они делают это сейчас, прямо на наших глазах!

В рамках ТАР так называемый "педагог" прикрепляется к семье - в буквальном смысле - и начинает процесс изменения отношения родителей и ребенка или детей к социалистическим идеалам. Как это делается, объясняет Роджерс в своей статье "Новая смелая семья в Миссури".

Первый шаг. Родительский педагог" приходит в школы и дома, чтобы "наладить контакт" с семьей под предлогом содействия образованию ребенка.

Второй шаг. Ребенок/дети получают компьютерный идентификационный номер, который будет постоянным.

Шаг третий. Агент перемен" будет работать над изменением отношений между ребенком и родителями с помощью "программы наставничества", как это делается в Оксфордском социалистическом университете.

Шаг 4. Родители-воспитатели обязаны сообщать обо всем, что они считают "враждебным поведением" или жестоким обращением, позвонив по специальной "горячей линии", созданной для этих целей.

Шаг 5. Судьи принимают решения по "линейным делам", и если считается, что ребенок (дети) находится в опасности, его (их) могут лишить родительской опеки.

Шаг 6. Если родители отказываются от рекомендаций "родительского педагога" по оказанию услуг в области психического здоровья, например, в отношении приема лекарств, штат может лишить ребенка (детей) родительской опеки. Ребенок (дети) может быть помещен в лечебный центр, а родителям суд может предписать пройти "психологическое консультирование" в течение того времени, которое "родительский педагог" сочтет необходимым.

Что делает ПАТ, так это ставит себя в положение судьи и присяжных, которые решают, кто является подходящими и неподходящими родителями! Для этого TAP использует то, что Роджерс называет "определениями факторов риска", которые стали стандартом для определения пригодности или непригодности родителей к воспитанию детей, и напомним, что эти критерии в настоящее время используются в 40 штатах:

> "Неспособность родителя справиться с (что не определено) неадекватным поведением ребенка (например, сильное кусание, деструктивное поведение, апатия)".
>
> "Низкофункциональные родители. Они считаются потенциально жестокими родителями. В этой категории у родителя-учителя есть широкий выбор. Практически все родители могут попасть в категорию

> "низкофункционирующих родителей".
>
> "Чрезмерный стресс, негативно влияющий на функции семьи". Это дает обучающему родителю практически неограниченное количество вариантов для ссылки на "оскорбительные" признаки опасности, включая низкий доход.
>
> "Другое... Это могут быть самые разные заболевания, такие как аллергия, сильное курение в доме (знает ли об этом R.J. Reynolds?), семейная история потери слуха...".

Из вышесказанного ясно, что социализм в образовании достиг своего совершеннолетия в Америке. То, что мадам Коллонтай, Энгельс, Бебель и Хаксли считали самым желанным, теперь осуществилось. Образование - это средство, с помощью которого можно победить социализм, как это ясно показали многие наши государственные деятели в 1800-х годах, но в неумелых руках это мощное оружие, которым социализм будет безжалостно орудовать, чтобы создать рабское государство столь желанного Нового мирового порядка. Все это было бы невозможно без предательства и вероломства Верховного суда и особенно ядовитого отношения судей Дугласа и Блэка, которые должны войти в историю как два самых подлых предателя в истории этой нации.

Глава 4

ТРАНСФОРМАЦИЯ ЖЕНЩИН

На протяжении всей истории женщины играли решающую роль. До 20-го века они обычно находились на заднем плане, наблюдали, давали советы и ободряли, никогда не демонстрируя этого демонстративно и редко, если вообще когда-либо, публично. Но все изменилось в конце XIX века, и проводником перемен стало Фабианское общество и международный социализм.

Когда бдительный Сидни Уэбб встречает статную Марту Беатрис Поттер, между ними проскакивают искры. (Оба признают в другом особый гений организации и ведения повседневных дел. Антоний и Клеопатра были более гламурными, царица Савская и Соломон - более величественными, Гитлер и Ева Браун - более драматичными, но по сравнению с Веббами их влияние на мир было меньше. Ущерб, нанесенный Веббами, до сих пор откликается во всем мире, спустя долгое время после того, как двое других стали просто историческими фигурами.

Сидней Уэбб познакомился с Беатрис Поттер в 1890 году. Она была хорошо обеспечена как физически, так и финансово. С другой стороны, он был маленьким, низкорослым и не имел денег. Беатрис происходила из семьи канадских железнодорожных магнатов и имела собственный доход от своего отца. Возможно, Сиднея и Беатрис объединяло их тщеславие, которое они никогда не скрывали. Отказ на ее предложение любви Джозефу Чемберлену, принадлежащему к высшему классу, вызвал у Беатрис гнев и горечь, что, по-видимому, и послужило топливом для ее "классовой ненависти". Уэбб работал клерком в Британском колониальном офисе, что считалось довольно низкой должностью в жизни викторианской Англии.

В 1898 году Беатрис и ее муж обратили свое внимание на Соединенные Штаты, совершив трехнедельное "большое турне". За это время Веббы не встречались ни с рядовыми членами профсоюза, ни с трудолюбивыми работницами нью-йоркского швейного района. Вместо этого они искали и были приняты элитой нью-йоркского социализма, включая мисс Джейн Аддамс и Престонию Мартин, обе из "Социального регистра".

Это была модель, которой в последующие годы будут следовать все социалистические/большевистские лидеры. В 1900 году, во многом благодаря работе Беатрис, Королевская комиссия Лондонского университета постановила, что отныне экономика должна быть возведена в ранг науки. Беатрис не теряла времени, чтобы впечатлить Грэнвилла Баркера, известного театрального деятеля, и личного представителя президента Вильсона, Рэя Стэннарда Бейкера, этим великим достижением на обеде, устроенном Беатрис и ее мужем.

Партнерство Уэбб-Поттер переросло в брак и положило начало моде на команду мужа и жены, более преданных социализму, чем друг другу наедине, но на поверхности - очень преданная пара. Это сыграло большую роль в привлечении женщин в ряды общественно-политических деятелей, и можно сказать, что это стало рождением радикального феминизма. Clements Inn, дом Фабианского общества, был источником "Фабианских новостей", впервые опубликованных в 1891 году. Беатрис была соавтором, и ее деньги оплатили стоимость печати.

Для Беатрис было естественно, что лучший способ продвижения их идеала - через элиту страны. Если обычные люди хороши на "митингах" типа Билли Грэма, то элита способна довести дело до конца. В этом отношении Беатрис никогда не теряла своего снобизма. Для нее элита должна быть обращена в первую очередь, остальные последуют за ней. Это была модель, которую позже переняли большевистские лидеры. Когда Хрущев посещал Англию и другие страны Западной Европы, его никогда не видели остановившимся в докерах или встречающимся с рядовыми членами профсоюзов.

Хрущев всегда уделял пристальное внимание именно элите - Аньелли в Италии, Рокфеллеру в США - и то же самое было верно для всех социалистических лидеров.

Неудивительно, что Беатрис стала обращать внимание на сыновей богатых и знаменитых в Оксфордском университете. О качестве ее работы можно судить по количеству предателей из высшего общества, выпускников Оксфорда и Кембриджа, которые добровольно предали Запад ради продвижения своей цели - социалистической мировой революции, среди которых Берджесс, Маклин, Филби, Энтони Блант, Роджер Холлис - самые известные, но, конечно, не единственные. Под плащом социальных "реформ" скрывалась смертельная и опасная раковая опухоль, разъедающая идеалы христианского Запада, называемая фабианским социализмом. Одним из первых заметных новообращенных стал Уолтер Липпманн, которого Беатрис Вебб "склонила" к вступлению в Фабианское общество.

К 1910 году Беатрис и ее деньги создали несколько центров, из которых распространялась фабианская пропаганда. Писатели, театральные деятели и политики того времени стали тяготеть к ее кругу. Согласно New Statesman, общее мнение заключалось в том, что Беатрис возглавляла либеральное и сочувствующее культурное движение. Миллионерша Шарлотта Пейн-Тауншенд стала подругой Беатрис, которую попросили познакомить ее с Джорджем Бернардом Шоу, после чего Шарлотта сделала из него честного человека. Теперь два лидера-мужчины могли позволить себе посвятить все свое время продвижению социализма, благодаря деньгам своих супругов.

Часто отмечается, что обе эти женщины провели свою жизнь, нападая на ту самую систему, которая обеспечивала деньги для их деятельности. Беатрис Вебб была движущей силой захвата власти в Лейбористской партии, точно так же, как другая социалистка, Памела Гарриман, позже захватила контроль над Демократической партией в США и привела к власти президента, чья социалистическая повестка дня заключалась в том, чтобы привести страну к единому мировому социалистическому правительству - Новому мировому порядку.

Безусловно, Беатрис Вебб неустанно работала над разрушением экономической политики и демонтажем социального и экономического порядка упорядоченной Англии. Меня удивляет то, что Уэббы не были арестованы за подстрекательство и измену, как "красный" профессор Гарольд Ласки. Если бы это произошло, это могло бы спасти Соединенные Штаты от социалистических конвульсий, которые продолжаются до сих пор. Среди друзей Беатрис в то время были графиня и многие известные дамы лондонского общества того времени, включая жену сэра Стаффорда Криппса. Эти радикальные феминистки открывали свои дома для проведения чаепитий и выездных семинаров по социалистическим мотивам.

На протяжении всего своего долгого правления Беатрис Уэбб никогда не колебалась в своей поддержке большевиков, что, похоже, не беспокоило ее длинный список контактов в высшем обществе, включая сэра Уильяма Бевериджа, которому предстояло оказать огромное влияние на политику в Англии и США (план Бевериджа стал моделью социального обеспечения в США). Когда Беатрис умерла в 1943 году, ее заслуги перед социализмом были признаны странным образом - прах Марты Беатрис Вебб был захоронен в Вестминстерском соборе - странное место для заклятой атеистки!

Тигрицей радикального, антибрачного, антисемейного феминистского движения, которое было представлено миру фабианскими социалистами, была мадам Александра Коллонтай. Неизвестно, встречалась ли Беатрис Уэбб с Коллонтай во время своих частых поездок в Москву. Кем была мадам Коллонтай? На странице 9972 из страниц 9962-9977, Congressional Record, Senate от 31 мая 1924 года, мы находим следующее:

> "Г-жа Коллонтай сейчас является советским министром в Норвегии, после богатой событиями карьеры, включавшей восемь мужей, два поста народного комиссара, первый - комиссара социального обеспечения, два визита в Соединенные Штаты (1915 и 1916), немецкого социалистического агитатора, после того как в 1914 году ее

> выслали из трех европейских стран как опасную революционерку...".

Затем есть еще одно выступление этой жесткой коммунистической мировой революционной радикальной феминистки на странице 4599 из страниц 4582-4604:

> "... Недавно в Мексику приезжала посол Советского Союза Александра Коллонтай. Говорят, что она была лидером мирового революционного движения в течение 28 лет; что она была арестована в трех разных странах за свои усилия в 1916 году и что в 1917 году она посетила Соединенные Штаты, выступая по всей стране. Она действовала под руководством Людвига Лоре, ныне видного коммуниста в США. Предметом и целью визита Коллонтай в Соединенные Штаты в 1916 и 1917 годах было подстрекательство социалистов в этой стране и препятствование нашей деятельности, если Соединенные Штаты войдут в систему сопротивления тому, что произошло. Александра Коллонтай - величайший в мире выразитель "свободной любви" и национализации детей. Она находится в Мексике с этой целью и не предвещает ничего хорошего для народа Соединенных Штатов".

Книга Коллонтай "Коммунизм и семья" - это самая жестокая и дикая атака на брак и семью из когда-либо написанных, превосходящая декадентское зло "Происхождение семьи" Фредрика Энгельса. Радикальные последователи "свободной любви" Коллонтай называли себя "Международной лигой мира и свободы". Но они претерпели ряд изменений в названии, чтобы замаскировать тот факт, что их повестка дня все та же, что и у Александры Коллонтай: сегодня они называют себя "Национальной лигой женщин-избирателей" и "Национальной лигой прав на аборты" (NARL). Они также имеют наглость называть себя "сторонниками выбора", что означает, что у них есть выбор, убивать или нет нерожденных детей.

Цели марксистских/социалистических "либеральных феминисток" - более известных как радикальные феминистки - были определены в 1920-1930-х годах, и они не изменились. Требование "прав женщин" является синонимом любви без ответственности, т.е. абортов по требованию. Они и их подстрекатели-социалисты в Палате представителей и Сенате образуют нечестивый союз с шакалами СМИ, который начался во времена Флоренс Келли.

Коллонтай была знаменосцем радикальных феминисток, которыми сегодня проклята наша страна. Комитет Овермана по большевизму в Соединенных Штатах сообщил следующее:

> Очевидная цель большевистского правительства России - сделать российских граждан, особенно женщин и детей, зависимыми от этого правительства... Она уничтожила природное честолюбие и сделала невозможным выполнение морального обязательства заботиться о ребенке и защищать его должным образом от несчастий сиротства и вдовства... Он издал указы, касающиеся брака и развода, которые практически установили "свободную любовь"". Документ Сената, страница 61, 1-я сессия, страницы 36-37 Запись Конгресса.

Все вышесказанное полностью соответствует целям и задачам фабианского социализма. Радикальный феминизм, который сегодня свирепствует и развязывает руки в Соединенных Штатах, является социалистическим учением. Социалистическая модель Фабианского общества допускала и даже поощряла радикальный феминизм, скрывая его под завесой домашнего очага. В то время как Беатрис Вебб и ее единомышленникам не удалось создать открытые клиники абортов, стоит повторить, что миссис Гарольд Ласки, жена профессора Ласки, одного из великих имен в социалистических кругах, была первой, кто продвинул идею консультационных центров по контролю рождаемости в Англии.

Доктор Анни Безант была хорошо знакома с Беатрис Вебб через круги Либеральной партии в Лондоне. Безант была преемницей мадам Блаватской и унаследовала ее Теософское общество, адепты которого были среди богатых и знаменитых в кругах власти викторианской Англии. Безант сыграла важную роль в разжигании агитации через салон, его первым начинанием была атака на промышленность в Ланкашире, крупном промышленном центре Англии.

Как глава со-масонства, союзного с ККК "Кларте" (без связи с ККК в США) и ложей "Девять сестер" Великого Востока в Париже, Безант очень активно продвигала то, что она называла "социал-демократией", но все время находилась под контролем ложи Великого Востока в Париже, от которой она получила титул вице-президента Верховного совета и Великого мастера Верховного совета для Великобритании. Именно здесь становится очевидным слияние масонства, теософии и Альянса религий.

Уэллс верил в представления Безанта, возможно, потому, что, как и он, был членом ККК "Кларт", как и Инес Милхолланд. Обе дамы-социалистки упорно трудились на благо женского избирательного права, которое Сидни Уэбб проницательно рассматривала как волну будущего, когда речь шла о получении голосов для лейбористской и либеральной партий.

Тем, кем стала Безант, она обязана мадам Петровой Блаватской, которая, в свою очередь, обязана своим стремительным взлетом по социальной лестнице Герберту Берроузу, продвигавшему ее "таланты" через Общество физических исследований, избранный клуб для богатых, аристократических и политически влиятельных кругов викторианского Лондона. В этих кругах часто бывали Уэллс и Конан Дойл (впоследствии сэр Артур Конан Дойл). Уэллс назвал Блаватскую "одной из самых совершенных, изобретательных и интересных самозванок в мире".

Блаватская была посвящена в карбонарское масонство бесспорным лидером этой ложи в Италии, великим Мадзини. Она также была близка с Гарибальди и была с ним в битвах при Витербро и Ментане. Двумя людьми, оказавшими большое влияние на ее жизнь, были Виктор Мигаль и Риавли, оба революционные масоны из Великой ложи Востока. Она умерла в 1891 году, будучи закоренелым и убежденным социалистом.

Сьюзан Лоуренс была одним из первых трех кандидатов от Лейбористской партии, избранных в парламент благодаря деятельности суфражистского движения, возглавляемого воинами Фабианского общества Эллен Уилкинсон и Эмили Панкхерст. Лоуренс стала знаменитой благодаря своему высказыванию: "Я не проповедую классовую войну, я живу ею". Маргарет Коул развила в себе инстинкт радикального феминизма, работая исследователем в Фабианском обществе. Затем она смогла применить полученные знания на практике, работая в Министерстве труда Великобритании, в то время как ее муж, Г.Д.Х. Коул, занял видное место в ряде лейбористских правительств. Как и Уэббы, Коулы поддерживали видимость семейного счастья, но их брак был социалистически удобным.

Одной из звездных учениц Беатрис Вебб была Маргарет Коул, написавшая "Историю фабианского социализма", в которой цели радикального феминизма приукрашены, чтобы привлечь мух. Коул несет ответственность за проникновение и проникновение фабианского социализма в Америку. Фабианские социалистические исследователи считают, что отмена отчета Луска вето губернатора Нью-Йорка Эла Смита идеально соответствует фабианской социалистической диктуме: "Попросите социалиста сделать за вас грязную работу". Коул был членом делегации Международной конфедерации свободных профсоюзов в Организации Объединенных Наций.

В Соединенных Штатах одной из самых значительных женщин-социалисток была Флоренс Келли. Ее настоящая фамилия была Вешеневская. Никто, похоже, не знал о ней почти ничего, кроме того, что Келли изучала Ленина и Маркса в Швейцарии, международном убежище революционеров. Она любила называть себя "квакерской марксисткой". Фабианские социалисты знали одно: Келли возглавляет движение за "реформы" в Соединенных Штатах. Иногда она затмевала свою более известную подругу, Элеонору Рузвельт, убеждая Рузвельт вступить в социалистическую Национальную лигу потребителей (NCL), одним из основателей которой она была.

NCL, специализированное социалистическое учреждение, была организацией, решительно настроенной на то, чтобы привлечь федеральное правительство в сферы здравоохранения, образования и полицейских полномочий, которые принадлежали штатам в соответствии с 10-й поправкой к Конституции США. Келли оказался гением в этом отношении. Ей приписывают разработку так называемой стратегии "Brandeis Brief", которая заключалась в том, чтобы утопить тонкое юридическое дело в массе не относящихся к делу документов, чтобы в итоге дело было решено не на основе закона, а на основе социологического и экономического "юридического мнения" социалистического толка. Поскольку судьи не были обучены социологии, они не были людьми, способными судить о достоинствах СОЦИОЛОГИИ рассматриваемого ими дела, поэтому такие дела обычно решались в пользу социалистов.

Элизабет Глендауэр, чрезвычайно богатая светская львица, часто принимала Келли в своем доме вместе с Брандейсом и ведущими писателями-социалистами того времени. Известно, что Келли поддерживал тесную дружбу с Эптоном Синклером, ранние литературные произведения которого состояли из пачек фабианских социалистических "позиционных документов", разосланных студентам социалистических университетов для распространения в кампусах по всей стране. Несмотря на свои отрицания, Келли неустанно искал возможности для продвижения дела мировой революции.

Миссис Роберт Ловетт, чей муж был профессором английского языка в Чикагском университете, была близким союзником Келли. Лаветты, Келли и Джейн Аддамс управляли социалистическим рабочем домом под названием Халл Хаус, который посещали Элеонора Рузвельт и Фрэнсис Перкинс. Многие члены Халл Хаус отправились в Англию, чтобы принять участие в программе летней школы Фабианского общества. Келли хорошо умел обращать людей в социализм и был неутомимым миссионером американского социализма.

Женщины-социалистки появились на сцене в США в конце Гражданской войны. Коммунисты были очень активны в преддверии войны и сразу после нее, о чем не упоминается в учебниках истории истеблишмента, и эти социалистические "феминистки" были очень успешны в проникновении в законные организации женщин, заботящихся о благополучии своих семей.

Это было относительно легко для подготовленных фабианских социалистов, учитывая обычай того времени возносить женщин на пьедестал уважения, заслуживающих защиты мужчин. Некоторые из лидеров "ковровых мешочников" были глубоко убежденными социалистами или коммунистами. Когда вопрос о женском избирательном праве был поднят женщинами-социалистками, мужчины посчитали, что неразумно подвергать женщин грубой и суровой политической борьбе, но они не знали своих женщин-социалисток.

Другие хорошо знали, как социалисты и коммунисты вербовали воинственных и агрессивных женщин и обучали их идти против основного течения феминизма. Отношение того времени хорошо выражено на страницах 165-170 приложения "Глобус Конгресса" "Конституционная поправка о суфражизме". Достопочтенный Дж. А. Байард сказал о социализме в 1869 году:

> Следующим исключением является секс". Я не буду оспаривать эту позицию ни с коммунистами, ни с социалистами, ни с Партией прав женщин, потому что глупость этого вида натизма, хотя он и достиг больших успехов в последнее время, не настолько широко распространена, чтобы нуждаться в разработке или опровержении. Неумеренное тщеславие и любовь к славе, возможно, соблазнили некоторых женщин к десексуализации, как в одежде, так и в занятиях; но женское сердце и инстинкт материнства сохранят их верными высшим своим обязанностям в жизни, культуре и формировании характера их потомства...".

О том, что это был век рыцарства, который был полностью уничтожен Хиллари Родэм Клинтон, Беллой Абзуг, Элеонорой Смил, Элизабет Хольцман, Пэт Шредер, Барбарой Боксер, Дианой Файнштейн и их родственниками, можно узнать на странице 169 приложения к "Глобусам Конгресса" (речь сенатора Баярда):

> "Я горжусь и счастлив, что в этой стране, нашей Америке, существует рыцарская преданность сексу, равной которой нет ни в одной другой стране. Я никому не уступаю в своем почтении к полу и желании обеспечить и защитить женщин во всех их правах; но избирательное право - это не право...".

Интересно посмотреть, в какой степени социалисты использовали законные опасения женского общества и превратили их в средство достижения социалистических целей, что привело к пагубным последствиям. Естественным следствием этого проникновения и проникновения умных фабианских социалистов стало то, что Конгресс Соединенных

Штатов стал игровой площадкой для кадровых закаленных, неженственных женщин, которые опрокинули дух рыцарства в своем яростном желании увидеть, как фабианский социализм захватит власть в Соединенных Штатах.

Среди так называемых социалистических фронтов "за права женщин" были следующие:

- Всеобщая федерация женских клубов.
- Национальный конгресс матерей и Ассоциация родителей и учителей.
- Национальная лига женщин-избирателей.
- Национальная федерация деловых и профессиональных женщин.
- Христианский Союз Воздержания.
- Ассоциация женщин университета.
- Национальный совет еврейских женщин.
- Лига женщин-избирателей.
- Национальная лига потребителей.
- Женская профсоюзная лига.
- Международная женская лига.
- Дружеское общество американских девушек.

Эти организации были частью судебного иска, поданного миссис Флоренс Келли и несколькими ведущими "феминистками" (социалистками) в июле 1926 года. Они пытались принять закон, Закон о материнстве и младенчестве, который нарушал 10-ю поправку к Конституции США, но Верховный суд, свободный от контроля, осуществляемого над ним сегодня (который начался с эпохи Рузвельта), спас нацию от попытки социалистов установить полный контроль над Соединенными Штатами. Президент Картер взял много материала из книги миссис Коллонтай "Коммунизм и семья" для своего законопроекта об образовании.

Социалисты всегда намеревались национализировать детей

Америки. Социалистка Ширли Хафстедлер, которая в свое время возглавляла неконституционное Министерство образования США, была вдохновлена мадам Лелиной Зиновьев, женой Григория Зиновьева. Хафстедлер стремился "национализировать" и "интернационализировать" американских детей, чтобы подготовить их к будущей роли смешивателей рас в едином мировом правительстве.

Это также было намерением Фрэнсис Перкинс, обученного социального работника, которая в течение многих лет возглавляла так называемое "феминистское движение" в Соединенных Штатах. Перкинс был комиссаром по труду штата Нью-Йорк при губернаторе Франклине Д. Рузвельте. Она причисляла Элеонору Рузвельт к своим самым близким друзьям, и Келли была близка с Рузвельт во время трех сроков пребывания последней в Белом доме. Одним из первых заданий Перкинса было основание Международной ассоциации трудового законодательства вместе с Элеонорой Рузвельт и ее протеже Гарри Л. Хопкинсом, с которым Перкинс тесно сотрудничал в создании системы трудоустройства для безработных в штате Нью-Йорк.

Первоначальный план был разработан социалистической группой, известной как Ассоциация по улучшению положения бедных. Перкинс и его друзья нажали на все нужные кнопки и сделали все, чтобы их "реформы" были приняты законодательным собранием штата Нью-Йорк. Сотни брошюр и листовок были распространены в школах и университетах, чтобы заручиться поддержкой этих "полезных изменений", а старшие редакторы написали статьи, которые были подхвачены бульварной прессой. Были проведены десятки "опросов", чтобы создать "народные настроения" в пользу трудовых "реформ", которые могли только "принести пользу всей стране".

Перкинс носил много шляп и был отмечен за свою неутомимую энергию и преданность фабианскому социалистическому движению в США. Когда Рузвельт уехал из Олбани в Вашингтон, Перкинс последовал за ним. Она стала первой женщиной, назначенной на должность в кабинете министров в истории США. Ее влияние на Рузвельта было лишь немногим меньше, чем влияние Элеоноры Рузвельт.

Перкинс оставалась при Рузвельте с самого первого до самого последнего дня его трех сроков, и за это время она привела в федеральное правительство настоящий поток социалистических юристов, экономистов, статистиков и аналитиков. Когда Джон Мейнард Кейнс посетил Рузвельта и безуспешно пытался объяснить свои экономические теории, именно Перкинс продал их Рузвельту. Перкинс проглотил теорию "мультипликатора", сделав почти бессмертное замечание, что "в системе (Кейнса) с одним долларом вы создали четыре доллара".

Перкинс придумал схему фальсификации Демократического съезда 1940 года, которая принесла Рузвельту третий срок, хотя "заслуга" обычно принадлежит Гарри Хопкинсу. В первые годы пребывания Рузвельта на посту губернатора Нью-Йорка Перкинс был лоббистом Национальной лиги потребителей и Женского торгового совета в Олбани, штат Нью-Йорк.

Говорят, что ее контакты с ведущими социалистическими интеллектуалами того времени исчислялись сотнями, и что она была любимицей Феликса Франкфуртера. Еще одним из ее сторонников-мужчин был Гарри Хопкинс, который достигнет известности в эпоху Рузвельта и нанесет значительный ущерб Соединенным Штатам. Перкинс привезла с собой в Вашингтон множество социалистических экономистов и профессоров труда, из которых они вылили настоящий поток социалистических материалов, большая часть которых до сих пор преподается в университетах. Как никакая другая женщина - включая Элеонору Рузвельт - Перкинс повлияла на Рузвельта, чтобы он втянул Соединенные Штаты во Вторую мировую войну.

Перкинсу принадлежит заслуга в разработке национального законодательства о страховании по безработице и пенсионном обеспечении по старости. По просьбе президента Рузвельта Перкинс работал за кулисами, чтобы воплотить эти две социалистические мечты в реальность, используя в качестве руководства книгу Престони Мартина "Запрещение бедности". Перкинс получил большую помощь от Джона Мейнарда Кейнса, который посетил Соединенные Штаты в 1934 году в качестве посла доброй воли фабианских социалистов. Кейнс и Перкинс согласились с тем, что у социализма была бесценная возможность добиться больших успехов в период правления Рузвельта.

Как и почти весь "Новый курс", который был почти дословно взят из одноименной книги Грэма Уолласа, "Запрет бедности" был широко использован для формулирования системы обязательного социального страхования (Social Security). Перкинс искал и получил крупный вклад от Сиднея и Беатрис Вебб, которые указали Перкинсу и Рузвельту на то, что Фабианское общество разработало предвыборный план Лейбористской партии на 1918 год и оказало влияние на разработку плана Бевериджа, который стал основой британского социального обеспечения.

Таким образом, "Новый курс" Грэма Уолласа, план Бевериджа и предложения Сиднея Уэбба, написанные для Лейбористской партии в 1918 году, а также экономические принципы "налоги и расходы" Джона Мейнарда Кейнса, разработанные Фабианским обществом, с небольшими изменениями и корректировками легли в основу "Нового курса" Рузвельта. Роль, которую сыграла Фрэнсис Перкинс в достижении этой цели, трудно переоценить. Люди часто спрашивают меня с глубоким сомнением в голосе: "Как британцы могли влиять на такую страну, как Соединенные Штаты, не говоря уже об управлении ею, как вы думаете? "Закон о социальном обеспечении 1936 года был работой сэра Уильяма Бевериджа, профессора Грэма Уолласа и директора Фабианского общества Сиднея Уэбба, подправленный и дополненный Фрэнсис Перкинс. Изучение того, как это было сделано, и роли, которую сыграла Фрэнсис Перкинс, отвечает на вопрос всех сомневающихся томистов гораздо лучше, чем любые слова, которые я когда-либо мог бы использовать.

Закон о социальном обеспечении 1936 года был чистым фабианским социализмом в действии. Это было беспрецедентно в истории США и на 100% неконституционно. Я потратил много времени, просматривая записи Конгресса с 1935 по 1940 год и далее, чтобы найти что-нибудь, что сделало бы этот кусок социалистического законодательства чисто и просто конституционным, но безрезультатно.

То, как социалисты обманули американский народ, показывает, что социалисты готовы пойти на все, чтобы их вопиюще абсурдные законы были освящены Верховным судом. Перкинс, столкнувшись с этой дилеммой, не видел выхода. Рузвельту было необходимо, чтобы Закон о социальном обеспечении стал законом, чтобы он мог использовать его для победы на перевыборах. Благодаря заступничеству Гарри Хопкинса, Брандейса и Кардозы, Перкинс оказался сидящим рядом с судьей-социалистом Харланом Стоуном, ведущим либералом, на ужине в Вашингтоне в разгар кризиса.

Секретарь Перкинс сказала судье Харлану Стоуну, что она нарушает Конституцию и нуждается в решении для финансирования социального обеспечения, которое было бы принято Верховным судом. В нарушение всего судебного этикета, а то и прямо нарушая закон, судья Стоун прошептал Перкинсу на ухо:

> "Налоговая власть федерального правительства, моя дорогая, налоговая власть федерального правительства достаточна для всего, что вы хотите и в чем нуждаетесь.

Перкинс последовал совету судьи Харлана Стоунза, и сегодня мы имеем социалистическое социальное обеспечение в Конфедеративной Республике. Нет сомнений в том, что судье Стоуну должен был быть объявлен импичмент, но никаких обвинений против него так и не было выдвинуто.

Перкинс сохранил доверие судьи, не сказав об этом никому, кроме Рузвельта, который немедленно использовал эту вопиюще незаконную схему для финансирования каждой из своих социалистических программ "Нового курса". Позже Гарри Хопкинс проник в тайну, и ему позволили присвоить себе заслугу за фразу "tax and spend, tax and spend".

Перкинс был доверенным лицом и другом Генри Моргентау, судьи Хьюго Блэка и Сьюзен Лоуренс, грозного конгрессмена и руководителя Фабианского общества. Перкинс был одной из ключевых фигур в попытке социалистического захвата Соединенных Штатов в 1920-х годах - смертоносный план, основанный на книге "Филипп Дру-Администратор", написанной полковником Эдвардом Манделом Хаусом.

Согласно тому, что Сьюзен Лоуренс сказала Джейн Аддамс, это по

> "В одном из самых странных явлений в истории, сложная система сдержек и противовесов, разработанная в американской Конституции, привела, по крайней мере, на данный момент, к полному личному превосходству Франклина Рузвельта.

Однако беглый взгляд на "Филипп Дру - администратор" показывает, что вместо того, чтобы быть делом случая, именно тщательное планирование и внимательное отношение к технике полковника Хауса вывело Рузвельта в лидеры, готового взять под контроль Демократическую партию.

Когда пришло время, Фрэнсис Перкинс поддержала своего бывшего работодателя. Продукт Халл-Хауса, профессиональный социальный работник, Перкинс был описан как абсолютный социалистический оппортунист. Перкинс легко двигалась в "аристократических" кругах британского Фабианского общества и хорошо усвоила уроки Лилиан Уолд, Джейн Аддамс и Элеоноры Рузвельт. Когда пришло время для ее строительства, она была готова. Если бы в 1920-х годах существовали две главные женщины-заговорщицы, ими были бы Келли и Перкинс. Приверженность последнего к социализму привлекла внимание Мэри Рамзи, сестры Аверилла Гарримана по социалистическому движению.

Мэри Гарриман Рамси была первой из группы восторженных сторонников "Нового курса", выступавших за принятие плана Фабианского общества, адаптированного к американским условиям. Рамси происходил из одной из самых элитарных семей в США в 1930-х годах. Ее тесная связь с Элеонорой Рузвельт помогла обострить ее и без того глубокий социалистический активизм. Рамси был неутомимым читателем трудов Сидни Уэбба, Шоу, Холдейна, Маггериджа и Грэма Уолласа.

Ее пожизненная дружба с Фрэнсис Перкинс завязалась после того, как они познакомились через Элеонору Рузвельт, и вскоре они обнаружили общую страсть к социалистическим идеям, которым, по настоянию Рамси, следовал ее прославленный брат, Аверилл Гарриман, ставший ярым социалистом и близко знакомившийся с чередой большевистских лидеров. Социалистическая деятельность Рамси привела ее в США и Европу, а в Англии ее чествовали Уэббы и голубокровая аристократия Фабианского общества.

В то время часто отмечали, как эта женщина, чьи хорошие манеры явно указывали на ее принадлежность к высшему слою общества, стала подстрекать женских профсоюзных лидеров и работать среди женской профсоюзной базы, где она, очевидно, была как дома. Очевидно, что фабианский социализм оставил неизгладимый след в жизни Мэри Рамзи, которая входила в пятерку самых богатых женщин Америки.

Долгая дружба Мэри Рамзи с элегантной мисс Джейн Аддамс, "леди до кончиков пальцев", как однажды написал социальный обозреватель нью-йоркской газеты, была еще одним из тех анахронизмов, которые, казалось, нарушали общепринятую классификацию социалистов по обе стороны Атлантики. Аддамс была движущей силой Халл-Хауса, фабианского социалистического "мозгового центра", где женская элита того времени знакомилась с социалистическими убеждениями. Когда Беатрис и Сидни Уэбб посетили США в апреле 1898 года, они были гостями мисс Аддамс. Бывший "клерк в колониальном офисе" был очарован знанием Аддамс английского языка и "ее прекрасными темными глазами".

Будучи всю жизнь холостяком, Аддамс пользовалась уважением таких людей, как полковник Эдвард Мандел Хаус, Уэллс. Артур Конан Дойл и сэр Артур Уилерт, великий британский журналист-фабианец.

Аддамс принимала активное участие в создании Церкви единого мирового правительства, социалистического компромисса с религией, которой суждено было стать официальной "религией" единого мирового правительства, историю которого мы подробно описываем в этой книге.

Аддамс была настоящей социалистической "пацифисткой", получившей Нобелевскую премию за свои усилия по продвижению "международного мира". Аддамс основала

Женскую международную лигу вместе с миссис Петвик Лоуренс, членом британского "высшего общества" и ведущей фигурой в лондонском обществе на рубеже веков. Как и Аддамс, она была членом ККК - "Кларт" и со-масонства. Обратите внимание на имена из высшего общества, которые не ассоциируются у нас с анархистами и революционными бомбистами. Однако ущерб, нанесенный в США этими известными женщинами-социалистками, во многих случаях превзошел влияние радикалов.

Аддамс была принята двумя американскими президентами и была горячим сторонником банкиров с Уолл-стрит, вложивших деньги в Ленина и Троцкого, а также акционером ленинской Русско-американской промышленной корпорации и газеты "Коммунистическая федерация". Аддамс была связана с Американским обществом по культурным связям с Россией, которое распространяло публикации "Альянса веры", в основном в книжных магазинах, специализирующихся на социалистической/коммунистической литературе.

Ее тесная дружба с Розикой Швиммер была очень важна, потому что Швиммер имела уши графа Карлойи, человека, который преподнес Венгрию на кровавом блюде поганому зверю Бела Куну (настоящая фамилия Коэн), убившему сотни тысяч христиан в Венгрии, прежде чем его смогли изгнать. Аддамс - социалистка, которая организовала лекционный тур для кровавого и злобного графа Карлойи.

Последовательницы фабианского социализма были богаты, влиятельны и имели нужные семейные связи, что позволило им добиться того, чтобы их ярко выраженные социалистические идеи имели значительную аудиторию. Влияние социалистических женщин, таких как Уэбб, Перкинс, Рамзи и миссис Петвик Лоуренс, Аддамс, Безант, на ряд ключевых событий в США и Великобритании сегодня никогда не было полностью описано или правильно понято. Эти аристократично выглядящие и говорящие дамы резко контрастировали бы с Боксерами, Файнштейнами, Абзугами и Шредерами из движения за права женщин в США. Из всех женщин в политике 1980-х и 1990-х годов только Маргарет Тэтчер могла бы сравниться с Джейн Аддамс, чьи частые визиты в Лондон, хотя и не принесли ей приглашения на Даунинг-стрит, 10, сделали ее любимицей Фабианского общества и его лидеров Беатрис и Сидни Уэбб.

За манерами и изысканной речью Аддамс скрывалась внутренняя сущность, твердая как гвоздь, и дух, который отказывался отступать даже вопреки обстоятельствам. Хотя она никогда не призналась бы в этом, именно Аддамс оказала глубокое влияние на Роберта Морса Ловетта, человека, выбранного для руководства фабианским социалистическим движением в Соединенных Штатах. Невозможно было найти более маловероятного лидера для социалистических целей. Сдержанная и замкнутая, Ловетт стала зажигательной после встречи с Аддамс в Халл-Хаусе. Во многих отношениях кампания Ловетта за социализацию Америки была одним из самых важных сражений, когда-либо проводимых "великими" социалистами. Гарри Хопкинс, человек, который разжег больше лесных пожаров для фабианского социализма в Америке, чем любой другой человек в рядах социалистов, был обязан своим положением Аддамс, которая настоятельно рекомендовала его Рузвельту в 1932 году.

Аддамс возглавила список женщин-социалисток и была удостоена Нобелевской премии мира за свою мирную деятельность от имени социалистической программы для Соединенных Штатов. Она продолжила свой социалистический поход под эгидой Женской международной лиги за мир, которую она основала в Чикаго и которая стала коммунистическим прикрытием "мира", лелеемого большевистскими лидерами. Аддамс подробно изучила публикации Фабианского общества, особенно те, которые были взяты из книг миссис Коллонтай, нападавших на брак и семью, и посвятила большую часть своего времени антисемейным социалистическим делам в Соединенных Штатах.

Хотя они никогда не были близки, Дороти Уитни Стрейт (миссис Леонард Элмхерст) была поклонницей Аддамс. Уитни-Страйты, как и Аддамс, вышли прямо из американского высшего общества. Брат Дороти Уитни-Страйт был партнером в J.P. Morgan, что дало Уитни-Страйтам карт-бланш на вхождение в верхние эшелоны фабианских социалистических кругов в Лондоне, Нью-Йорке и Вашингтоне. Уитни-Страйты финансировали американское фабианское социалистическое издание "New Republic" (Дороти была его главным акционером), постоянным автором которого был Уолтер Липпманн, а также ведущие профессора-социалисты в Оксфорде и Гарварде. Профессор Гарольд Ласки был одним из любимых авторов "Новой Республики". Дороти Уитни Страйт была восторженной сторонницей президента Вудро Вильсона.

После свадьбы с Леонардом К. Элмхерстом Дороти переехала из своего поместья на Лонг-Айленде в Дартинтон-Холл в Тотнесе, Девоншир, Англия, "где ее сердце", как она говорила своим друзьям, чтобы быть ближе к центру власти фабианских социалистов. Там она пообщалась с "великими" представителями британского социализма, такими как лорд Юстис Перри, сэр Освальд Мозли и Грэхам Халдейн. В 1931 году Дороти и Веббы были заняты своими планами по внедрению "Нового курса" в США в преддверии прихода Франклина Рузвельта. Чтобы не вызывать подозрений, по предложению Дороти план был назван "Политическое и экономическое планирование" (ПЭП), хотя Мозес Зифф, один из первоначальных членов, имел неосторожность назвать ПЭП "нашим Новым курсом" в речи перед фабианскими социалистами в Лондоне в 1934 году.

С самого начала ПЭП была подрывной организацией, решительно настроенной подорвать Конституцию Республики Соединенных Штатов, и ни один ее член не работал для достижения этой цели так неустанно, как Дороти Уитни Стрейт. Конгрессмен Луис Т. Макфадден так отозвался о ее усилиях:

> "Могу ли я отметить, что это секретная организация с огромной властью? Определение их организации следующее: группа людей, активно участвующих в производстве и распределении социальных услуг, планировании землепользования, финансах, образовании, исследованиях, убеждении и различных других ключевых функциях в Великобритании".

Г-н Макфадден назвал группу "мозговым трестом", который, по его словам.

> " должна повлиять на текущую политику США в отношении торговых тарифов. Ни вы, ни я особенно не интересуемся тем, что происходит в Англии, но что должно интересовать нас обоих, так это то, что существует большая вероятность того, что некоторые члены мозгового треста, окружающего нашего президента, поддерживают связь с этой британской организацией, работающей над внедрением аналогичного плана в Соединенных Штатах. Меня заверили серьезные люди, которые в состоянии знать, что эта организация практически контролирует британское правительство и что это высокоорганизованное и хорошо финансируемое движение предназначено для практической советизации англоязычной расы".

Огромный ущерб, нанесенный торговым барьерам, столь мудро установленным прошлыми президентами этой страны для защиты благосостояния ее граждан, описан в других частях этой книги. Макфадден обвинил американский аналог английского "мозгового треста" Дороти Уитни Стрейт в том, что в его состав входили профессора Франкфуртер, Тагвелл и Уильям К. Буллит (человек, который саботировал почти уверенное поражение белой русской армии от большевистской Красной армии). О них Макфадден сказал:

> "Я думаю, нет никаких сомнений в том, что эти люди принадлежат к конкретной организации с явно большевистскими тенденциями, и что этот план будет разработан в Соединенных Штатах".

В этом случае Дороти Уитни Страйт могла рассчитывать на всегда доступный совет Феликса Франкфуртера, который до переезда в Девоншир был частым гостем в ее поместье на Лонг-Айленде. Сказочное богатство семьи Уитни-Стрейт финансировало не только New Statesman, но и PEP и многие другие подставные организации Фабианского общества и их деятельность.

Дороти держала двор в своем роскошном поместье в Девоншире, как королевская особа, частью которой она мечтала стать. Помимо Франкфуртера, частыми посетителями были известный писатель Дж.Б. Пристли, Израиль Мозес Зифф, Ричард Бейли и сэр Джулиан Хаксли, лорд Мелчетт и

Малькольм Макдональд, сын Рамзи Макдональда. Хотя эти имена могут быть не знакомы американцам, это имена людей, которые находились на вершине социалистической лестницы Фабиан. Но одним из американцев, узнавших эти имена, был конгрессмен Луис Т. Макфадден, председатель банковского комитета Палаты представителей.

Макфадден давно подозревает Дороти Уитни-Стрейт в предательстве своей страны. Во время выступления в Палате представителей Макфадден хочет узнать, что задумали Дороти и ее окружение и как это повлияет на США. Он задается вопросом, почему некий Мозес Зифф называет Новый курс "нашим Новым курсом". Макфадден раскрыл тесные связи между британскими фабианскими социалистами и американскими социалистами и коммунистами, которые, как он знал, активно работали над падением Республики Соединенных Штатов: "Политический экономический план (ПЭП) сейчас тайно действует в Англии". Какова была цель PEP Дороти Уитни Стрейт? По словам Макфадден, это было то, что раскрыли ей "инсайдеры" их секретных изданий:

> "Метод работы заключается в объединении в группу нескольких человек, профессионально занимающихся тем или иным аспектом обсуждаемой проблемы (как нарушить Конституцию США), а также нескольких неспециалистов, которые могут задать фундаментальные вопросы, иногда ускользающие от экспертов.
>
> Этот метод позволяет PEP привлечь к решению проблемы объединенный опыт мужчин и женщин, работающих в различных сферах, включая бизнес, политику, государственные и местные органы власти, университеты...".
>
> "... Имена тех, кто формирует группы, не разглашаются... Это правило было намеренно принято с самого начала и оказалось очень полезным. Она позволяет служить людям, которые иначе не смогли бы этого сделать; она гарантирует, что члены могут свободно вносить свой вклад в обсуждение, не будучи связанными официальными взглядами организации, с которой они могут быть идентифицированы... Анонимность является строгим условием для того, чтобы этот лист был отправлен вам.

> Важно, чтобы группа была эффективной как беспартийная организация, вносящая свой вклад вне сферы личной и партийной полемики... "

Контакты с разведкой показали мне, что 90% сотрудников Конгресса (Палаты представителей и Сената) работают таким образом. Слушания сенатского комитета по делу судьи Кларенса Томаса стали поразительным откровением того, как эта социалистическая тактика "проникновения и оплодотворения" все еще широко используется во всех ветвях власти США, в церкви, в образовании и в местах, где принимаются решения, имеющие жизненно важное значение для будущего Соединенных Штатов Америки.

Правило фабианской социалистической секретности позволило скрыть от глаз американской общественности зачастую предательскую деятельность PEP. Именно через PEP и многие другие крайне секретные фабианские социалистические организации социализму почти удалось захватить Соединенные Штаты в 1920-х и 1930-х годах. Американская версия, созданная по образцу британской PEP Фабианского общества, называлась Национальная ассоциация планирования (NPA), и Феликс Франкфуртер был человеком, выбранным Дороти Уитни Страйт Элмхерст для ее создания и управления в США. Благодаря бдительному и все еще нетронутому Верховному суду, многие программы NPA были отклонены. Дороти Уитни-Страйт была невозмутима и призывала своих соратников-социалистов никогда не отказываться от своей цели - свержения Соединенных Штатов. Она была действительно самой опасной из феминисток Фабианского общества.

Хотя она не была личной подругой ни одной из фабианских социалисток из высшего общества, имя Лауры Спеллман должно быть упомянуто здесь, хотя бы для того, чтобы подчеркнуть необыкновенную удачу, которая всегда сопутствует социализму в получении неограниченного доступа к очень крупным фондам. Фонд Лоры Спеллман начал свою деятельность с капиталом в 10 000 000 долларов, но на практике фонд Спеллман не имел никакого фонда, когда дело касалось продвижения социалистических программ в Соединенных

Штатах. Эти программы обычно назывались "реформами", в истинно фабианском социалистическом стиле.

Одна из этих "реформ" заключалась в подрыве Конституции США. Когда сенатор Джозеф Маккарти был так близок к тому, чтобы сорвать крышку с социалистического и коммунистического проникновения в правительство США, Фонд Лоры Спеллман выдавал неограниченные гранты тем, кто исследовал биографии Мартина Диеса и сенатора Маккарти и мог найти все, что могло бы их дискредитировать. Таким образом, Фонд Спеллмана был косвенно ответственен за опасную атаку на Конституцию США, которая достигла пугающих масштабов и которую Диес и Маккарти угрожали разоблачить.

Политическая проститутка, сенатор Уильям Б. Бентон, возглавивший обвинение против Маккарти, получил всю поддержку, которую можно было купить за деньги Спеллмана, когда он потребовал исключить сенатора Маккарти из Сената. Имя Бентона навсегда останется синонимом Аарона Бурра и бессмысленной измены и подстрекательства. Бентон был тесно связан с фабианской социалистической партией "Новый курс", а его компания "Бентон и Боулз" получила выгодные контракты от лейбористского правительства Великобритании. Бентон также был тесно связан с Рокфеллеровским Национальным бюро экономических исследований (которое занималось продвижением экономического государства благосостояния Ласки) и с Оуэном Латтимором, одним из худших предателей, когда-либо обнаруженных в этой стране. Именно этот Бентон недоверчиво спросил Маккарти, не стыдно ли ему за его расследование в отношении военных, которое, по сути, было направлено на выявление социалистических предателей в правительстве США.

Позже, когда фонд объединился с Фондом братьев Рокфеллеров, Спеллман пожертвовал 3 миллиона долларов Лондонской школе экономики Гарольда Ласки, что открыло двери для проникновения социализма в высшие эшелоны власти США. Деньги Лоры Спеллман были вложены в интенсивную кампанию по внедрению марксистских "образовательных" и "экономических" программ в американские школы и университеты. Миллионы долларов были вложены в эти социалистические программы, последствия которых мы, вероятно, никогда не сможем измерить, и которые навсегда изменили форму и направление образования в этой стране.

Главной навязчивой идеей этих социалисток было разрушение традиций американской семьи. Как сказал сэр Пол Дьюкс, один из ведущих исследователей большевизма в 1920-е годы:

> "Центральная трагедия большевистского режима в России - это организованные усилия по подрыву и развращению сознания детей... Борьба с институтом семьи всегда была принципом большевиков.

Труды госпожи Коллонтай не оставляют сомнений в этом даже у скептиков. Идея заключалась в том, чтобы лишить детей в раннем возрасте родительской опеки и воспитывать их в государственных детских садах.

О вреде, нанесенном Элеонорой Рузвельт, говорилось много раз, и нет необходимости повторять это здесь. Достаточно сказать, что так называемое феминистское движение, которому она посвятила так много времени в 1920-х и 1930-х годах, процветает и никогда не было таким сильным, как в США в 1994 году. Элеонора была первой, кто открыто признал лесбиянство через свои незаконные отношения с Лореной Хикок, чьи любовные письма хранятся в доме Рузвельтов в Гайд-парке. Возможно, событием, которое показало нам, насколько воинственной и мощной стала эта группа социалистических активистов, стал поединок Аниты Хилл и Кларенса Томаса перед многомиллионной аудиторией. Стоит отметить количество так называемых "женских прав" и "феминистских" организаций, которые возникли и размножились со времен Элеоноры Рузвельт.

Имена отдельных социалистических лидеров и их "феминистских" организаций многочисленны, как бесы, упомянутые в Библии. Я не собираюсь специально останавливаться на каждом из них - это выходит за рамки данной книги. Поэтому я вынужден обратить внимание только на тех, кто стоит выше всех в женской социалистической иерархии, кто следует социалистическому правилу, проникать и проникать. Поразительный успех мужчин-социалистов в проникновении во все ветви власти США, местные и государственные органы управления, частные учреждения и организации с гордостью восхваляли бы Перкинс, Келли и Дороти Уитни-Страйт.

Им бы понравилась Барбара Стрейзанд, хриплоголосая "артистка", чьи советы распространяются на Белый дом Клинтонов. Тот факт, что Стрейзанд "спит в Белом доме" во время своего визита, показывает, насколько США опустились до уровня, который не представляли себе великие государственные деятели прошлого - Вашингтон, Джефферсон, Джексон. Стрейзанд и Белла Абзуг похожи как две капли воды. Яростные, агрессивные, глубоко преданные социалистическим/марксистским идеалам, оба живут в роскоши, утверждая, что выступают от имени бедных.

Абзуг добилась выдвижения в Палату представителей, в основном благодаря голосам еврейского блока, и там она начала подавать свой писклявый голос, особенно по вопросу так называемого "права на аборт", которое, как я должен заметить мимоходом, не имеет под собой никакой правовой основы, поскольку выходит за рамки Конституции и поэтому не имеет юридической силы.

Абзуг ходила по залам Конгресса, буквально крича на всех, кто выступал против радикального феминизма "свободной любви". В этом ей помогала одна из самых страшных мошенниц феминизма, Норма Маккорви, "Джейн Ро" из Roe v Wade. МакКорви даже не была беременна, когда был поднят этот вопрос. Толпа Абзуг превозносила ее как "великого ученого", хотя на самом деле ее диплом был получен в неаккредитованной юридической школе New College в Сан-Франциско, той же феминистской организации, которая дала Аните Хилл диплом юриста!

Некоторые, но не все, радикальные феминистские организации являются следующими:

- Ассоциация юристов Маргарет Бент
- Американский союз гражданских свобод

- Национальный женский юридический центр
- Юридическая школа Нью-Колледжа
- Специальный комитет по общественному образованию по вопросам сексуальных домогательств
- Альянс за справедливость
- Центр права и специальной политики
- Национальная женская организация (NOW)
- Организация по улучшению положения женщин
- Планируемое родительство
- Национальная лига действий за права на аборт (NARL)
- Фонд правовой защиты женщин

Большинство этих радикальных организаций по защите прав женщин хотят использовать Конституцию для защиты женщин, пока они заняты социализацией Соединенных Штатов - наследие, переданное им Феликсом Франкфуртером. Время от времени они произносят благочестивые банальности о защите индивидуальных прав, девяносто девять процентов которых не содержатся в Конституции, и в то же время выступают за свержение той самой Конституции, которая их защищает.

Социалистический закон о материнстве и детстве, представленный Флоренс Келли, прародительницей Беллы Абзуг, взят непосредственно из большевистской системы, которую описала мадам Зиновьев для всемирной национализации детей. То, что Белла Абзуг и Пэт Шредер называют "правами женщин", является не более чем женской анархией и не прописано в Конституции США. Многое из того, к чему стремятся эти социалистки, взято из книг Александры Коллонтай "Коммунизм и семья", Бебеля "Женщины и социализм" и Энгеля "Происхождение семьи". Так называемые "права на аборт" пришли из этой большевистской литературы.

Комитет Овермана по большевизму в 1919 году пришел к следующему выводу:

> Очевидная цель большевистского правительства - сделать

> российского гражданина, и особенно женщин и детей, зависимыми от этого правительства... Они издали декреты о браке и разводе, которые фактически устанавливают государство "свободной любви" (аборт). Их следствием стало создание механизма для легализации проституции путем разрешения аннулирования брачных уз по желанию сторон. Документ Сената № 61, 1-я сессия, страницы 36-37, запись Конгресса.

В деле Roe vs. Wade судьи Верховного суда США нарушили Конституцию своим чрезмерно активным воображением. Так называемые "борцы за права женщин" за последние два десятилетия не оставили камня на камне в попытке закрепить в Конституции "права", которых там просто нет.

Дело Аниты Хилл-Кларенса Томаса стало замечательной демонстрацией огромной власти, которую эти группы по защите прав женщин приобрели со времен администрации Рузвельта. Сенат полон социалистов наихудшего сорта, их знаменосцами являются Кеннеди, Метценбаум и Байден. Существует общественное мнение, которое необходимо исправить: Сенат не обладает судебной властью: он не может никого судить. Его полномочия ограничены следственной ролью. Он не выполняет функции обвинителя. При рассмотрении дела Аниты Хилл-Кларенса Томаса быстро стало ясно, что Сенат, очевидно, полностью забыл об этом ограничении своих полномочий.

Главным зачинщиком противостояния была не сама Хилл, а группа резких и агрессивных женщин, которые увидели возможность нажиться на раздутой проблеме "сексуальных домогательств", ставшей их главным поводом.[8] Тот факт, что эта группа смогла убедить сенатский комитет и большое количество законодателей в том, что Хилл стала жертвой "сексуального домогательства", несмотря на то, что она ждала десять лет, прежде чем подать жалобу, показывает, насколько влиятельными стали защитники "прав женщин".

---

[8] На французском языке в оригинале.

Если и можно выделить женщину в этом плачевном положении дел, то это Нан Аарон. Если и можно выделить какого-то человека, то это судья Уоррен Бургер, социалистическая мечта о судье, на которого всегда можно было рассчитывать, что он извратит и переиначит Конституцию и добавит свои собственные пристрастия, полностью игнорируя 9-ю поправку к Конституции США.

Стоит отметить, что ни один из социалистических судей, нанесших наибольший ущерб Конституции, не имел опыта работы в качестве судьи до назначения в Верховный суд. Луис Брандейс, Джон Маршалл, Эрл Уоррен, Байрон Уайт и Уильям Ренквист не были судьями до того, как их социалистические полномочия привели их в Верховный суд, откуда они продолжили служить ведущим социалистам, которые заполонили все уровни правительства.

Потребовалось несколько дней, чтобы собрать грозных женщин-социалисток для атаки, но после этого Кейт Мишельман, защитница прав на аборты и детоубийство, Нэн Аарон, Джудит Лихтман, Молли Ярд, Элеонора Смил, Патриция Шредер, Барбара Боксер, Сьюзен Херчнер, Гейл Ласитер, Дайанн Файнштейн, Сьюзен Деллер Росс и Нина Тотенберг, курящая марихуану наводчица в лучших традициях фабианских социалистических наводчиц 1920-х годов, были в действии. Из них, пожалуй, самым злобным был Тотенберг, которого уже уволили за плагиат. Тотенберг, привыкший использовать нецензурную лексику, представляет собой худшую из так называемых "феминисток". В этом ее активно поддерживает сенатор Говард Метценбаум, лучший пример того, что не так с Сенатом.

Первое нападение на Томаса произошло в результате утечки информации, организованной Аароном, Хершнером и Лихтманом, которые убедили Хилла изложить свою жалобу на сексуальные домогательства в письменном виде и отправить ее в ФБР. Хоершнер первым позвонил Хиллу в Оклахому, несмотря на то, что они не общались более семи лет. Хершнер была похожа на Джорджа Бернарда Шоу тем, что не боялась подходить к любому человеку, даже к незнакомцам, которые, как ей казалось, могли быть ей полезны.

Эти агрессивные "феминистки" боялись того, что Хилл не явится добровольно, чтобы предстать перед судьей Томасом. В таком случае, как говорится, "нам придется убрать ее", используя методы, освоенные гомосексуальным лобби, когда кто-то из них не желает признавать себя геем.

К этому времени Томас уже выдержал пять дней допросов, причем Метценбаум, как обычно, откладывал подтверждение, чтобы посмотреть, дадут ли его отряды клеветников какие-либо результаты. Наконец, под страшным давлением со стороны Кэтрин Маккиннон, феминистской активистки и юридического "ученого", и в основном через Лихтмана, Хилл сломалась и была вынуждена выдвинуть обвинения, которых хотели радикальные женщины, и которые были немедленно раскрыты.

Остальное - история, захватывающий рассказ о дикости социалистических феминисток, готовых на все, чтобы "убить", хотя в данном случае их жертва, судья Кларенс Томас, возможно, опередил их. Вся операция, с момента, когда Хершнер связался с Хиллом, и до утверждения Томаса, была проведена в соответствии с принципами психополитики, стратегии, которая так хорошо послужила социализму в Англии.

К сожалению, радикальный социалистический "феминизм" здесь, чтобы остаться. Деятельность таких амазонок, как Патрисия Шредер, и тяжеловесов Боксера и Файнштейна не ослабнет. Мы увидим, как эти радикальные феминистки-законодательницы будут вводить всевозможные законы, не соответствующие Конституции. Мы уже видели, как Файнштейн заставила Сенат принять запрет на так называемые "штурмовые винтовки". Тот факт, что законопроект Файнштейна нарушал Конституцию не менее чем в трех важных местах, не беспокоил этого гладиатора. Нам нужно обучить законодателей Конституции, добиться их избрания, а затем научить их противостоять и пресекать любые дальнейшие посягательства на наши свободы, используя Конституцию как свое главное оружие. Для этого нам нужен фонд, подобный Фабианскому социалистическому обществу.

Глава 5

ПОДРЫВ КОНСТИТУЦИИ ЧЕРЕЗ ЗАКОНОДАТЕЛЬСТВО

Именно Флоренс Келли (Вешеневски)[9] заявила, что Конституция США должна быть ниспровергнута тем, что она назвала "законодательным путем", и с тех пор, как она это заявила. Социалисты бросились выполнять ее указание. Этот захват Конституции зашел так далеко, что в 1994 году не проходит и дня без того, чтобы судья где-нибудь не вчитывался в Конституцию и не принимал решения, выходящие за рамки и рамки Конституции.

В конце 1920-х - начале 1930-х годов американские социалистические группы заявили, что интерпретационная роль судебной власти должна использоваться для обхода ограничений Конституции. Социалисты также разработали "исполнительные приказы" как средство прямого законодательства, когда не было возможности принять законы, благоприятствующие социалистическим целям.

Несмотря на то, что Девятая поправка к Конституции США была разработана с явной целью предотвратить превращение судьями своих прогнозов в закон, судьи всех уровней, по большому счету, игнорируют это ограничение и все чаще принимают законы, которые явно неконституционны.

---

[9] Читатель, возможно, заметил, что большинство активистов, упомянутых как работающие над подрывом Конституции США - Файнштейн, Шредер, Метценбаум, Тотенберг, Лихтман и другие - имеют еврейское происхождение. - имеют еврейское происхождение. Нде

Примерами могут служить так называемые законы о "контроле над оружием" и ограничения на деятельность групп протеста против абортов.

Келли стала известна, когда перевела на английский язык книгу "Состояние рабочего класса в Англии в 1844 году", написанную ярым социалистом Энгельсом.[10] Это была обычная атака социалистов на капитализм. Энгельс написал несколько книг, в том числе яростную атаку на религию и еще одну, "Происхождение семьи", диатрибу против святости брака. В 1884 году Энгельс совершил поездку по Соединенным Штатам и не попытался прислушаться к предупреждению Эдварда Беллами о необходимости избегать конфронтаций, проецирующих образ социализма как дома сексуальных извращенцев, революционеров и анархистов. Очевидно, что американцы 1800-х годов были гораздо лучше информированы о социализме, чем американцы 1990-х годов.

Не случайно Келли решил получить свое социалистическое образование в Швейцарии, давней родине революционеров, анархистов и сексуальных девиантов. Дантон и Марат приехали из Швейцарии, чтобы начать Французскую революцию. Ленин провел значительное время в этой стране, прежде чем отправиться в Лондон. Келли начала свой крестовый поход с целью подрыва Конституции США, вступив в Нью-Йоркский националистический клуб, откуда она начала свой крестовый поход с целью заставить федеральное правительство принять законы, которые бы контролировали заработную плату и условия труда на фабриках.

Преследуя эту цель, Келли либо создавала свои собственные фасады, либо присоединялась к уже существующим, таким как Национальная лига потребителей, которой она пыталась придать марксистский оттенок. Келли называла себя "марксистом-квакером", а также была американской социалисткой фабианского толка. Мы узнаем больше о Келли в следующих главах. Она стала близким другом гарвардского

---

[10] *Состояние рабочего класса в Англии в 1844 году.*

профессора Брандейса, от которого узнала много нового о методологии обхода Конституции "законодательными средствами".

Келли энергично работал над созданием "Брандейской записки", которая должна была стать визитной карточкой судей-социалистов. Брандейс Бриф", по сути, представлял собой один или два листа юридических заключений, приложенных к огромным пакетам тщательно отобранной социалистической пропаганды по экономическим и социальным вопросам. Нет нужды говорить, что ни Брандейс, ни его коллеги-судьи не имели ни малейшей квалификации для толкования этих предвзятых социалистических доктрин, которые поэтому просто принимались как факт и записывались в решения судей. Около 1915 года исследователи Келли путешествовали по миру, собирая просоциалистическую информацию, которая составила основную часть документов, вошедших в "досье Брандейса". Это была грандиозная задача, умело выполненная, которая должна была изменить подход к американской юриспруденции.

"Brandeis Briefs" стал большим триумфом для Келли и его "законодательного пути" по изменению и обходу Конституции. По указанию Мандел-Хауса, взаимно назначенный президент Вудро Вильсон должен был заручиться поддержкой "прогрессивного республиканца" Брандейса для предстоящего участия Соединенных Штатов во Второй мировой войне. Стоит повторить то, что уже было сказано: "прогрессивные" и "умеренные" республиканцы означают, что человек, использующий эти ярлыки, является ярым социалистом.

Нью-йоркские законы Луска - еще одна веха в истории побед социалистов над правовой системой США. Так называемые "иммигранты" из Восточной Европы стекались в Нью-Йорк в 1800-х годах, принося с собой боевые настроения и большой революционный опыт. Многие из этих новоприбывших работали в швейной промышленности. Именно для расследования революционно-анархистского поведения этой большой группы из Восточной Европы в 1919 году законодательное собрание штата Нью-Йорк назначило сенатора Клейтона Р. Луска руководителем специального расследования этой проблемы. Луск возглавит комиссию по расследованию.

Одним из самых мощных центров поддержки "иммигрантов" была школа Рэнд. Будучи бастионом американских фабианских социалистов, "Рэнд" оказывал юридическую поддержку Профсоюзу работников швейной промышленности и множеству других профсоюзов, которые "Рэнд" помог основать. Лекторы и преподаватели школы Рэнд выглядят как фабианский социалистический "Кто есть кто". Луск отправился в Рэнд, вооруженный ордерами на обыск и в сопровождении полиции штата, и конфисковал файлы и записи.

Реакция социалистической юридической братии была быстрой. Выдающийся адвокат Сэмюэль Унтермайер, который в 1933 году объявил войну Гитлеру и имел большое влияние на внутренние круги Белого дома, добивался и добился судебного запрета против Луска, который был вынужден вернуть изъятые у него файлы и документы. Это была ранняя демонстрация потрясающей силы социализма в Соединенных Штатах. Тем не менее, после доклада сенатора Луска законодательное собрание Нью-Йорка приняло так называемые "Законы Луска", которые требовали лицензирования всех школ в штате Нью-Йорк. Целью учений было закрытие школы "Рэнд".

Но законодатели штата Нью-Йорк не собирались добиваться успеха. В 1920-х и 1930-х годах мало кто знал социализм как вирулентную болезнь, которая может поразить когда угодно и где угодно. Выдающийся социалистический адвокат Моррис Хиллквит поднял такую бурную агитацию против закона Луска среди влиятельных работников швейной промышленности и других профсоюзов, в которых доминировали социалисты, что губернатор Эл Смит наложил на него вето. Из этого начала возник мощный политический альянс, который приведет социалиста Франклина Делано Рузвельта в Белый дом.

В очередной раз социалисты продемонстрировали, что их скрытная, зловещая и подлая политика проникновения избранных последователей в качестве советников власть имущих является правильным решением. Спустя годы выяснилось, что губернатора Смита, стойкого католика, "консультировал по вопросам социальной справедливости" отец Джон Огастин Райан, явный социалист, который был внедрен в офис Смита Национальным советом по благосостоянию католиков, где доминировали социалисты. Именно по совету Райана Смит наложил вето на законопроект Луска.

Будучи страстным последователем Сиднея Уэбба, Райан позже стал известен как "отец Нового курса". В 1939 году судьи Уильям О. Дуглас, Феликс Франкфуртер и Генри А. Моргентау присутствовали на ужине в его честь (никто из рядовых членов профсоюза швейников и других профсоюзов не был приглашен). Школа Рэнд продолжала работать без перерыва, даже несмотря на отсутствие лицензии.

Что беспокоило социалистов в 1920-х годах, когда они пытались взять под фактический контроль Соединенные Штаты, так это то, что федеральное правительство не обладает абсолютной властью. Только короли обладают абсолютной властью и издают прокламации. Президент Линкольн не освободил рабов в своей Прокламации об эмансипации. Он знал, что это неконституционно. В книге "Комментарии Блэкстоуна с примечаниями" великого ученого-конституционалиста Сент-Джорджа Такера, профессора права Университета Уильяма и Мэри, служившего во время Американской революции, эта позиция изложена очень четко:

> "Право издавать прокламации является одной из прерогатив английской короны. В федеральной конституции нет такого полномочия, но в одном конкретном случае был поставлен вопрос о том, обладает ли президент такой властью в соответствии с ней...".

Социалисты решили, что в будущем прокламации будут называться "исполнительными приказами", но они остаются законами по воле фиата, запрещенными Конституцией США.

Первые десять поправок Конституции США ограничивают полномочия федерального правительства, за небольшим исключением, содержащимся в 5-й поправке. Статья 1, раздел 9 Конституции не позволяет федеральному правительству издавать законы за пределами делегированных ему полномочий, содержащихся в основных полномочиях

Конгресса.

Разочарованные ограничениями Билля о правах на полномочия федерального правительства, социалисты перешли в наступление "через законодательство". То, чего они не могли добиться через Палату представителей и Сенат, они добивались через суды, поэтому у нас так много неконституционных законов. Несомненно, если бы социалисты не были блокированы Конституцией, они бы захлестнули страну в 1920-1930 годах.

К сожалению, начиная с 1970-х годов, Конгресс и президент предпочитают каждый год реализовывать все больше социальных программ. Одним из примеров является законопроект "A Bill to Establish National Voter Registration", предложенный сенатором Робертом Доулом, лидером сенатского меньшинства. Законопроект Доула на 100% неконституционен, и это печальный день для Соединенных Штатов, когда лидер меньшинства Сената США ведет себя так безответственно. Подробности законопроекта Доула можно найти на страницах S5012 - D5018, Congressional Record, 24 April 1991, No. 61, Vol. 137.

Законопроект Доула плох тем, что он нарушает статью 1, раздел 4, часть 1 Конституции США, которая гласит:

> "Время, место и порядок проведения выборов сенаторов и представителей устанавливаются в каждом штате его законодателями; но Конгресс может в любое время законом устанавливать или изменять такие правила, за исключением мест, где должны избираться сенаторы".

Дебаты по этому вопросу начались еще в первые дни существования нашей Конфедеративной Республики.

Слово "может" не означает "должен". Слово "способ" просто относится к типу используемого бюллетеня. Слова "изменять" и "регулировать" не означают, что федеральное правительство контролирует выборы в штатах, что Доул должен знать, если он читал "Глобусы Конгресса" и "Летопись Конгресса". Доул пытается вовлечь федеральное правительство в дела, которые должны решаться штатами. Это обычный прием всех социалистов.

Вильсон положил начало этому виду гниения, и его подрывная деятельность была подхвачена Рузвельтом, Кеннеди, Джонсоном Эйзенхауэром, Бушем и теперь Клинтоном. Как бы в тандеме, Верховный суд зашел так далеко влево, что остается только удивляться, почему его не называют социалистическим Верховным судом США. Одним из главных распространителей социалистических доктрин был судья Харлан Стоун, который через Фрэнсиса Перкинса консультировал конституционного мясника Рузвельта о том, как лучше финансировать социалистические программы.

В то время главными заговорщиками, работавшими над демонтажем Конституции США, несомненно, были полковник Хаус, судья Брандейс, судья Феликс Франкфуртер, Бернард Барух, Флоренс Келли и Сидни Хиллман.[11] Брифинги Брандейса были в первую очередь ответственны за то, что направили Верховный суд в неверном направлении. Как уже объяснялось в другом месте, записки Брандейса представляли собой массу социологических заявлений, весьма благоприятных для социалистических целей, прикрытых самыми слабыми юридическими заключениями. Так родилось "социологическое право", которое стало проклятием и проклятием на шее американского народа с момента его введения в 1915 году.

В дополнение к атаке на Конституцию через суды, социалисты используют стратегию направления своих "советников" в качестве выразителей внешней политики США, хотя они не являются правительственными чиновниками или избранниками народа. Полковник Хаус и Джордж Мейнард Кейнс - два классических примера того, как американские социалисты безнаказанно попирают Конституцию, пользуясь "сферами влияния".

Хаус открыто выступал за полное уничтожение Конституции США, а Брандейс выразил свои социалистические "реформы" Конституции в своей книге "Богатство содружества". Для того

---

[11] Опять же, все евреи. Нде.

чтобы они могли вступить в сговор, заговор и сговор с целью уничтожения Конституции, Хаус жил в двух кварталах от Рузвельта, и оба они были в пределах слышимости сэра Уильяма Уайзмана, главы британской секретной службы MI6 в Северной Америке.

ACLU был самой активной из всех социалистических организаций в нападках на Конституцию. О росте ее зловещего влияния можно судить по количеству отделений только в Калифорнии, а также по тому, что она смогла оспорить закон МакКаррана о национальной безопасности.

Глава 6

САМЫЕ ЯРКИЕ ЗВЕЗДЫ АМЕРИКАНСКОГО СОЦИАЛИСТИЧЕСКОГО НЕБОСКЛОНА

Как следует из названия этой главы, мы назовем несколько самых ярких звезд в созвездии американского социализма из числа тысяч и тысяч социалистических лидеров, составляющих социализм. Среди них - одни из самых опасных диверсантов, когда-либо известных в истории этой страны. Нам всегда говорили, что нужно остерегаться "коммунистов" в Вашингтоне, и это позволило отвлечь наше внимание от реальной причины для беспокойства - социалистов.

В рядах социалистов много ведущих педагогов, включая профессоров и президентов университетов. Они находятся на дипломатической службе, в Государственном департаменте США, Палате представителей и Сенате. Министерство юстиции переполнено теми, кто сделает все для продвижения социализма. Они занимают ключевые позиции в банковском секторе, контролируют деньги страны и еще тысячи людей занимают ключевые позиции в армии. Некоторые из самых могущественных международных корпораций выступают в качестве проводников перемен для фабианского социализма.

Фабианские социалисты работают в коммуникационном бизнесе, занимая ключевые посты, а также в новостных СМИ, как печатных, так и электронных. Они формируют общественное мнение в соответствии с событиями дня, соблазняя публику и создавая мнения, которые она вынуждена принимать как свои собственные. Одним словом, социализм настолько укоренился в Соединенных Штатах Америки, что его будет трудно вытеснить, если только он не заручится поддержкой всего народа. Фабианские социалисты настолько проникли и пропитали христианскую церковь, что теперь она совершенно неузнаваема в намерениях Христа. Фабианские социалисты являются судьями Верховного суда и используют свои пристрастия для обхода конституционных гарантий; они масоны. Полицейская система насквозь пронизана социалистами, в основном среди старшего офицерского состава.

Возможно, наиболее известными из судей Верховного суда, которые в прошлом оказывали значительную помощь фабианским социалистам, являются судьи Харлан Стоун, Феликс Франкфуртер, Уильям О. Дуглас, Хьюго Блэк, Луис Брандейс, Эйб Фортас, Уоррен Бургер и Эрл Уоррен, и мы еще вернемся к этим звездам социалистического небосклона в свое время. В других, не менее важных областях, множество профессоров выступают в качестве советников президентов США; другие превратили американскую систему политической экономии из той, какой ее задумывали отцы-основатели, в вавилонскую систему, которая незаконно передала кошелек страны в руки иностранцев-социалистов.

Более избранная группа фабианских социалистов стала контролерами пяти президентов США; эта ситуация не предусматривалась отцами-основателями и в результате создала особо опасную камарилью, которая постепенно привела к проникновению и пронизыванию высшего политического поста страны, с последующей огромной коррупцией, которую мы сейчас в полной мере наблюдаем в президентство Клинтона.

Имя, которое наиболее легко приходит на ум в этом контексте и которое характеризует социализм в Америке в сознании серьезных исследователей, - это имя полковника Эдварда Мандел Хауса. "Полковник" был почетным званием, присвоенным ему "реформаторским" губернатором Хоггом в награду за избрание его губернатором Техаса. Хаус познакомился с Вудро Вильсоном, первым открыто социалистическим будущим президентом США, в 1911 году.

Именно Хаус обеспечил победу Уилсона на Демократическом съезде в Балтиморе всего год спустя.

Как уже упоминалось, есть сильное подозрение, что Хаус на самом деле был евреем голландского происхождения. Его отец, Томас Уильям Хаус, был лондонским агентом Ротшильдов. Хаус-старший был единственным в Техасе, кто вышел из Гражданской войны с огромным состоянием, благодаря, по мнению некоторых историков, своим связям с Ротшильдами и Kuhn, Loeb. Имя "Мандель" - типично голландское имя - было дано Эдварду потому, что один из Кунов носил имя "Мандель".

Юного Эдварда отправили в школу в Англии, где он попал под влияние богатых либеральных мыслителей того времени, которые сами находились под сильным влиянием преподавателей британского Фабианского общества. Одним из тех, кто подружился с молодым Хаусом, был фабианист Джордж Лэнсбери. После смерти отца Хаус оказался независимым богачом, что позволило ему полностью посвятить себя социалистическим исследованиям, в частности, "градуализму" или "медленному тороплению".

Благодаря огромному влиянию богатых и влиятельных людей в кругах Фабианского общества, Хаус хорошо усвоил уроки и в дальнейшем взял под контроль Демократическую партию США сверху донизу. Возвышение Хауса как ключевого игрока в американских делах, несомненно, произошло благодаря рекомендациям элиты Фабианского общества и сэра Уильяма Уайзмана, главы североамериканского отделения британской разведывательной службы МИ-6. На протяжении всего президентства Вильсона Уайзман и британская секретная служба тщательно следили за президентом, опять же благодаря добрым услугам Хауса.

Кодированное сообщение между Хаусом и Уилсоном - известное только им двоим - как подтвердил профессор Чарльз Сеймур, президент Йельского университета, было любезно предоставлено МИ-6. Согласно конфиденциальным документам, которые я видел в нескольких местах в Лондоне, Уайзман постоянно прослушивает разговоры между Хаусом и Уилсоном, как и подобает его статусу главного контролера Уилсона.

Мы знаем, что эта же весьма успешная "модель" была позже использована Брюсом Локхартом, британским агентом МИ-6, выбранным лордом Милнером в качестве контролера Ленина и Троцкого для наблюдения за большевистской революцией в интересах свободной торговли и британских банков. Стратегия МИ-6 для США использовала гегелевские принципы, чтобы убедить лидеров Фабианского общества помочь ввести "свободную торговлю" с США, которая была запрещена сначала президентом Джорджем Вашингтоном в июле 1789 года, а затем поддерживалась президентами Линкольном, Гарфилдом и Мак-Кинли.

Уильям Дженнингс Брайан одно время рассматривался МИ-6 в качестве возможного кандидата от свободной торговли, но был отвергнут, поскольку считалось, что его радикальные заявления не будут приняты американскими избирателями в качестве потенциального президента, и эта оценка оказалась очень точной. Уайзман предоставил Хаусу подробный профиль карьеры Вильсона, сначала как профессора Принстона с 1902 по 1910 год, а затем как губернатора Нью-Джерси. Уайзман считал, что Вильсон был именно тем человеком, который был нужен Хаусу для проведения фабианской социалистической политики в Соединенных Штатах. После того, как все проверки были проведены, Хаусу было приказано встретиться с Уилсоном в отеле "Готэм" в Нью-Йорке в ноябре 1911 года.

С этого момента все было готово к тому, чтобы Хаус переехал в непритязательное арендованное помещение в несколько запущенном районе на Восточной Тридцать пятой улице в Нью-Йорке. Офис Хауса стал напоминать командный центр, с коммутатором и прямой линией с сэром Уильямом Уайзманом, который занимал квартиру прямо над ним. После того, как Вильсон был избран в Белый дом меньшинством голосов (6 286 000 против 7 700 000 голосов Тафта и Рузвельта), коммутатор Хауса-Уайзмана имел прямой доступ к новому президенту через закодированную телефонную связь.

В офис Хауса приходили многие видные социалисты, в том числе Бернард Барух, которому МИ-6 передала инкриминирующие письма Пека - которые затем были использованы для шантажа Вильсона, чтобы он изменил свою позицию против Первой мировой войны. Уайзман был любимцем президента и стал одним из "конфиденциальных" посланников Вильсона между Лондоном, Парижем и Вашингтоном, что в определенной степени свидетельствовало о том, что Вильсон не очень понимал, в какой степени он находится под контролем агентов иностранного правительства.

Уилсон был выбран МИ-6 для разрушения американских барьеров на пути "свободной торговли". Его наставник, полковник Хаус, научил Вильсона рассматривать тарифные барьеры как препятствие на пути глобального хорошего бизнеса и основную причину высоких цен, наряду с так называемой "инфляцией", которая является простой социалистической пропагандой. Хаус провел бесконечные часы, информируя Вильсона о "зле, присущем тарифным барьерам, которые приносят пользу только богатым и влиятельным особым интересам за счет рабочих". Затем Уилсон был готов сделать свои ложные заявления:

> "... Мы жили по тарифу, который был намеренно разработан для того, чтобы предоставлять частные льготы тем, кто сотрудничал для того, чтобы партия, стоящая за ним, оставалась у власти...".

Администрация Клинтона должна была использовать те же надуманные аргументы, чтобы разрушить последнюю тарифную стену, которая так долго защищала молодую нацию и сделала ее торговлю и промышленность, ее уровень жизни предметом зависти всего мира. После инаугурации Вильсона в марте 1913 года началась борьба за разрушение торговых барьеров Америки. Однако даже один из ведущих профессоров экономики Гарварда отверг предположения о том, что торговые барьеры вредны для обычных людей, как необоснованные.

Хаус хорошо выполнял свою работу: не зря друзья называли его "ярко выраженным радикалом, чей социализм открыл дверь к коммунизму", ссылаясь на роль Хауса в обеспечении освобождения Троцкого после того, как Уайзман вмешался в дело пробольшевистского революционного заговорщика лорда Альфреда Милнера. Хаус, по его собственным словам, был ярым поклонником Карла Маркса и противником Конституции США.

Одно из самых сложных заданий, которое Уайзман дал Хаусу, касалось "нейтральной" позиции, занятой администрацией Вильсона по отношению к войне, бушевавшей в Европе. Фабианские социалисты, якобы "пацифисты", были использованы МИ-6, чтобы изменить мнение Вильсона с помощью шантажа (письма Пека), а атмосфера войны была создана откровенной ложью, сказанной американскому народу. В этих усилиях МИ-6 прибегла к услугам Уолтера Липпманна, к которому мы еще вернемся.

Когда Первая мировая война близилась к концу, Хаус был выбран своим британским контролером из МИ-6 и Фабианской социалистической партии, Сиднеем Уэббом, в качестве представителя Вильсона на Парижской мирной конференции, якобы на основании магистерского доклада Хауса, подготовленного быстро, всего через два дня "уединения" в Магнолии, его летнем доме в Массачусетсе. Но факты говорят об обратном. То, что впоследствии стало известно как "Четырнадцать пунктов Вильсона", предусматривавшие создание единого мирового правительства, Лиги Наций, "для управления всеми странами и отмены их суверенитета" (включая США), на самом деле было документом Фабианского общества, написанным в 1915 году британским социалистическим лидером Леонардом Вульфом.

Под названием "Международное правительство" договор Фабианского общества был представлен британскому правительству для принятия. Затем британское правительство передало его Уилсону, который не удосужился открыть его, прежде чем передать Хаусу в Массачусетсе. Это были "Четырнадцать пунктов", которые Хаус должен был разработать с помощью профессора Дэвида Миллера. Этот инцидент подчеркивает тесные и контролирующие отношения между британским правительством, Хаусом и Уилсоном.

Вильсон представил свой "План из четырнадцати пунктов" Парижской мирной конференции, которая быстро отвергла его. Уилсон, горько раненный, вернулся в Соединенные Штаты, и давняя дружба между ним и Хаусом начала разрушаться по краям. Это был триумф Конституции: ни Хаус, ни Вильсон не нарушили ее в Париже. После этого они отдалились друг от друга, поскольку их, казалось бы, нерушимая дружба распалась из-за Конституции Соединенных Штатов Америки.

В соответствии с учением Фабианского общества, Хаус всегда был мечтателем. В 1915 году его внимание привлек Франклин Д. Рузвельт, помощник Вильсона по военно-морским делам. В тихих кругах Хаус договорился, чтобы экземпляр "Филиппа Дру" попал в руки лихого Рузвельта. Считается, что книга оказала глубокое влияние на уже убежденного социалиста Рузвельта, которому было суждено стать преемником Вильсона. В 1920 году Хаус сказал друзьям: "Я уверен, что он (Рузвельт) будет следующим президентом Соединенных Штатов". Послужной список Рузвельта на посту губернатора Нью-Йорка и представленные им инновационные (социалистические) программы не оставляли ни у кого сомнений в том, в каком направлении он поведет Америку, если будет избран в Белый дом. В этом отношении бывший губернатор Арканзаса Клинтон является углеродной копией Рузвельта с точки зрения социалистической методологии.

Когда Рузвельт был избран, это событие приветствовалось большими и малыми социалистами по обе стороны Атлантики как акт "провидения". Как это обычно бывает, подобные акты "провидения" не выдерживают тщательной проверки, и этот случай не стал исключением. В очередной раз проницательные политические наблюдения полковника Хауса должны были принести свои плоды. Рузвельт запустил и продвинул социализм к новым высотам в Америке, став достойным преемником президента Вильсона. То, что Рузвельт был обязан своим президентством Хаусу, никогда не оспаривалось; это только скрывалось от глаз общественности, чтобы своевременный акт "провидения" не имел человеческого лица.

Подруга матери Рузвельта, Хаус быстро отметила хорошие социалистические законы, принятые губернатором штата Нью-Йорк. Возникшая дружба также была отчасти делом рук Фрэнсис Перкинс. Хаус рекомендовал Рузвельта Вильсону на должность помощника министра военно-морского флота в администрации Вильсона, передал Рузвельту по радио "беседу у камина" о том, как завоевать американский народ, и обучил Рузвельта тому, как создавать неконституционные "исполнительные приказы", то есть прокламации, которые имеют право издавать только короли и королевы.

Хаус войдет в историю как человек, который изменил способ принятия президентами решений и их исполнения, окружив их неформальными советниками, которых, не будучи государственными служащими, трудно контролировать. Скользкая социалистическая система неформальных советников нанесла нации больше вреда, чем народ может себе представить. Этот аспект, как никакой другой из достижений Хауса, выделил его как ведущего воина социализма в первой четверти 20-го века.

Рузвельт был представлен американцам как приветливый, дружелюбный и очень компетентный, с "замечательной улыбкой" и т.д. и т.п. Сколько правды было в этой пропаганде? Очевидно, не очень много. В 1926 году, когда Хаус думал, что Рузвельт станет следующим президентом, человек с "чудесной улыбкой" даже не мог заработать достаточно, чтобы содержать свою семью. Рузвельт баллотировался в сенат в Нью-Йорке от Ку-клукс-клана. Его широко разрекламированный "полиомиелит" на самом деле был энцефаломиелитом, который скрывали от общественности. Специалисты по пропаганде используют его "инфантильный паралич" как преимущество, представляя Рузвельта как человека большого мужества, решительно настроенного не позволить "полиомиелиту" остановить его карьеру. Единственная проблема? Все это было абсолютно ложным.

Возможно, ничто так не отождествляется с Рузвельтом, как "Новый курс" и Гарри Хопкинс. Социалистическая программа "Нового курса" была ловко представлена как "программа помощи рабочим, страдающим от депрессии". На самом деле "Новый курс" - это книга "Новый курс", написанная Стюартом Чейзом, британским членом Фабианского общества, которая не привлекла особого внимания, хотя Флоренс Келли, которой нравился Чейз и его социалистические идеалы, считала ее важной книгой.

Чейз предложил, чтобы социалисты в Америке предприняли три основных шага:

1. Чтобы избежать случайной инфляции и дефляции, долларом нужно было "управлять".

2. Национальный доход должен быть принудительно перераспределен путем повышения налогов на доходы и наследство,

3. Предстояло осуществить обширную программу общественных работ, включая электрификацию (по советской модели) и масштабные жилищные проекты.

Рузвельт принял этот план in-toto, и он стал "Новым курсом", который был принят в качестве предвыборного плана демократов в 1932 году. Новый курс был задуман в безвестности, и запаниковавшая общественность, увидев в нем свое спасение, дала демократам победу на выборах в 1932 году.

Рузвельт вскоре стал уязвим для таких невыборных советников, как Рокфеллеры, чье противоречивое присутствие обычно скрывалось, в частности, такими людьми, как Дрю Пирсон и Уолтер Уинчелл. Позже, когда Рокфеллеры стали смелее, Рузвельт назначил Нельсона Рокфеллера координатором по межамериканским делам. За время своего пребывания в должности Нельсон растратил более 6 миллионов долларов из денег налогоплательщиков на то, что было сугубо рокфеллеровскими предприятиями в Латинской Америке.

Когда Рузвельт отправился в Белый дом, он взял с собой целый сонм неназванных советников, среди которых было больше профессоров, чем окружал себя Вильсон. Это объяснялось тем, что американская общественность с меньшей вероятностью заподозрит "социалистов", скрывающихся за академическими фасадами, чем назначенные чиновники, что и подтвердилось в первые годы правления Рузвельта. С этой целью и учитывая, что долгосрочное планирование было ключевым элементом среди фабианских социалистов, Гарольд Стассен был посажен в Пенсильванском университете, Эдвард Стеттинус - в Виргинском университете, а генерал Дуайт Эйзенхауэр - в Колумбийском университете.

Тайные "советники" также были ответственны за то, что заставили Рузвельта вернуть активы Standard Oil, захваченные японцами, используя для этого американские войска, так называемая доктрина Стимсона. Эта доктрина была взята на вооружение президентом Джорджем Бушем во время войны в Персидском заливе, целью которой было возвращение активов British Petroleum, захваченных Ираком. То, как Алджер Хисс был введен в администрацию Рузвельта, является классическим примером фабианского социалистического учебника. В 1936 году Хисс был приглашен на работу в Государственный департамент профессором Фрэнсисом Сэйром, зятем Вильсона. Сэйр уже давно был признан ценным социалистом.

Сэйр помогал готовить юридические документы для защиты Сакко и Ванцетти, двух видных социалистов, обвиненных в убийстве. Вместе с Сэйром работали профессор Артур М. Шлезингер, профессор Феликс Дж. Франкфуртер, Роско Паунд, декан Гарвардской школы права и Луис Брандейс. Артур Шлезингер-младший поступил в Кембриджский университет в 1938 году, где его тепло и с распростертыми объятиями встретило Фабианское общество. Это было в то время, когда все усилия правоохранительных органов и Конгресса по аресту и высылке волны анархистов, прибывших в США в 1890-х годах, насмешливо называли "чрезмерной реакцией на "красный испуг".

Сэйр был одним из тех, кто защищал Хисс, долгое время после того, как стало ясно, что Хисс был глубоко вовлечен в шпионаж против своей страны. Когда Адольф Берле из Государственного департамента попытался предупредить Рузвельта о деятельности Хисса, ему было резко сказано, чтобы он занимался своими делами. Точно так же Рузвельт отказался выслушать доклады разведки о деятельности Оуэна Латтимора и настоял на назначении его личным советником Чан Кай Шика, в результате чего Латтимор оказался в незавидном положении, поскольку мог легко предать националистов коммунистам. Китайские националистические силы также были преданы ставленником Рузвельта Лаучлином Карри, который приказал выбросить военные грузы для националистических сил Чан Кай Ши в Индийский океан.

Гарри Хопкинс стал для Рузвельта тем, кем Эдвард Мандел Хаус был для Вильсона. Будучи протеже Фрэнсиса Перкинса,

Хопкинс начал свою карьеру в качестве социального работника. Он сблизился с Рузвельтом через его жену Элеонору, и ему ошибочно приписывают лозунг Нового курса "Налоги и расходы, налоги и расходы". Хопкинс отличился во время Депрессии тем, что Рузвельт назначил его ответственным за распределение так называемой "федеральной" помощи, т.е. социального обеспечения. Пугало, одежда которого свисала с носа, и совершенно лишенный светской элегантности, Хопкинс выглядел бы совершенно неуместно в комнате с Джоном Мейнардом Кейнсом. Что Хопкинс знал, так это кукурузу. Его главным достоинством было выбирать "влиятельных" людей и внедряться в их круги.

Именно благодаря этому таланту Рузвельт назначил Хопкинса ответственным за проведение съезда демократов в 1940 году. Хопкинс, несмотря на свою неудачную внешность, смог заручиться поддержкой самых влиятельных политиков того времени. Известно, что Рузвельт лично одобрил статью Артура М. Шлезингера-младшего, опубликованную в журнале Partisan Review, в которой Шлезингер нападал на тех, кто расследовал истинные причины Гражданской войны. Это не должно удивлять хорошо информированных людей. Как мы уже говорили, коммунизм и социализм были гораздо более распространены в период, предшествовавший этой войне, и даже более распространены во время и сразу после Гражданской войны, чем это допускает ортодоксальная история. Этот факт считался нежелательным для Шлезингера и его коллег-социалистов, которые хотели, чтобы общественность поверила установленному историками изложению причин войны - в котором, без исключения, не упоминалась роль, которую сыграли коммунизм и социализм.

Это был Артур Дж. Шлезингера-младшего, который назвал анархистов Сакко и Ванцетти "двумя непонятными иммигрантами, до которых никому не было дела". Артур Шлезингер-младший много работал в ACLU от имени этих двух анархистов. В дальнейшем Шлезингер писал многочисленные статьи для "Фабиан Ньюс", в которых защищал социалистические идеи. В одной из этих статей, опубликованной в журнале Fabian International Review, Шлезингер открыто заявляет, что американские социалисты намерены взять под полный контроль военную и внешнюю политику США.

Судьи, которые искажали и сжимали Конституцию в соответствии со своими пристрастиями к желаемым целям социалистов, но их планы были заблокированы незыблемой Конституцией, являются самыми яркими звездами на социалистическом небосклоне, поскольку без их готовности к коррупции и нарушению присяги ни одна из далеко идущих "народных" социалистических "реформ", которые были столь важны для изменения курса и направления могущественных Соединенных Штатов, не была бы успешной.

Процесс избрания хороших, непоколебимых судей-фабианских социалистов в Верховный суд США начался всерьез при администрации Вильсона и назначении судьи Луиса Д. Брандейса как одного из самых важных членов фабианских социалистов. Как показывает изучение послужного списка Брандейса, фабианская социалистическая иерархия, как в стране, так и за рубежом, сделала мудрый выбор. Брандейс сделала больше для подрыва Конституции и принятия жесткого социалистического законодательства вокруг себя, чем могла надеяться сама Флоренс Келли.

Профессор Луис Дембиц Брандейс (1856-1941) идеально соответствовал социалистической идее о судье, который приветствовал бы "новую конституцию", как ее определил Эдвард Беллами. Именно Беллами предложил "новую декларацию независимости", основанную на эволюционной интерпретации Конституции США с судебной властью, которая введет "радикальные изменения" и покончит с препятствием в виде разделения полномочий трех ветвей власти. Беллами назвал Конституцию, разработанную благонамеренными отцами-основателями, к сожалению, устаревшей.

Сам президент Вильсон был очень склонен к демонтажу Конституции Соединенных Штатов, которую он честно поклялся защищать, и в Брандейсе он нашел родственную душу. Брандейс сидел у ног философа из Фабианского общества Джона Аткинса Хобсона, который считается автором "Краткого обзора Брандейса", хотя Келли всегда заявлял о своих заслугах. Хопкинс, безусловно, был родоначальником будущей стратегии окружения будущих президентов США советниками-социалистами, стратегии, которая замечательно сработала в социалистической войне против Конституции, начатой Феликсом Франкфуртером, Луисом Брандейсом, Гарольдом Ласки и Джоном Мейнардом Кейнсом. Эти четыре фабианских социалиста изменили курс и направление развития Соединенных Штатов в ущерб нам, народу, причем таким образом, что это намного превосходит то, чего когда-либо могли достичь Гитлер, Сталин и Хо Ши Мин.

В начале своей юридической карьеры Брандейс работал в команде с грозной Флоренс Келли, без помощи которой он не смог бы использовать уловку, придуманную в аналитических центрах Фабианского общества в Лондоне и усовершенствованную британским социалистом Хобсоном, которая впоследствии стала известна как "Брандейсовские записки". Келли, с ее преданностью социалистическому делу обхода Конституции тем, что она называла "законодательным путем", стала повивальной бабкой новорожденного "ребенка Брандейса", который почти воплотил в жизнь ее мечту о тотальном социалистическом контроле над Соединенными Штатами.

У Брандейса была племянница по имени Джозефина Голдмарк, которая была биографом Келли, и она объяснила, как готовились мемуары в 1907 году. Это был не сложный процесс, но на него ушло много времени и сил. Были собраны всевозможные социологические данные и приложены к полутора страницам юридической аргументации. Как говорили сержанты британской армии, "чушь сбивает с толку", и именно это сделали "Брандейские записки", когда они были представлены в Верховный суд в 1909 году.

Другой известный социалист, Феликс Франкфуртер, назвал новую систему "самой величественной концепцией во всей нашей конституционной системе", которая позволяла судьям вчитывать свои собственные пристрастия в Конституцию в рассматриваемых ими делах, то есть пристрастия, запрещенные 9-й поправкой к Конституции США. Тем не менее, этот метод стал обычной практикой, что помогает объяснить, почему так много решений Верховного суда в стольких случаях были "безымянными промахами"[12]

Франкфуртер присутствовал на Парижской мирной конференции, но вернулся домой, когда понял, что новый мировой порядок не будет установлен немедленно. Соотечественник профессора Гарольда Ласки по социалистическим заговорам, Франкфуртер выжидал время, в манере фабианских социалистов, и нанес сильный удар, когда пришло время. Из всех американских социалистов, которые восхищались Грэмом Уолласом, британским фабианским социалистом, профессором Лондонской школы экономики, Франкфуртер занимал первое место.

Неспособность нового мирового порядка материализоваться на Парижской мирной конференции была в значительной степени обусловлена американской общественностью, которая была отвращена волной радикалов, возникшей с приходом администрации Вильсона. Надо отдать должное американскому народу: в то время у него была хорошая доза здравого смысла. Это не значит, что сегодня все так уж изменилось. Но мы должны принять во внимание состав населения того времени, в основном западноевропейского происхождения, объединенного английским языком, христианской религией и их понимание Американской революции и ее глубоких последствий для национального единства, которое было полностью искажено социалистической политикой.

Более того, в 1919 году не было неограниченного использования опросов общественного мнения, чтобы решить за них, что думают люди. Америка 1990-х годов представляет собой совершенно иную картину: радикальное изменение состава населения от подавляющего большинства западноевропейских христиан к смеси всех рас мира, китайцев, восточных индийцев, вьетнамцев, восточных европейцев, латиноамериканцев и т. д. В 1919 году объединенный народ

---

[12] "Бред" в оригинале.

потребовал действий против подрывных элементов на американском ландшафте, и он получил их в 1919-1920 годах, когда генеральный прокурор Митчелл Палмер приказал провести серию рейдов по искоренению очагов смуты.

Брандейс сразу же проявил свои симпатии к социалистам, которые пытались свергнуть Конституцию США, присоединившись к записке, поданной Франкфуртером и Уолтером Липпманом с требованием запрета на проведение обысков в сотнях подрывных социалистических центров. Полицейские, руководившие облавами, подвергались словесным оскорблениям со стороны Липпмана, который появлялся на месте некоторых облав с целой бандой писателей-социалистов.

Брандейсу нелегко дался процесс утверждения в Сенате. Поскольку сенаторы 1915 года были гораздо лучше знакомы с Конституцией США, чем сегодня, выбор Вильсона в качестве кандидата в Верховный суд вызвал жаркие споры, но безрезультатно. Большинство Демократической партии обеспечило назначение этого опасного и страстного революционера. Ущерб, нанесенный Конституции США этим ярым и страстным социалистом, все еще подсчитывается. Ни Гитлер, ни Сталин никогда не смогли бы посеять такой хаос.

Брандейс был одним из первых судей, принявших участие в политике "Нового курса". Его друг Флоренс Келли дал ему экземпляр книги Стюарта Чейза, озаглавленной просто "Новый курс", которая, по мнению Чейза, будет полезна для будущего британских и американских социалистических планов, с чем согласились Сидней Уэбб и иерархия Фабианского общества. По настоянию Брандейса и Келли "Новый курс" вскоре заменил плоскую форму демократов 1932 года и в 1933 году стал "Новым курсом" Франклина Д. Рузвельта.

Интересно отметить взгляды Чейза, который не выступал против насильственной анархии и социалистического революционного действия:

> "Однажды она (революция) может оказаться необходимой. Я не испытываю серьезной тревоги по поводу страданий класса кредиторов, проблем, с которыми обязательно

> столкнется церковь, ограничений некоторых свобод, которые могут возникнуть, и даже кровопролития в переходный период. Лучший экономический порядок стоит небольшого кровопролития...".

Но Стюарт Чейз в конце концов сдался, когда увидел, что американский народ не может, не хочет, чтобы его обманом заставили принять участие в революции в стиле большевиков, якобы для его же блага. Вместо этого он выступал за коллективный тип правления через национальный контроль со стороны центрального правительства, по примеру книги Уэбба "Лейборизм и новый социальный порядок". Чейз был мягкотелым, но очень опасным радикалом, чьи идеи во многом заложены в структуру создаваемого единого мирового правительства - Нового мирового порядка.

Организации и личности, которые оплачивали и спонсировали книгу Чейза, были слабо связаны с послом Москвы по должности Людвигом Мартенсом. Мартенс был очень близок к крайне левому социалистическому журналу "The Nation" и Эдварду А. Филену, который, как говорят, оплатил расходы на печать книги в США через Фонд двадцатого века, фабианского социалистического финансового ангела. Чейз был хорошим другом Келли и Брандейса и однажды назвал большевистскую революцию "абсолютно необходимой". Когда Франклин Делано Рузвельт вошел в Белый дом, "Новый курс" стал "Новым курсом", одним из самых амбициозных законодательных актов фабианского социализма, когда-либо украшавших страницы американской истории.

Путь Рузвельта к Белому дому был значительно упрощен Феликсом Франкфуртером. Родившийся в Вене, Австрия, этот почти карликовый ребенок с куполообразной головой был привезен в Соединенные Штаты в возрасте двенадцати лет. Франкфуртер использовал свой очевидный ум, чтобы отстаивать все социалистические цели, которые шли вразрез с концепцией Соединенных Штатов, разработанной отцами-основателями. Одним из направлений социализации Соединенных Штатов был Американский союз гражданских свобод (ACLU), основателями которого были Франкфуртер, Роуз Шнайдерман и Роджер Болдуин, и который был создан с единственной целью злоупотребления Конституцией для защиты социалистических врагов Конституции.

ACLU был основан с заведомым намерением "извратить и сжать" Конституцию, чтобы защитить врагов Соединенных Штатов, решивших ее уничтожить. Не подлежит сомнению, что извращенная практика использования Конституции в интересах врагов Республики исходила из головы Франкфуртера. Из головы этого "придворного гнома" вышло убеждение, распространяемое такими людьми, как Липпманн, Шлезингер и целым рядом гарвардских профессоров права, что защищать Соединенные Штаты от их заклятых социалистических врагов, лидером которых был Франкфуртер, как-то непатриотично.

Будучи лидером социалистических врагов Америки, Франкфуртер считал общественно приемлемым защищать скорого помазанника в Белом доме. По инициативе Фабианского общества Франкфуртер создал аналитический центр из видных социалистов, чтобы консультировать и помогать Рузвельту преодолевать препятствия и подводные камни на пути социалистов к Белому дому. Стремясь к тому, чтобы "Новый курс Рузвельта" делал правильные вещи в правильное время, Франкфуртер встретился с Рузвельтом на частной встрече сразу после инаугурации последнего.

В этом деле Франкфуртеру очень помог Гарольд Икес, который создал большую группу шпионов для прикрытия Вашингтона и других крупных городов. Эта группа стала известна как "гестапо Гарольда", хотя термин "ЧК" был бы более уместен, поскольку она смогла оказать огромное давление на местных и национальных чиновников, чтобы те голосовали за Рузвельта. Икес оставался близким доверенным лицом Рузвельта и был ответственен за нарушение неписаного закона, установленного президентом Джорджем Вашингтоном, согласно которому президенты должны работать только два срока.

Также присутствовал фабианский социалист Фред К. Хау, чье имя впоследствии станет обиходным словом в социалистических кругах по обе стороны Атлантики. Вместе они подбирали кадры на ключевые должности в администрации Рузвельта, в том числе в Государственном департаменте. Они установили образец, который стал частью декора, независимо от того, республиканец или демократ сидел в Овальном кабинете. Например, в администрации Рейгана 3 000 ключевых должностей были заняты кандидатами от Heritage Foundation. Якобы "консервативный" аналитический центр, Heritage Foundation управлялся за кулисами сэром Питером Викерсом Холлом, видным членом Фабианского общества и убежденным социалистом.

Хотя Корделл Халл был номинальным государственным секретарем в администрации Рузвельта, именно "Феликс и его парни", включая предателя Алджера Хисса, стояли у руля, и Халл терпел эту ситуацию в течение 12 лет. Как позже признался Франкфуртер, его идея была взята из британской системы Тайного совета, состоящей из советников премьер-министра Великобритании. В любом случае, через два года после того, как Рузвельт вошел в Овальный кабинет, Икес, Уоллес, Хопкинс и Франкфуртер были теми, кто тянул за веревочку Школу социальных наук Рэнд, ту самую школу, которую власти Нью-Йорка пытались разорить как центр социалистической и коммунистической подрывной деятельности против Соединенных Штатов.

Франкфуртер, лидер в области социализации США, доказал свою состоятельность, передав общественные услуги в руки муниципалитетов, что привело к реализации проекта Tennessee Valley Authority (TVA). Выдвинутая как антидепрессивная мера, TVA на самом деле была одним из первых шагов к проектам социализации такого масштаба - огромная победа американских социалистов и их британских контролеров. Как написал Марк Старр:

> "По мере того, как социалистический коллективизм, общественная собственность и контроль становятся необходимыми в Соединенных Штатах, они будут приниматься в конкретных случаях и случаях. Они могут называться другими именами, но, как и в случае с Tennessee Valley Authority, будет применяться государственная собственность...".

Франкфуртер продолжал поощрять проникновение левых сил в правительство, и одной из многочисленных подставных организаций, которые он спонсировал, было Движение Всемирного конгресса молодежи. Ряд людей, связанных с этим фабианским социалистическим предприятием, были названы опасными коммунистическими диверсантами подкомитетом Сената по внутренней безопасности. Но, возможно, самым пагубным его шагом была поддержка, которую он оказал своему протеже и другу на всю жизнь Дину Ачесону, которого он ввел во внутренний круг советников Джонсона.

Комитет Диса, расследовавший коммунизм в США, заявил, что профессор Гарольд Ласки, Джон Мейнард Кейнс и Феликс Франкфуртер были ужасными дельцами американского социализма, и эта идея была высмеяна Рузвельтом, когда она была доведена до его сведения. Но несомненно, что юридический язык всего законодательства Нового курса был написан Франкфуртером. Не следует забывать, что именно Франкфуртер рекомендовал Рузвельту Дина Ачесона и Оливера Уэнделла Холмса, и что было бы невозможно найти двух более предательских диверсантов, одного в Государственном департаменте, другого в Верховном суде.

Как никто другой из социалистов прошлого или настоящего, будь то в Англии или Соединенных Штатах, все согласны с тем, что величайшим из всех, кто проложил путь к социализации Америки, был, несомненно, куполообразный квази-найн Феликс Франкфуртер. Можно сказать, что он сделал все, что было в его силах, чтобы разрушить защитные тарифы, воздвигнутые Вашингтоном, чтобы направить Федеральную резервную систему в нужное русло и подтолкнуть Вильсона к вступлению Англии в Первую мировую войну.

Будучи близким соратником Уолтера Липпмана, Пола Варбурга, Томаса В. Ламонта и ведущих социалистических лидеров того времени, Франкфуртер имел все возможности для осуществления своего ужасающего предательства Соединенных Штатов, которые дали ему и его семье убежище, когда они были практически изгнаны из Европы. Если когда-либо и существовал главный кандидат на исполнение пословицы "он укусил руку, которая его кормила", то этим кандидатом был судья Феликс Франкфуртер, который почти в одиночку извратил Конституцию и почти превратил этот великий документ в чистый лист бумаги.

Франкфуртер был автором большинства радиопередач Рузвельта, "бесед у камина", одного из самых эффективных инструментов проникновения и пропитки, когда-либо придуманных. Он сыграл свою роль в решении Рузвельта отправить Гарри Л. Хопкинса в Англию, чтобы заложить основу для самого крупного ограбления на планете - Закона о кредитном лизинге. Но, возможно, наибольший вред Франкфуртеру нанесло его постепенное вторжение (в истинно фабианском стиле) Суда в законодательную ветвь власти, что положило начало коварной практике постепенного уменьшения полномочий Конгресса и увеличения полномочий Верховного суда и президента. Франкфуртер - это человек, который почти осуществил мечту профессора Ласки о нарушении и уничтожении разделения властей.

Тот факт, что это было на 100% неконституционно, похоже, не беспокоил маленького гнома из суда. Итак, благодаря предательству и подстрекательству Франкфуртера, которым он занимался до конца своей жизни, британское Фабианское общество наконец-то начало видеть свет в темном туннеле, который оно строило под стенами разделения властей, определенного Ласки как самое серьезное препятствие на пути прогресса социализма в Соединенных Штатах. Франкфуртер поддерживал тесные контакты с разрушителем западной экономики Джоном Мейнардом Кейнсом и организовал публикацию книги "Экономические последствия мира"[13] , в которой Кейнс предсказал, что капитализм в Европе умирает.

В то время как Франкфуртер писал энергичные статьи, выражающие инакомыслие и осуждающие полицейские рейды генерального прокурора Митчелла Палмера против подстрекательских движений в США, именно Липпманн осуществлял нападения "на месте". Липпманн был ведущим членом группы "мозгового треста" Рузвельта, которая бомбардировала президента социалистическими

[13] *Экономические последствия мира*, Ndt.

предложениями. Конгрессмен Макфадден обвиняет Франкфуртера в том, что он был одним из первоначальных разработчиков Закона о восстановлении национальной промышленности. заявил Макфадден:

> "Потребовалось 15 лет напряженных усилий со стороны г-на Баруха и его единомышленников (одним из которых был Франкфуртер), чтобы навязать этот закон американскому народу, и только благодаря страданиям периода сильного стресса он смог это сделать...".

> "... Однако Барух, Джонсон, Тугвелл, Франкфуртер и все остальные кажутся наиболее наглыми в своих усилиях (во имя социализма) в этой стране. Франкфуртер обеспечил большую часть юридических мозгов этой группы... Они пытались принудить и запугать деловые круги этой страны к заключению частных контрактов, чтобы иметь возможность требовать, чтобы деловые круги страны делали все, что им заблагорассудится, не обращая внимания на Конституцию. Юристы "Нового курса" без колебаний обращаются в суд и утверждают, что граждане могут отказаться от своих конституционных прав. Это метод, с помощью которого они разрушили государственные границы...".

Известно, что Франкфуртер практически взял на себя функции агентства по трудоустройству администрации Рузвельта. Среди наиболее опасных социалистов, рекомендованных Франкфуртером Рузвельту, были печально известный Рексфорд Тагвелл и губернатор Нью-Йорка Эл Смит.

Тесные связи между Франкфуртером и Гарольдом Ласки вызвали большой интерес в социалистических кругах Лондона и Вашингтона. Ласки был постоянным гостем в доме Франкфуртера в Бостоне и Вашингтоне. Будучи социалистами, эти два человека оказали глубокое влияние друг на друга, и оба неустанно работали над ослаблением разделения властей, предусмотренного Конституцией. Их письма друг к другу были озаглавлены "Дорогой Феликс" и "Дорогой Гарольд". Находясь в самом сердце фабианского социализма в Лондоне, Ласки был в состоянии держать своего "дорогого Феликса" в курсе последних социалистических идей, которые Франкфуртер затем передавал Рузвельту, чья дверь всегда была открыта для него. Эти два "тайных советника" стали самыми влиятельными архитекторами социалистической политики Рузвельта в течение трех сроков его правления.

Решающий фактор в Договоре ООН исходил от Франкфуртера, Ласки и Кейнса, хотя составляли его другие, и он представлял собой еще один кирпич, вынутый из стены, разделяющей конституционные полномочия. Историки периода 1942-1946 годов утверждают, что договор ООН был первым в длинной череде серьезных сдвигов от исполнительной власти к законодательной, шокирующая тенденция, которая продолжает развиваться скачками с президентством Клинтона. Кейнс посетил Рузвельта в 1934 году и рассказал о своем ныне хорошо развенчанном "мультипликаторе", который предполагал, что каждый доллар, потраченный федеральным правительством на социальное обеспечение, это доллар, отданный розничному торговцу, мяснику, пекарю, фермеру и изготовителю подсвечников - на практике все было не так.

> "Ленин был, безусловно, прав. Нет более тонкого и надежного способа свергнуть существующие основы общества, чем коррумпировать валюту. Этот процесс вовлекает все остальные скрытые силы экономического закона на сторону разрушения и делает это таким образом, что ни один человек из миллиона не способен поставить диагноз...". Джон Мейнард Кейнс.

Хотя Кейнсу приписывают теорию "мультипликатора", она принадлежит одному из его учеников, Р.Ф. Кану, который изобрел ее, будучи студентом Королевского колледжа. Летом 1934 года фабианские социалисты решили перевести своего "экономического гения" Кейнса в Соединенные Штаты. Его книга "Общая теория денег" была прочитана Рузвельтом, но не понята, как признался Рузвельт Фрэнсису Перкинсу, который отвечал за знакомство этих двух людей: "Я не понимал всей его тарабарщины о числах", - признался Рузвельт Перкинсу. Загнать страну в долги, чтобы вывести ее из рецессии, было основополагающей теорией кейнсианской экономической философии, что может объяснить ее популярность среди сменявших друг друга социалистических правительств в Англии и Демократической партии в США.

Кейнса воспринимали с восхищением, скорее как если бы такое же уважение оказывалось мистику, чьи предсказания будущего всегда оказывались верными. Однако правда заключается в том, что Кейнс, если бы ошарашенные люди только исследовали его утверждения, ошибался по меньшей мере в 85% случаев. Кейнс имел манеры английского джентльмена в своей одежде, нарядах и речи. Говорят, что он был способен очаровать любую женщину и заставить ее переспать с ним, если он этого захочет. Возможно, именно его образование в Итоне и учеба в Королевском колледже Кембриджа придали ему те манеры, которые так привлекательны для обоих полов.

Кейнс получил от Р.Ф. Кана свой алхимический секрет, который позволил бы бумажным деньгам размножаться бесконечно; если бы это было оставлено Кану, никто бы не придал этому ни малейшего значения. Но в руках высокого, красивого, чистоплотного декана Кембриджа, обладающего поразительными познаниями в искусстве, еде и вине, открытие "мультипликатора" стало большой новостью. Несмотря на это, остается только удивляться, как, несмотря на обучение у профессоров Маршалла и Пигу, Кейнс смог занять лишь 12-е место - в самом низу своего небольшого экономического класса. В 1911 году Кейнс стал редактором "Экономического журнала", а годом позже - секретарем Королевского экономического общества Фабианского общества. Когда я думаю о Кейнсе, я не могу не вспомнить приземленную, мудрую и деревенскую философию моего сержанта регулярной британской армии, которую стоит повторить:

> "Чушь сбивает мозг с толку".

В этом и заключается суть кейнсианской экономики: деньги будут просто множиться до бесконечности, как некое письмо счастья, обещающее огромное вознаграждение за небольшие усилия. Тем, кто задавался вопросом, что произойдет в конце цепочки писем, Кейнс отвечал: "Все мы когда-нибудь умрем". Как бы невероятно это ни казалось в ретроспективе, именно "экономическая система" Кейнса, которая на самом деле является тарабарщиной, была принята международными банкирами и ведущими политиками западного мира.

Был ли Кейнс своего рода Нострадамусом, Григорием

Распутиным, или он действительно был искренен в своих экономических принципах? Может быть, помимо того, что он был наделен от природы, его отец, Невилл Кейнс, профессор из Кембриджа, чьей сильной стороной были постоянные нападки на систему свободного предпринимательства, также внес свой вклад в стремительный успех своего сына, сделав Джона Мейнарда Кейнса миллионером с местом в Палате лордов?

Джон Мейнард Кейнс начал свою карьеру в качестве государственного служащего, по примеру Сиднея Уэбба, но хотя великий лорд Бертран Рассел часто называл Уэбба "клерком колониального офиса", он никогда не применял это замечание к Кейнсу. Возможно, это произошло потому, что Кейнс входил в университетский круг Рассела, что доказывает, что социалисты - такие же классово сознательные и снобистские люди, как и все остальные.

С первых дней работы с Джорджем Бернардом Шоу и фабианскими социалистами Кейнс пользовался заслуженным уважением, тем более что именно он, по словам Сиднея и Беатрис Вебб, основателей фабианского социализма, "вызвал моральный блеф капитализма". Хотя Кейнс был членом Либеральной партии, он пользовался огромным уважением как со стороны Консервативной, так и Лейбористской партий, потому что умел видеть будущее в финансовом плане. "Настоящий читатель оракулов", как писала газета "Фабиан Ньюс". Возможно, именно его "способность читать оракулы" побудила Кейнса способствовать созданию Международного валютного фонда (МВФ), в котором он сыграл важную роль.

Как и многие другие институты Единого мирового правительства (Нового мирового порядка), МВФ был просто средством выкачивания денег из экономики США и передачи их странам, имеющим отличные природные ресурсы в качестве залога. Чего не знали и, по сути, никак не могли знать неосторожные правительства, так это того, что МВФ не только завладеет их природными ресурсами, но и будет контролировать, а затем уничтожит их национальный суверенитет. Родезия, Филиппины, Ангола, Бразилия - хорошие примеры того, что происходит, когда вы впускаете МВФ.

В 1919 году Кейнсу удалось завоевать доверие полковника Мандел Хауса, генерала Першинга и Уолтера Липпмана. Кейнс решительно высказался, заявив, что "капитализм в Европе мертв". Эти контакты позволили ему занять важную должность в Хаусе, а затем и в Гарри Хопкинсе, что привело к созданию Совета по международным отношениям (CFR), который сначала был известен как Институт международных отношений, а в действительности являлся филиалом Фабианского общества. Согласно записи Конгресса, Палата представителей, 12 октября 1932 года, страница 22120, Кейнс представил свою книгу "Экономические последствия мира" Соединенным Штатам в качестве попытки дестабилизировать и популяризировать марксистские экономические теории.

Рузвельт приветствовал идеи Кейнса, поскольку они дали ему основу для получения от Конгресса 4 миллиардов долларов на так называемые проекты "общественных работ" - в действительности, удобные рабочие места, которые не "умножали" федеральные доллары, как обещал Кейнс. Кейнс подружился с Генри Кантуэллом Уоллесом, оба они выступали за отмену золотого содержания доллара и введение "управляемой валюты". Кейнс продолжал производить сильное впечатление в Гарварде, где он часто бывал в компании Франкфуртера и Ласки. В то время как Франкфуртер обеспечивал юридическую базу для социалистического Нового курса, Кейнс обеспечивал экономическую основу, как обычно, полную химеру, которая, если довести ее до логического конца, разрушит экономику любой страны.

Английские социалисты", подобно прорицателям фараонского жречества, действительно сплели паутину своих тайн вокруг президента Рузвельта, который оставался под их властью до самой смерти. Если бы кто-то искал первосвященника эпохи "Нового курса", то Джон Мейнард Кейнс был бы естественным выбором. Его умение обращаться с английским языком было поразительным: он мог заставить даже крупных избирателей поверить, что два и два - пять.

Появлению Кейнса на вашингтонской сцене предшествовало полностраничное объявление в *"Нью-Йорк Таймс"* от 31 декабря 1933 года, которое имело форму открытого письма президенту Рузвельту, полного идей, абсолютно чуждых американским экономистам. Тем не менее, пропаганда на Мэдисон-авеню возымела свое действие и, вероятно, подготовила почву для его визита в США в 1934 году. Долгая дружба с Липпманом и другими великими звездами социализма на небосклоне США открыла перед Кейнсом все двери.

Хотя Рузвельт не понимал последствий того, что он делает, по совету Кейнса его администрация решила вывести Соединенные Штаты из золотого стандарта, в соответствии с аналогичным шагом британского правительства. Теория "мультипликатора" Кейнса была принята Рузвельтом после того, как Кейнс сказал ему не утруждать себя "грубой экономической ошибкой, известной как теория количества денег". Это было музыкой для ушей "новых дилеров", которые чувствовали, что величайший экономист мира дал им зеленый свет на осуществление программы безрассудных расходов, как будто не было никакой ответственности за завтрашний день.

Таким образом, опубликовав в 1936 году "Общую теорию занятости", Кейнс стремился обеспечить продолжение государственных расходов на основе убеждения, что правительство несет ответственность за полную занятость и что, если полная занятость не будет достигнута, на смену должно прийти социальное обеспечение. Кейнс был ведущим сторонником дефицитных расходов, и Рузвельт с радостью согласился. Несмотря на это, Рузвельту не удалось выйти из депрессии за счет расходов.

Что касается широкой американской общественности, то для них все это было на голову выше. "Оставьте это экспертам, - хором заявили представители СМИ, - для нас это слишком сложно. И именно так социалистам сошло с рук великое мошенничество с дефицитными расходами на основе ложного "мультипликатора", который никогда не работал. Мы все еще измеряем неоценимый ущерб, нанесенный США этим фабиусовским социалистическим экономическим лидером. "Вы узнаете людей по их компании" - это старая, проверенная и верная поговорка. Среди своих друзей Кейнс считал одних из самых страшных предателей в истории нации: Лохлин Карри,

Феликс Франкфуртер, Уолтер Липпманн, Бернард Барух, полковник Хаус, Дин Ачесон, Уолт Уитмен Ростоу, Фансис Перкинс, Эйб Фортисс, Элеонора Рузвельт, чьи злодеяния столь же многочисленны, как звезды на ночном небе, слишком многочисленны, чтобы полностью охватить их в этой книге.

Великий конгрессмен Луис Т. Макфадден не придал значения кейнсианской экономике, когда вызвал Марринера Экклза, председателя Федеральной резервной системы, для дачи показаний перед банковским комитетом Палаты представителей, председателем которого он был.

Макфадден, давний противник фабианского социализма, нападал на Франкфуртера и Кейнса за их связи, особенно через Ассоциацию внешней политики в Нью-Йорке, отмечая, что Пол М. Варбург был одним из ее основателей. Он также справедливо укорял Генри А. Уолласа, назначенного Рузвельтом министром сельского хозяйства по рекомендации Фрэнсиса Перкинса, за его членство в подстрекательской "Группе планирования свободы", фабианистском спонсоре Нью-Йоркской ассоциации внешней политики. Макфадден правильно определил Моисея Израэля Зиффа в группу, процитировав совет Зиффа: "Давайте не будем торопиться некоторое время и подождем и посмотрим, как наш план будет реализовываться в Америке". Сифф управлял британской сетью розничной торговли Marks and Spencer и был мультимиллионером-социалистом.

"Наш" план, о котором говорил Зифф, был планом, разработанным фабианскими социалистами в Лондоне, который должен был поставить всю землю и сельское хозяйство под контроль правительства, за что уже выступал профессор Рексфорд Тагвелл. Тугвелл был третьим членом "ужасного трио" Стюарта Чейза и Раймонда Моли, преподавателя печально известной и подстрекательской Школы социальных наук Рэнд. Все трое были доверенными лицами Генри Уоллеса, который с помощью Тугвелла уничтожил бурно развивающуюся сельскохозяйственную промышленность, которая только начинала развиваться в 1936 году, проводя политику распашки посевов и забоя скота.

Тугвелл был горячим поклонником большевистской

революции, которая, по его словам, "весело переделывала мир". Получивший образование в Колумбийском университете, Тугвелл стал первым социалистом, применившим фабианские социалистические теории к государственной практике. Тугвелл сунул свой палец во все пироги "Нового курса", приготовленные администрацией Рузвельта. Одним из главных его начинаний была отмена тарифной защиты против импортных товаров.

План "Новый курс" был с энтузиазмом встречен Рузвельтом, который сказал:

> "Если мы посмотрим на эту вещь с широкой национальной точки зрения, мы сделаем ее национальной политикой, даже если на это уйдет 50 лет... Настало время для планирования, чтобы избежать ошибок прошлого в будущем и донести наши социальные (социалистические) и экономические взгляды до Нации".

Одним из тех, кто с радостью последовал этому запрету, был Артур Шлезингер-младший, чья широкая социалистическая деятельность включала управление Адлаем Симпсоном, первым национальным президентом организации "Американцы за демократическое действие" (АДА), одной из самых важных анархистских, подстрекательских и подрывных социалистических организаций в США, для которой он написал большую часть их пропагандистских материалов. Шлезингер отвечал за представление Джона Ф. Кеннеди как социалистического кандидата, что было нелегко, поскольку чисто социалистических членов АДА нужно было убедить голосовать за того, кто представлял все, против чего они выступали.

Звезда "проникновения и оплодотворения", роль Шлезингера в тайной подрывной деятельности Линдона Джонсона и продвижении идей АДА в 1950-х годах была большим перышком в его шляпе. Полная история о том, как Шлезингер предотвратил выдвижение ключевых членов АДА после того, как Кеннеди объявил Джонсона своим кандидатом на съезде демократов в 1960 году, могла бы заполнить целую книгу. Можно себе представить, в какое замешательство пришел ведущий социалист АДА Дэвид Дубински, когда узнал, что

Джонсон, которого он ненавидел всю свою политическую жизнь, будет кандидатом в кандидаты от Кеннеди.

Если бы Шлезингер не добился успеха, вполне вероятно, что Джонсон отклонил бы предложение Кеннеди. На самом деле, это был вопрос чувств, поскольку Джонсон предпочитал должность лидера большинства в Сенате. Очевидно, только после того, как Шлезингер рассказал Дубинскому, как он превратил Джонсона в репрессированного социалиста в 1950-х годах, Дубинскому удалось заручиться поддержкой АДА для выдвижения кандидата. Успехи Шлезингера продолжались и во время президентства Джонсона, несмотря на то, что он не входил в "высший кабинет" Джонсона (неназванные советники - частные советники). Артур Шлезингер был одним из самых опасных невидимых врагов, которые когда-либо были у этой страны.

Дин Ачесон олицетворял собой хитрую, проницательную и подстрекательскую нормотворческую практику хорошо подготовленного социалиста. Ачесон пришел из юридической фирмы "Комитета 300" "Ковингтон, Берлинг и Рубли", которые служат юристами для крупных бухгалтеров "Комитета 300" - компании "Прайс, Уотерхаус". Он также входил в ближний круг J.P. Morgan, Andrew Mellon, Tommy Lamont (человек, который лоббировал признание США большевистского режима кровавых мясников), семьи Kuhn Loeb и Felix Frankfurter. Ачесон был типичным социалистом, подстрекателем, адвокатом с Уолл-стрит, который стал заместителем министра финансов и государственным секретарем при президенте Рузвельте.

Именно Франкфуртер рекомендовал Дина Ачесона на должность в Государственном департаменте США. Среди наиболее публичных актов измены и подстрекательства Ачесона против своей страны на службе социализма была его неустанная борьба за оказание любой возможной помощи большевистскому режиму в то время, когда белые русские армии разгромили и обратили в бегство большевистскую Красную армию, что подробно описано в моей книге "Дипломатия путем обмана". Во время Второй мировой войны Ачесон настаивал на том, чтобы не предпринимать никаких действий против Сталина за оккупацию стран Балтии. Его предательство националистического Китая уже хорошо известно, и нет необходимости пересказывать его здесь. В завершение своей карьеры предателя и подстрекателя к мятежу, поддержка Ачесоном северокорейских и китайских сил во время Корейской войны была открытым актом государственной измены. Но вместо того, чтобы быть арестованным, обвиненным в измене и повешенным, он удостоился самых высоких почестей.

Соотечественниками Дина Ачесона по социалистическому преступлению были Дин Раск и Уолт Уитмен Ростоу, которые учились социализму как стипендиаты Родса в Оксфорде, "высшей школе" для будущих мировых социалистических лидеров. Внешне Раск был полной противоположностью Кейнсу: круглолицый, пузатый и лысый, он больше походил на большевистского чиновника низшего звена, чем на госсекретаря администраций Кеннеди и Джонсона. Однако его внешность скрывала его порочный социалистический характер и его неустанные усилия в интересах Красного Китая и Сталина через Институт тихоокеанских отношений (IPR) и, непосредственно, через многие агентства Госдепартамента.

Именно Раск в сговоре с британским правительством создал "частное убежище" - место сбора красных китайских войск в Маньчжурии. Генералу Дугласу Макартуру было запрещено атаковать убежище, где находились китайские войска, прежде чем переправляться через реку Ялу для атаки американских войск. Когда Макартур представил план, разработанный его штабом и генералом ВВС США Джорджем Э. Стратемейером, который должен был уничтожить боеспособность Китая и отбросить его на десятилетия назад, это стало сигналом для Раска, который поспешно вызвал президента Трумэна на конференцию в Блэр-Хаус в Вашингтоне.

6 ноября 1950 года китайские войска стремительно продвигались на Ялу. Самолеты Стратмейера были разбомблены и готовы к вылету. Но вернувшись в Вашингтон, Раск сказал Трумэну, что он не может приказать Макартуру нанести удар по войскам Красного Китая. Согласно документам, которые я видел, Раскс сказал:

> "Мы дали обязательство британцам, что не будем предпринимать никаких действий, которые могут повлечь за собой нападения на маньчжурской стороне реки на китайцев БЕЗ СОГЛАСИЯ С НИМИ".

Раск также призвал к проведению экстренного заседания Совета Безопасности ООН, якобы для того, чтобы добиться принятия резолюции ООН, предписывающей Китаю вывести свои войска. В действительности это была коварная и вероломная уловка Раска, чтобы дать красным китайским войскам время перейти реку Ялу, задержав при этом запланированные Макартуром решающие атаки. Если когда-либо существовал подстрекатель, вероломный человек, у которого не было никаких сомнений в предательстве своей страны, то этим человеком был социалист Дин Раск.

Третьим партнером в этой троице подстрекателей был Уолт Уитмен Ростоу, который однажды сказал:

> "Это законная американская национальная цель - увидеть конец нации в том виде, в котором она была исторически определена". (Ростоу, "Соединенные Штаты на мировой арене").

Несмотря на то, что разведывательное управление Госдепартамента и разведывательное управление ВВС объявили его серьезной угрозой безопасности, Ростоу оставался на самом влиятельном посту в качестве неизбранного представителя американских социалистов, с открытой дверью к Эйзенхауэру, Кеннеди и Джонсону. Ростоу был направлен в Массачусетский технологический институт Комитетом 300, где он разработал и спланировал стратегию, которая, по его мнению, приведет к "концу нации" для Соединенных Штатов.

То, что этот чудовищный предатель имел свободу рук в Вашингтоне, должно навсегда заставить замолчать тех, кто считает, что социализм - это всего лишь доброжелательный институт, призванный помогать нуждающимся, безработным и бедным. В декабре 1960 года Ростоу отправился в Москву, чтобы встретиться с Василием Кузнецовым, заместителем министра иностранных дел СССР. Кузнецов жаловался Ачесону и Раску, что США создают потенциал для нанесения удара по его стране.

Ростоу сказал ему, чтобы он не беспокоился, что ситуация будет исправлена. И это было так. Благодаря вмешательству Роберта Стренджа Макнамары, тогдашнего министра обороны, почти все производство ракет Skybolt, Pluto, X-20 Dynasoar, Bomarc-A, оборонительной системы Nike Zeus и ядерного бомбардировщика B-70 было значительно сокращено или ликвидировано. Соответствующего сокращения с российской стороны не произошло. Помимо всего прочего, предательство Макнамары обошлось США в 5,4 миллиарда долларов. Трудно найти более высокую степень измены, а в списке измен и социалистического подстрекательства Макнамара вошел бы в первую десятку.

В награду за свое вероломство Ростоу был назначен президентом Джонсоном в Совет национальной безопасности в 1964 году. Во время назначения Ростоу Джонсон восхвалял злостного подстрекателя, заявив, что "у него самая важная работа в Белом доме, помимо президента". Это был тот самый Ростоу, который никогда не отступал от своей цели - однажды положить конец существованию нации Соединенных Штатов.

Ростоу был ответственен за отправку американских сухопутных войск во Вьетнам, после того как он усиленно лоббировал отправку наших войск в дельту реки Меконг. Однако Объединенный комитет начальников штабов сообщил президенту, что наземные войска не следует вводить в Южный Вьетнам, поскольку они наверняка увязнут и в конечном итоге не смогут вывести себя из этого района. Как и все члены социалистической камарильи в Вашингтоне, Ростоу не отказался от своего плана и продолжал настаивать на введении войск.

Ростоу использовал генерала Максвелла Тейлора, чтобы получить прямой доступ к Джону Кеннеди. К сожалению, зеленый и неопытный Кеннеди принял сценарий Ростоу, и в январе 1960 года десять тысяч американских солдат были отправлены во Вьетнам. Благодаря вероломству и предательству Уолта Уитмена Ростоу, фабианский социалистический метод проникновения и оплодотворения заразил самый высокий пост в стране.

Никогда еще не было такой войны, как во Вьетнаме, где наши

солдаты пытались сражаться с обеими руками, скованными наручниками за спиной, ключи от которых держали Роберт Стрендж Макнамара, Уолт Уитмен Ростоу и Дин Раск. Военные ни одной страны не должны были сражаться по правилам, установленным известным предателем - Робертом Стренджем Макнамарой. Этого человека давно следовало бы судить за измену и повесить. Согласно "правилам ведения боевых действий" Макнамары, наши солдаты должны были ждать, пока их окружат и начнут стрелять, прежде чем они смогут отреагировать.

Было ли когда-нибудь такое предательство? Сенатор Барри Голдуотер назвал правила применения оружия Макнамары "слоями нелогичных и иррациональных ограничений", которые также не позволяли пилотам наших бомбардировщиков атаковать хорошо видимые стратегические цели. Вместо этого нашим бомбардировщикам приходилось разгружать тонны и тонны бомб на "маршрутах снабжения", которые они даже не могли видеть, и которые не наносили абсолютно никакого ущерба стратегическим целям, в большинстве случаев находящимся за сотни миль. Это было совершенно бесполезное занятие и шокирующая трата денег.

У себя дома социалисты, контролирующие СМИ, ведут ожесточенную борьбу за завоевание общественного мнения - на стороне коммунистического режима Северного Вьетнама. Американские солдаты были "плохими парнями", в то время как Вьетконг не мог сделать ничего плохого. Я горячо надеюсь и молюсь, чтобы эти три врага Соединенных Штатов, Ростоу, Раск и Макнамара, каким-то образом предстали перед судом за государственную измену. Повешение слишком хорошо для них.

Если бы меня попросили высказать свое мнение о звездах социализма, которые нанесли наибольший ущерб Конституции и концепции великой американской республики, мне пришлось бы долго думать, потому что выбирать есть из кого. Но в конце концов, я бы поставил на первое место Уолтера Липпмана, который вступил в Фабианское общество в Лондоне в 1909 году, что делает его старейшим американским социалистом.

В 1917 году Липпманн был выбран британской секретной

службой MI6, чтобы каждые две недели посещать полковника Хауса и советовать ему, как добиться переизбрания Вильсона и отодвинуть его от нейтралитета. Эти "мнения" часто появлялись в социалистическом журнале "New Republic", членом правления которого был Липпманн. Не было широко известно, что Липпманн был главой неформальной группы, которая определяла военную политику Вильсона и разрабатывала его послевоенную стратегию. Эту группу возглавлял доктор Сидней Мезес.

Липпманн активно проводил политику получения частных пожертвований для продвижения 14 пунктов Вильсона, которые, как надеялись, приведут к основанию Нового мирового порядка через Лигу Наций. Липпманну удалось заручиться услугами 150 профессоров-социалистов для пропаганды и сбора денег и данных для предстоящей Парижской мирной конференции, среди которых был и печально известный социалист, преподобный Норман Томас. Действительно, благодаря этим профессорам и проницательности Липпманна, их идеи были горячо поддержаны Вудро Вильсоном, который, казалось, не возражал против того, что служит рупором международного социализма.

Липпманн стал тесно общаться с "красным радикалом" Джоном Ридом, чьи большевистские идеи для Америки пришлось смягчить, пока Рид в конце концов не сбежал, чтобы присоединиться к большевикам в Москве, но не раньше, чем основал вместе с Липпманном Гарвардский социалистический клуб. О Риде был снят очень образный фильм Холли Вуд, прославляющий большевизм и подчеркивающий, какой честью для Рида было быть похороненным у Кремлевской стены после долгого служения коммунизму.

Как и Феликс Франкфуртер и Луис Брандейс, Уолтер Липпманн вырос в богатых условиях. Его карьеру в Гарварде справедливо называют "блестящей", но, по собственному признанию Липпманна, его членство в Фабианском обществе в 1909 году значило больше, чем все, чего он достиг в Гарварде. Таким образом, как и во многих других случаях, очевидно, что хорошими социалистами не становятся, ими рождаются. Фабианцы в Лондоне наблюдали за карьерой Липпмана в

Гарварде и, по словам Гарольда Ласки, "он был великим социалистом",

> "Он был идеальным кандидатом для проведения нашей политики проникновения и пронизывания Соединенных Штатов на всех уровнях".

С 1932 по 1939 год он посвятил свое время и энергию проникновению в ведущие корпорации, юридические практики и банковские круги Америки. Именно Липпманн создал новый класс, "умеренных" республиканцев, которые будут служить Клинтону, чтобы вести Соединенные Штаты по социалистической дороге к рабству под единым мировым правительством - Новый мировой порядок - Новая темная эпоха.

Термин "умеренный республиканец" помогал тем, кто готов был совершить измену и подстрекательство в Палате представителей и Сенате, избежать ярлыка социалистов, марксистов или коммунистов. Среди наиболее эффективных макиавеллиев-хамелеонов были сенаторы Рот, Коэн, Кассенбаум, Чаффи, Данфорт, которые сделали возможным включение Коммунистического манифеста 1848 года в виде "Законопроекта о преступности" в законодательство США.

Липпманн был первым американцем, который применил прикладную психологию в политических ситуациях - тактику, которой он научился в Тавистокском институте человеческих отношений в Сассексе, Англия. Его непоколебимая поддержка социализма характеризовалась тесной дружбой с Томасом "Томми" Ламонтом, банкиром J. P. Morgan, который сыграл важную роль в убеждении правительства США признать и установить отношения с кровожадными большевистскими мясниками Москвы. Липпман приобрел огромную власть благодаря своим синдицированным газетным колонкам, которые брали все крупные газеты и журналы.

Липпманн стал близким другом и доверенным лицом президентов Кеннеди и Джонсона, и его социализация привела к принятию социалистических программ, "Новый рубеж" и "Великое общество", взятых непосредственно из книг, написанных социалистами, и почти полностью принятых

Демократической партией. Липпману приписывают проведение в жизнь политики "торопись и не спеши" фабианских социалистов в Соединенных Штатах:

> "В целом, нашей целью было превратить реакционеров в консерваторов, консерваторов в либералов, либералов в радикалов, а радикалов в социалистов. Другими словами, мы пытались поднять всех на ступеньку выше. Лучше пусть вся масса немного сдвинется с места, чем несколько человек полностью исчезнут из поля зрения". (Источник, Congressional Record 12 октября 1962 года).

Этот очень поучительный взгляд на работу социалистической "постепенности" должен быть изучен всеми, кому небезразлично будущее Соединенных Штатов, и нам необходимо создать школы, в которых будут обучать тому, как бороться с этой ползучей угрозой, которая, если ее не остановить, в конечном итоге искалечит нашу нацию. Успех этой тактики можно увидеть во время президентства Клинтона, когда один крупный социалистический законопроект за другим навязывался на основе постепенного превращения противников Клинтона в верующих в его программу.

Социалистическая НАФТА Клинтона, законопроект о преступности и его законопроект о самом большом повышении налогов в мире для американского народа - прекрасные примеры того, как работает этот ползучий паралич, а также того, как важно иметь предателей в рядах республиканцев, которые всей душой за социализм, но называются "умеренными республиканцами". По методу Липпмана, психологическому подходу к политике, которому он научился в Тавистокском институте человеческих отношений, американский народ медленно, но верно, шаг за шагом, как походка во сне, ведут к тому, чтобы он без ропота принял самые радикальные и отвратительные изменения в образовании, экономике, религии и политике Соединенных Штатов, не подавая виду, что осознает ужасные изменения, которые уже произошли и которые происходят.

Применение Липпманом социальной психологии значительно ускорило принятие социализации Соединенных Штатов Новым курсом Рузвельта, который был продолжен социалистическим

Новым рубежом и Великим обществом Кеннеди и Джонсона. Липпманн был самым ловким из длинного ряда последователей социализма, которые использовали слово "демократия" при любой возможности, чтобы представить его, не предполагая, что в социалистическом жаргоне "демократия" на самом деле означает растущее вторжение социализма в образовательную, экономическую и политическую жизнь нации через государственное регулирование дел. Настоящая демократия", то есть безудержный социализм, была введена без ведома населения. Мы видим эту политику в полном разгаре в администрации Клинтона, причем большинство людей до сих пор не знают, что "демократия", которую имеет в виду Клинтон, - это жесткий социализм.

Пребывание Липпмана на посту президента Межвузовского социалистического общества, созданного в Гарварде в 1909 году, стало лучшей основой для его будущего социализма, которую можно было купить за деньги, и очень помогло ему, когда он основал социалистический журнал "Новая республика", в котором позже были изложены его взгляды на войну во Вьетнаме. Липпманн и другие социалистические писатели говорили американскому народу в газетных статьях, что если Соединенные Штаты попытаются завоевать Корею, мы столкнемся с Китаем и потерпим поражение.

Это была расчетливая ложь, поскольку Китай никак не мог вести войну против Соединенных Штатов, и если бы между двумя странами началась война, Китай потерпел бы серьезное поражение, о чем Трумэну и Пентагону сообщили генерал Дуглас Макартур и генерал Стрэтмайер. Ложь о непобедимости Китая продолжилась во вьетнамском конфликте, который Генри Киссинджер и Дин Раск продолжали еще как минимум два года после того, как вьетнамцы заявили, что хотят его закончить. Таким образом, была полностью реализована цель социалистов - опустошение американской казны на сумму 5 миллионов долларов в день, не говоря уже о 50 000 жертв, понесенных вооруженными силами США.

Социализм был внедрен политическими советниками, которые окружали Кеннеди, Джонсона и Никсона, советниками типа Дина Раска - Роберта Макнамары, которые вели Соединенные

Штаты по пути поражения в Корее и Вьетнаме, и чьи сменщики сегодня, такие, как окружение президента Клинтона, без колебаний сделают то же самое, если дело дойдет до войны против будущего врага.

Одной из будущих звезд американского социалистического небосклона, с которой Липпманн познакомился в Гарвардском университете, был Роберт Стрендж Макнамара. Будучи продуктом социалистического метода проникновения и проникновения Джона Мейнарда Кейнса, который внедрил фабианские доктрины на экономическом факультете Гарварда, Макнамара преподавал в Школе бизнеса в качестве ассистента профессора делового администрирования с 1940 по 1943 год. Затем он был откомандирован в ВВС, а затем в Ford Motor Company. После почти катастрофического пребывания на посту Форда, он был переведен на вновь созданную должность главы Министерства обороны.

Макнамара был впечатлен новым социалистическим евангелием, которое пронеслось по кампусам американских университетов. Американская политическая экономия, проверенная и верная экономическая политика, определенная в американской экономической системе тарифной защиты и надежных денег, основанных на биметаллизме, быстро устранялась и заменялась экономическим бредом Джона Мейнарда Кейнса и Гарольда Ласки. Ни один социалистический лидер не стремился так, как Макнамара, внедрить эти антиамериканские социалистические теории экономики и политэкономии. Единственное, что получилось из этой безумной спешки подавить американскую экономическую модель, это то, что кейнсианская модель была опасно близка к экономическим теориям Карла Маркса - наблюдение, которое никогда не разрешалось упоминать ни в прессе, ни на радио, ни на телевидении.

Более того. Макнамара стремился распродать вооруженные силы и добился этого, используя свое гнусное влияние на президента Джонсона. Никогда не было более опасного времени для безопасности США, чем то, когда звезда социализма Роберт С. Макнамара бродил по коридорам Пентагона, отменяя одну программу за другой, пока США не оказались намного ниже Советского Союза. Макнамара даже заставил Джонсона отменить производство плутония для ядерной программы с помощью незаконного исполнительного приказа.

Незаконно в том смысле, что только короли и королевы могут издавать прокламации, чем и является исполнительный приказ. В более ранний период истории страны и Макнамара, и Джонсон предстали бы перед судом и были бы осуждены за государственную измену, как и должно было быть.

В 1964 году, в решающий момент борьбы за подчинение Сталина, Макнамара отменил планы ядерных сражений НАТО без вашего разрешения и без консультаций с союзниками по НАТО. Об этом поразительном подвиге советских вооруженных сил говорят, что советские генералы пили водку и веселились всю ночь в Кремле в неверии в свою удачу. Правые лидеры Франции подтверждают мудрость де Голля, который вышел из НАТО и создал независимые силы ядерного сдерживания для французской нации. Французы подтвердили свое обещание никогда не быть обманутыми и разоруженными Соединенными Штатами, как это было бы, если бы Франция не вышла из НАТО.

Удивительно, что маленькая Американская коммунистическая партия и номинально несуществующая Социалистическая партия смогли одержать столь масштабную победу для фабианского социализма. Будущие историки, несомненно, будут удивленно потирать глаза, задаваясь вопросом, что случилось с предками тех, кто бросил чай в Бостонскую гавань, и что случилось с потомками Эндрю Джексона, человека, который не только ясно осознавал социалистическую угрозу, но и активно боролся с ней всю свою жизнь.

Что произошло с американским народом между основанием этой нации и приходом к власти социалистов? На самом деле ответ кроется в смешении населения, которое теперь было настолько загрязнено, что мало походило на первоначальных поселенцев. В тихой революции социалисты разорвали страну из конца в конец и постепенно деморализовали нацию до такой степени, что она стала легкой добычей для сил, которые ждали ее падения со времен войны 1812 года.

Постоянно обращаясь за вдохновением к британскому Фабианскому обществу в своих лозунгах и программах, Демократическая партия фактически стала социалистической/марксистской/коммунистической партией США. Например, "война с бедностью" Джонсона была первоначально написана премьер-министром Гарольдом Уилсоном из лейбористской партии. В своей речи перед международными социалистами Гарольд Вильсон дал понять, что намерение социалистов Великобритании и США - перенаправить средства на оборону в фонды по искоренению бедности. По словам Вильсона, разоружение - это то, ради чего все затевалось, чтобы "желание" было изгнано с Земли.

Выдающийся социалист Майкл Харрингтон, член Социалистической партии Америки, десять лет спустя взялся за памфлет Уилсона и выпустил книгу под названием "Другая Америка: бедность в Соединенных Штатах". Книга Харрингтона имела немедленный успех, о ней писали в прессе, по радио и телевидению. Социалистам это нравится. Никто не считает нужным упомянуть, что Харрингтон просто взял высказывания Гарольда Уилсона дальше и применил их к американской сцене. Джон Ф. Кеннеди получил экземпляр книги и написал Харрингтону, что она произвела на него глубокое впечатление.

Именно эти звезды на социалистическом небосклоне над Соединенными Штатами посеяли больший хаос, чем могла бы надеяться сделать любая армия вторжения. Именно социалисты проституировали и исказили нашу избирательную систему, и сегодня невозможно сказать, сколько мошенничества и обмана происходит при окончательном подсчете голосов. В этой области Демократическая партия стоит на голову и плечи выше Республиканской партии.

Дошло до того, что в наши дни почти не имеет значения то, что говорят кандидаты; важно то, кто привлечет больше избирателей. Когда кандидат от республиканцев сталкивается с кандидатом от демократов, международная пресса начинает следить за кандидатом, как если бы он баллотировался в Англии, Италии, Франции, Германии, Польше и скандинавских странах. Удивительно, но социалистическая пресса в этих странах почти без исключения смыкает ряды за кандидатом от демократов.

Хуже того, давление и угрозы, сопровождающие выборы, делают справедливый исход практически невозможным. Демократы очень хороши в этом. Предпринимателей запугивают, контракты под угрозой, отбирают средства на программы для соседей; сегодня в избирательном процессе речь идет не столько о количестве избирателей, которые регистрируются и голосуют, сколько о том, кто может иметь наибольший вес, кто может запугивать и шантажировать наиболее успешно, кто может больше всех лгать американскому народу, не будучи уличенным.

Для этого за большие деньги нанимаются типы с Мэдисон-авеню. Если президент оступился и сказал что-то не то, в дело вступают ремонтники и уверяют избирателей, что это ОНИ не расслышали. В конце 20-го века честности в политике больше не существует. Как объяснил Уолтер Липпманн в редкий момент откровенности после выборов 1964 года:

> "Ибо реальное дело кампании заключалось не в том, чтобы наметить курс на будущее. Речь шла о том, чтобы победить и подавить восстание против устоявшейся линии внутренней и внешней политики, которая определялась (социалистами) на протяжении поколения, прошедшего после Великой депрессии и Второй мировой войны."

На социалистическом небосклоне есть много других ярких звезд в прошлом и настоящем, и в разделе "Примечания" мы упоминаем их имена, но не так полно, как хотелось бы. Если вернуться к настоящему времени, то, возможно, самой яркой звездой на социалистическом небосклоне в конце 20-го века является президент Уильям Джефферсон Клинтон.

Как и многие его предшественники, Клинтон был выведен на американскую политическую сцену для того, чтобы проникнуть и внедриться в нее и заложить основу для своего президентства. Мало кто предполагал, что относительно небольшой политик из относительно небольшого штата станет лучшим проводником перемен, которого фабианский социализм смог найти до сих пор. Мы пропустим формальные, известные подробности о Клинтоне, а вместо этого попытаемся выйти за рамки общепринятой информации о нем, которая вряд ли нуждается в повторении.

Вместо этого мы постараемся предоставить нашим читателям часть информации, которая держалась в секрете и до сих пор не увидела свет, несмотря на множество влиятельных недоброжелателей Клинтона, которые не хотели бы ничего лучшего, чем изгнать его из Вашингтона.

За исключением некоторого времени, проведенного в Лондоне, где он выступал в качестве лидера социалистической агитации против войны во Вьетнаме, и периода обучения в социалистической школе (Оксфордский университет), Клинтон имел мало опыта в политике за пределами Арканзаса. Тем не менее, ему удалось сохранить за собой значительную власть в штате Арканзас.

В этой работе ему активно помогали его друзья Тайсон и Стивенс, два самых богатых человека в штате. Клинтон был рекомендован на повышение и рекомендован "королем" Стивенсом Джею Рокфеллеру и Памеле Гарриман. Гарриман и Рокфеллер - лидеры Социалистической партии США, более известной как Демократическая партия. Миссис Гарриман увидела в Клинтоне человека с потенциалом, и Клинтон был отправлен на обучение в Бильдербергскую группу как будущий лидер мирового социализма. Гарриман и Рокфеллер не были разочарованы, поскольку Клинтон показал впечатляющие результаты и по возвращении в США был выдвинут Демократической партией в качестве кандидата на президентских выборах 1992 года.

Высказывались опасения по поводу скелетов в гардеробе Клинтона, но считалось, что его мальчишеская внешность и быстрый ум достаточны, чтобы преодолеть грубые попытки сослаться на них. И вот, 20 января 1993 года Клинтон стал 42-м президентом Соединенных Штатов. Тот факт, что более маловероятная личность, чем он, взяла на себя управление самой большой и могущественной страной мира, ошеломил его недоброжелателей - а их были сотни в высших эшелонах власти страны, - которые были склонны не замечать исключительно острый ум Клинтона и останавливаться на его скромном происхождении, не говоря уже об обвинениях в сексуальных проступках, которые начали всплывать на поверхность.

Социалисты ликовали. Их избранник пришел в Белый дом; теперь социалистические программы могут быть ускорены, и страна не успеет оправиться от одного кризиса до наступления следующего. Начиналась новая эра злоупотребления государственной властью, великое социалистическое ограбление должно было перейти на высокие обороты. Социалистическая иерархия установила четырехлетний срок, в течение которого Клинтон должен был отработать свой срок. Клинтон должен был стать президентом на один срок, но программы, которые он должен был провести через Конгресс, имели самые ужасающие последствия для США в течение следующих 1000 лет.

О том, как хорошо продуманные планы Уильяма Клинтона едва не провалились, никогда не рассказывалось, за исключением репортажей World In Review (WIR). Это было так: Клинтон более чем разочаровалась в своем муже из-за его пристрастия к бабам и многочисленных внебрачных связей. Будучи лучшей "феминисткой" социалистического толка, миссис Клинтон, хорошо скрывавшая свое происхождение, достигла того момента, когда решила идти в одиночку. Хиллари Клинтон (в те времена не было упоминания о "Родэм") разошлась и оставила своего неверного мужа размышлять о его супружеских проступках.

Незадолго до того, как к Клинтону обратились Памела Гарриман и Джей Рокфеллер, он оказался без жены. Это был плохой ход; очевидно, что человек с проблемами в браке не годится для того, чтобы занимать Овальный кабинет. Гарриман поспешил к Хиллари и объяснил ситуацию: если она вернется к мужу, то может рассчитывать на роль следующей "первой леди". Не упуская возможности продвинуться по службе, Хиллари соглашается помириться с мужем при условии, что больше не будет внебрачных связей. Это условие принимается, и гонка продолжается. Остальное - история.

Что не является историей, так это прошлое Уильяма Джефферсона Клинтона, которое по сей день скрывается от американского народа. Клинтон родился в Хоупе, маленьком городке в Арканзасе, а затем семья переехала в Хот-Спрингс, который был "открытым" городом с публичными домами и другими "удовольствиями" большого города. Именно эта дружеская атмосфера "все идет по плану", в которой воспитывался Клинтон, по мнению некоторых, является источником его проблем с правдой.

По словам бывшего сенатора от Арканзаса, судьи Джима Джонсона, некая Нора Уэй, бывший партнер тестя Клинтона, заявила, что Клинтон совсем не такой, каким его выставляют истеблишментные СМИ. Уэй приводит несколько примеров:

> "Когда думаешь о неприязни Билла Клинтона к правде, задаешься вопросом, не связано ли это с его менее чем звездным прошлым в этой области. Он солгал, что был стипендиатом Родса. Он так и не закончил этот (курс), но при этом заявил, что он стипендиат Родса".

В этом Уэй кажется предвзятым. Любой человек, выбранный в качестве стипендиата Родса и поступивший в Оксфорд, даже если он не закончил курс обучения, имеет право называть себя стипендиатом Родса.

Против Клинтона были выдвинуты очень серьезные обвинения в злоупотреблении властью, сделках с наркотиками и инсайдерской торговле со стороны его жены. Эти обвинения были сделаны Ларри Николсом, который был близким другом Клинтона в 1970-х годах. По словам Николса, он "сделал много проектов для Клинтон с точки зрения маркетинга". Далее Николс выдвинул ряд обвинений, которые, по его словам, так и не были расследованы. Большинство из них касаются крупных сделок с кокаином из города Мена, штат Арканзас, о некоторых из них также сообщалось в "The Nation". Николс утверждает, что Финансовое управление по развитию Арканзаса (ADFA) было полностью проверенной финансовой структурой для отмывания крупных сумм денег от кокаина Мены, которые, по его словам, были направлены через неназванный банк во Флориде.

Николс также выдвинул серьезные обвинения в правонарушениях против юридической фирмы Rose и Хиллари Клинтон, обвинив их в получении комиссионных за заявки на облигации в нарушение закона штата. Николс утверждает, что он украл документы и сделал копии, подтверждающие его обвинения. Он также утверждает, что часть денег, полученных Меной от продажи наркотиков, отмывалась через чикагский банк, совладельцем которого является влиятельный политик-демократ Дэн Ростенковски.

Николс утверждает, что Роджер Клинтон, брат президента, попал в тюрьму не за продажу кокаина, "они отдавали его" якобы в обмен на неопределенные услуги. Николс заявил, что

> "Как только он (Дэн Ласатер - который был осужден вместе с Роджером Клинтоном) был осужден, он и Роджер отправились в тюрьму минимального уровня безопасности. Holiday Inn, как их еще называют. Он провел там, я думаю, до 6-8 месяцев, а затем вышел. Никому не известный, Билл Клинтон предоставил ему (предположительно Ласатеру) полное помилование на следующий день после освобождения...".

Николс обвиняет Клинтона и его администрацию Арканзаса в том, что они никогда не занимались проблемой контрабанды кокаина из Мены:

> "Ни одного крупного изъятия не было произведено в Арканзасе, из Мены, штат Арканзас. Представьте себе, почти десять лет работы и ни одна партия кокаина не была поймана".

Далее Николс выдвигает ряд обвинений в неправомерных действиях против Уэса Хаббелла, который ездил в Вашингтон вместе с Клинтоном, и Хиллари Клинтон, Стивенсов и семьи Тайсон, политических и финансовых союзников Клинтона в бытность его губернатором Арканзаса. В отношении Тайсона Николс утверждает следующее:

> "Дон Тайсон вложил $600 000 или $700 000, в общей сложности, во все кампании Билла Клинтона. Угадайте, что он получил за это? 10 миллионов долларов - и угадайте, откуда? Управление по финансированию развития штата Арканзас. И он не заплатил за это ни копейки.

Николс также обвинил производителя парковочных счетчиков, компанию Parking on Meter (POM), связанную с Хаббелом, в неправомерных действиях, и сказал, что пытался заинтересовать своей историей все крупные СМИ, но все они, как правило, отказывались ее рассматривать. Вместо этого, по словам Николса, он подвергся шквалу словесных и физических оскорблений, которые практически дискредитировали его.

Николс заявил, что один из его помощников, Гэри Джонсон, адвокат, жил в кондоминиуме Quapaw Tower. Очевидно, что у Джонсона была установлена камера наблюдения возле его квартиры - задолго до того, как Гениффер Флауэрс поселилась по соседству. Джонсон утверждает, что несколько раз видел, как Клинтон входил в квартиру Гениффер Флауэрс с ключом.

Джонсон сказал:

> "Я видел, как он вошел в свою квартиру. Дело не в том, что я был там и смотрел через глазок в квартиру Джениффер Флауэрс. Просто у меня была камера. Камера была у меня еще до того, как в доме поселилась Джениффер Флауэрс".

Николс сказал:

> "Угадайте, что он снимал? Билл Клинтон много раз входил в квартиру Джениффер Флауэрс с ключом".

Пока нет никаких подтверждений истории Николса и Джонсона, но, как мы уже говорили, "The Nation" начал писать о Мене и Уэсе Хьюбелле, а затем, после нескольких статей, не стал продолжать, что очень отличается от их журналистского стиля.

В октябре 1992 года газета "The Nation" заявила:

> "В Хот-Спрингсе, где Клинтон выступал в выходные в День труда, я увидел этот процесс в действии. Именно здесь, в этом тенистом городке с банями и старыми казино, вырос наш Билл. Вы можете забыть всю эту страшную чушь о "городе под названием Надежда". Суматошная атмосфера, очевидно, произвела на него впечатление. Если верить Хиллари, которая представила губернатора на митинге по случаю встречи выпускников, первое, что они сказали друг другу, когда он привез ее сюда на романтические выходные, было: "Посмотри на все эти маленькие предприятия...".

Тот же левый журнал в марте 1992 года опубликовал статью, из которой взяты следующие выдержки:

> "Что касается более широкого вопроса о благосклонности Клинтона к своим друзьям, Ларри Николс - человек, уволенный Клинтоном из Финансового управления по развитию Арканзаса, и первоисточник истории Флауэрса - говорит, что связи с Клинтонами являются практически обязательным условием для компаний, желающих получить кредиты от ADEA, который был в значительной степени разработан Клинтоном в 1985 году для привлечения капитала в штат в целях экономического развития путем предоставления предприятиям долгосрочных кредитов, финансируемых за счет продажи освобожденных от налогов облигаций. И, действительно, имена, фигурирующие в документах ADFA, рассмотренных моими коллегами, несут на себе отпечаток круга Клинтона."

> "Среди андеррайтеров облигаций, копии которых у нас есть, Stephens Inc. занимает видное место. Президент компании Джексон Стивенс и его сын Уоррен помогли Клинтону собрать более 100 000 долларов на его предвыборную кампанию. В январе банк, в котором Стивенс имеет контрольный пакет акций, Worthen National, предоставил Клинтону кредитную линию на 2 миллиона долларов. Еще одно знакомое имя в выпуске облигаций - ныне не существующая компания Lasater and Co. Дэн Ласатер, который руководил компанией, является давним другом Клинтона и его брата Роджера. И Роджер, и Ласатер были арестованы за кокаин, причем первый - по более серьезному обвинению".

> "Затем есть юридическая фирма Rose, юридическая фирма Хиллари Клинтон, чье имя украшает и облигационные займы, и документы по кредитным соглашениям. Хиллари Клинтон представляла в судебном процессе компанию, принадлежащую Stephens Inc. Партнер Роуза Уэс Хаббел представлял интересы получателя первого кредита AFDA, компании под названием Park on Meter, или POM, название которой часто всплывает в разговорах о Мене. Хаббел был секретарем ФОМ в начале 1980-х годов. Клиентом Хаббела в деле AFDA был Сет Уорд, нынешний председатель POM, который известен как друг Клинтона. Worthen Bank входит в число учреждений, у которых были случайные залоги на

РОМ".

"Клинтон и политика в отношении наркотиков - это еще одна область, где не удалось добиться слияния. По словам ее заместителя Джона Крогера, Клинтон считает, что "реальным решением проблемы наркотиков является снижение спроса". Однако Клинтон также поддерживает "постоянные усилия по пресечению ввоза наркотиков в США", выступая за "расширение использования вооруженных сил, особенно для отслеживания и остановки небольших самолетов, проникающих в страну". Почему же он не пошел по следу наркотиков в Мену, город и аэропорт на западе Арканзаса? Клинтон не может утверждать, что она не знает о том, что Арканзас служил центром международных операций по торговле наркотиками. Один из прокуроров штата, Чарльз Блэк, обратил на это его внимание в 1988 году. В течение пяти лет до этого федеральное расследование вела полиция штата Клинтон. В рамках этого расследования было созвано федеральное большое жюри. Это большое жюри было в конечном итоге распущено, и местная пресса сообщила, что членам жюри не позволили ознакомиться с важнейшими доказательствами, заслушать важных свидетелей и даже увидеть проект обвинительного заключения по отмыванию денег из двадцати девяти пунктов, составленный юристом министерства юстиции "Операция "Гринбэк"".

"В 1989 году Клинтон получил петиции от граждан Арканзаса с просьбой созвать большое жюри штата и продолжить расследование. Уинстон Брайант, ныне генеральный прокурор штата, сделал тему наркотиков и Мены вопросом своей предвыборной кампании в 1990 году. Год спустя Брайант передал свое государственное досье на Мену вместе с петициями от 1000 граждан прокурору по Ирану/контрас Лоуренсу Уолшу, который с тех пор преследовал массовую информацию (Уолш лишь продолжил сокрытие информации).) Позже в том же году, 12 августа 1991 года, советник Клинтона по вопросам уголовного правосудия написал обеспокоенному гражданину письмо, в котором сообщил, что губернатор понимает, что вопрос о преступной деятельности в Мене расследуется или иным образом решается Брайантом, Уолшем и представителем Арканзаса Биллом

> Александром".
>
> "Однако, зная все это, Клинтон ничего не сделал. Генеральный прокурор штата не имеет полномочий проводить расследование, но прокурор штата имеет. Когда Чарльз Блэк призвал Клинтона выделить средства на такое расследование, Клинтон проигнорировал его просьбу. Полиция штата была отстранена от этого дела после того, как федеральное правительство закончило расследование. Теперь мяч снова в суде Клинтона, и он продолжает ничего не делать...".

В одном из последующих номеров "The Nation" так отозвался об Уэсе Хаббеле и "Парке на Метре". Описывая историю создания AFDA лично Клинтоном, автор продолжает:

> "...ADFA предоставил свой первый промышленный кредит в 1985 году компании POM Inc, производителю парковочных счетчиков, расположенному в Расселвилле, штат Арканзас. Утверждалось, что компания POM по секретному контракту производила компоненты химического и биологического оружия для использования Контрас, а также специальное оборудование для 130 транспортных самолетов... Эти самолеты в то время перевозили наркотики и оружие из Мены... Адвокат ФОМ во время этих сделок был партнером в юридической фирме Rose, членом которой была и остается Хиллари Клинтон. Таким образом, штат Клинтон, похоже, был важным звеном в цепи поставок Контрас в то время, когда военная помощь Контрас была запрещена Конгрессом".
>
> "Теперь мы переходим к Майклу Рисконоскьюто, бывшему сотруднику ЦРУ по контракту, который утверждает, что работал в "Мене" с 1988 по 1989 год. Рисконоскиуто был арестован вскоре после того, как его вызвали в качестве свидетеля по делу Inslaw... Он был арестован по десяти обвинениям, связанным с наркотиками, и осужден по семи из них... По словам Рисконоскиуто, Мена была частью сети баз, которая развивалась с течением времени... Мена имела решающее значение из-за своего центрального положения по отношению к другим базам... Мена была главным пунктом приема наркотиков, а другие базы служили пунктами распространения... Насколько известно

> Рисконоскьюто, в аэропорту Мены никогда не разгружали наркотики. Как и на луизианском объекте компании Seal, низколетящие самолеты использовали парашюты для сброса контейнеров с наркотиками в окрестности, иногда в национальном лесу Уачита, но чаще на частные земли...".
>
> "РОМ", по словам Рисконоскьюто, не просто производил парковочные счетчики. Он утверждает, что с самого начала, в 1981 году, компания также производила паромные баки... для самолетов С-130".

Руководство РОМ, очевидно, направило левого репортера к юристу компании, и больше ничего не было сказано о РОМ и ее сотрудничестве с Уэсом Хabблом и юридической фирмой Хиллари Клинтон.

Левый журнал "The Nation" опубликовал еще одну статью о Клинтоне и обвинениях против Дженнифер Флауэрс, выдержки из которой мы приводим здесь:

> "Утверждения о сексуальной жизни Билла Клинтона впервые появились в судебном иске, поданном Ларри Николсом, которого Клинтон уволил с должности директора по маркетингу Финансового управления по развитию Арканзаса (ADFA). Клинтон утверждает, что Николс был уволен за 700 неразрешенных телефонных звонков контрас в Центральной Америке, и что иск является частью республиканского розыгрыша. Последовательность более сложна, она вытекает из роли государства, в частности, аэропорта в городе Мена, на западе Арканзаса, в подготовке и снабжении Контрас; также из потока оружия в обмен на наркотики между США и Центральной Америкой... Студенческой организации Университета Арканзаса в Фейетвилле, которая уже давно расследует дело Мены, удалось запросить, согласно законам F.O.I.A., записи телефонных разговоров Никол из ADFA. Марк Суони, член этой организации, говорит, что за указанный период не было никаких звонков в Центральную Америку по поводу пошлин...".
>
> "Клинтоны - Билл и Хиллари - преподносятся как динамичные и заботливые, и в чем-то грозно единые. Эта версия возобладала, несмотря на то, что, как признают в скобках их поклонники, они некоторое время были врозь и,

> по-видимому, сошлись только в преддверии президентской кампании. Неужели жажда власти свела их вместе? В отличие от доброжелательных Клинтонов, нам предлагается высмеять Флауэрс как девушку, которая хорошо проводит время...".

От Сида Блюменталя в "New Republic" (мегафон социалистов), одной из самых развязных лестных статей в истории связей с общественностью, до бесчисленных благоприятных статей в "Washington Post" и "New York Times", до огромных сундуков вечных пандитов - слово вырвалось наружу:

> Клинтон - здоровый, вдумчивый, прагматичный, современный, белый, мужественный и безопасный. И для всех демократических временщиков, томившихся в течение двенадцати долгих лет, он нес - по крайней мере, пока его не поразила болезнь Флауэрса[14] - аромат возможной победы...".

Похоже, что вновь назначенному специальному прокурору предстоит охватить много неизведанных территорий, к которым бывший специальный прокурор Фиске отказался подходить. Возможно, этим объясняется крайняя нервозность демократов Конгресса по поводу выхода Фиска из расследования. Будем надеяться, что правда всплывет наружу. На данный момент, похоже, это самое успешное сокрытие в истории американской политики.

---

[14] Упоминание об отношениях Клинтона с молодой женщиной по фамилии Флауэрс.

Глава 7

ПРОНИКНОВЕНИЕ И ОПЛОДОТВОРЕНИЕ РЕЛИГИИ СОЦИАЛИЗМОМ

"Великие цивилизации мира не создают великие религии как некий побочный продукт; в очень реальном смысле великие религии - это фундамент, на котором покоятся великие цивилизации". Кристофер Доусон, историк.

"Христианская религия - это религия, не подходящая для нашего времени". Эдвард Линдеман. Христианский писатель-социалист.

Хотя верно, что фабианский социализм стремился проникнуть во все религии, настоящей целью всегда была христианская религия. В первые годы своего существования Фабианское общество называло свои одностраничные брошюры "трактатами" - термин, используемый христианскими миссионерами, чтобы намеренно ввести общественность в заблуждение относительно неприятия фабианским социализмом организованной религии. Возможно, наиболее пагубное влияние на религиозные верования оказала "немецкая рационализация", у истоков которой стояли Бисмарк и Маркс, рассматривавшие религию как простую социальную науку.

В Соединенных Штатах Америки злой социалистический лидер Джон Д. Рокфеллер стремился сдвинуть церкви влево, используя проникших в них светских проповедников. Один из его приспешников, Пол Бланшард, был использован для создания организации под названием "Протестанты и другие американцы, объединенные за разделение церкви и государства". Эта доктрина - одна из самых успешных ложь и мистификация, когда-либо совершенных в отношении американского народа. В Конституции нет таких полномочий.

Одной из первых христианских церквей в Америке, подвергшихся "социализации", была церковь Грейс в Южном Бостоне, пастором которой был преподобный У.Д. Блисс. Будучи большим другом Сиднея Уэбба, Блисс проявлял миссионерское рвение от имени Фабианского общества, но его исповедуемое христианство не распространялось на преподавание Евангелия Христа. Еще одним растлителем христианской религии был отец (впоследствии епископ) Джон Августин Райан, чье Евангелие было тем, которому учил английский социалист Джон Хобсон. Райан создал группу под названием "Национальный совет католического благосостояния", которая использовалась фабианскими социалистами для проникновения и пронизывания католических церквей по всей Америке. Позже Райан стал "падре Нового курса" и использовался Рузвельтом, чтобы получить "религиозное благословение для своих самых спорных законопроектов Нового курса".

Но настоящим центром социалистической религиозной деятельности в США была церковь Риверсайд, "христианская церковь социальных наук", финансируемая Фондом Рокфеллера в Нью-Йорке. С этой точки зрения, в политическую жизнь страны были внесены изменения, особенно через семью Даллесов, которая доминировала в Федеральном совете церквей Христа в Америке (ФЦХА). FCCA была одной из самых первых "религиозных групп", с энтузиазмом поддержавших "Новый курс" Рузвельта.

В 1935 году Служба военно-морской разведки США назвала FCCA лидером пацифизма:

> "... Это большая радикальная пацифистская организация... ее руководство состоит из небольшой радикальной группы, которая всегда очень активна в любом вопросе, направленном против национальной обороны".

Комиссия по штампам взяла показания под присягой у

свидетеля-эксперта, который заявил следующее

> "Судя по всему, вместо того, чтобы продвигать христианство среди своих многочисленных членов, она (FCCA) больше похожа на огромную политическую машину и, похоже, вовлечена в радикальную политику. Ее руководство указывает на то, что она поддерживает отношения со многими наиболее радикальными организациями".

В 1933 году преподобный Альберт У. Бивен и 44 соавтора написали письмо Рузвельту, призывая его социализировать Америку. Другой "человек из народа", преподобный доктор Кирби Пейдж, посоветовал Рузвельту поддержать большевиков.

> "Целью пролетариата в России было создание лучшей жизни... Трудно найти в мире молодежь, более преданную делу Христа, чем та, которую вы найдете в России, преданную Сталину...", - сказал Кирби.

Доктор Гарри Ф. Уорд, еще одна ведущая фигура в FCCA, фактически вышел из Американского союза гражданских свобод (ACLU) в 1925 году, потому что он исключил "тоталитаристов" из своего состава. За год до этого Уорд - тогдашний президент ACLU - выступал в поддержку социалистических и коммунистических идей. Это было, когда Уорд был профессором христианской этики в Union Theological Seminary в Нью-Йорке. Благодаря своему превосходству в тактике проникновения и пропитки. Уорду удается подмять под себя три поколения будущих лидеров американской церкви и привести их в социалистический лагерь.

Преподобный Нибур - еще один видный социалист, названный экспертом, вызванным на слушания Комиссии Диса. Нибур занимал должность профессора прикладного христианства и декана Теологической семинарии Союза, и был одним из самых первых американских фабианских социалистов, продвигавших книгу "Новый курс" Грэма Уолласа, ведущего писателя Фабианского общества. В 1938 году Нибур вступил в Фабианскую социалистическую ассоциацию университетских профессоров, которая называла себя "прогрессивной образовательной организацией". Как мы теперь знаем, "прогрессивный" - это просто другое слово для "социалиста". Нибур также известен как секретарь Студенческой лиги за индустриальную демократию (SLID) (которая позже стала Лигой индустриальной демократии), ультрасоциалистической студенческой организации, активно участвовавшей в радикальной политике.

Многие студенты-члены EDLR затем вступили в Демократическую партию, вместо того чтобы попытаться создать свою собственную социалистическую партию. Именно с этого момента Демократическая партия стала заражена социалистами, и сегодня, по данным моей разведки, 86% Демократической партии являются закоренелыми социалистами. Впоследствии Нибур оказал глубокое влияние на братьев Кеннеди, а Роберт назвал книгу Нибура "Дети света, дети тьмы" (книга языческого культа) одной из книг, которые он взял бы с собой на Луну, если бы ему довелось там побывать.

Влияние Нибура распространилось далеко и широко, распространяя его "прогрессивную" политику среди социалистических членов Американцев за демократические действия (АДА) и ЛИД. На протяжении всей своей политической жизни Ниебур проповедовал "Социальное Евангелие", позднее известное как марксистская теология освобождения. Он стал близким другом Артура Шлезингера-младшего, проповедуя, что "капитализм - это болезнь" и что насилие - в глазах смотрящего. В дальнейшем Шлезингер сыграл очень важную роль в социализации Америки, доказав, что религиозный социализм является разрушительным оружием в правильных (или неправильных) руках. Ниебур открыто принял марксизм (хотя это было совершенно безбожное вероучение и странная вера для служителя, который должен был быть учителем Евангелия), утверждая, что это было

> "по сути, правильная теория и анализ экономических реалий современного общества".

Этот так называемый "теолог" также активно контролировал прессу, будучи назначенным Рокфеллером в "Комиссию по свободе прессы". Неизбежно Ниебур был назначен в Совет по международным отношениям (CFR) по указанию Дэвида

Рокфеллера. Таким образом, в религиозном театре социалистических операций мы видим, что фабианский социализм был очень занят в Соединенных Штатах и хорошо усвоил урок, что использование религии как средства проникновения и проникновения в общество в целом, очень важно. Нас заставили поверить, что большевики и их социалистические родственники были против всех форм религии. На самом деле, это совсем не так. Социалистическая/большевистская ненависть к религии была направлена больше на христианство, чем на любую другую религию.

Одним из способов, с помощью которого социалисты смогли сохранить свою власть над организованной религией, является Братство верований, которое было создано как социалистическая организация в 1921 году и недавно было полностью возрождено в рамках подготовки к приходу единого мирового правительства - Нового мирового порядка. Это организация, призванная контролировать религию - давняя цель социализма, - которая осознала, что религию никогда не удастся искоренить. Ведущий государственный деятель Комитета 300, Бертран Рассел, описал социалистическое отношение к религии следующим образом:

> Если мы не можем его контролировать, тогда мы должны от него избавиться".

Но избавиться от религии легче сказать, чем сделать, поэтому был выбран метод "контроля".

Все эти войны не смогли избавить мир от религии. Пришлось разработать другую тактику, например, интенсивное промывание мозгов, используя известную релятивистскую идею о том, что все религии равны. Свидетельством того, что война против христианства становится все более ожесточенной и интенсивной, может служить атака на Конституцию США социалистов, таких как Ллойд Катлер - советник президента Картера, президента Клинтона и его генерального прокурора Джанет Рино. Социалист Катлер стремится ослабить Конституцию, чтобы уменьшить защиту и свободу вероисповедания и религии каждого человека.

Шокирующая расправа над американскими гражданами в Уэйко, штат Техас, является недавним примером того, как далеко готовы зайти социалисты, чтобы подавить свободу вероисповедания. События, которые привели к убийству на площади Тяньаньмэнь большего числа американских граждан-христиан, чем китайских студентов, слишком хорошо известны, чтобы пересказывать их здесь, но некоторые аспекты необходимо прояснить и усилить.

Первое, что следует учесть, это следующее: Где в Конституции сказано, что федеральное правительство имеет право вмешиваться в религиозные дела ЛЮБОЙ церкви, как оно вмешивалось и вмешивается в дела христианской церкви "Бранч Давидиан"? Где в Конституции сказано, что федеральное правительство имеет право решать, что является "культом", а что нет? Пусть генеральный прокурор Рино покажет нам, где такие полномочия предоставлены федеральным правоохранительным органам. Правда в том, что мы не можем найти его; его нет в Конституции!

Нигде в полномочиях, делегированных Конгрессу в статье 1, раздел 8, пункт 1-18, не дается право нападать на "культ". Чтобы позволить федеральному агентству вмешиваться в деятельность церкви Бранч Давидиан и нападать на нее силой оружия, как это было сделано в Уэйко, потребуется внести поправку в Конституцию США. То, что произошло в Уэйко, было изменой и мятежом против Конституции и американского народа. Используя военные машины для нападения на гражданских лиц в христианской церкви, мы должны предположить, что намерением было терроризировать и лишить граждан гражданских прав.

Статья 1 Билля о правах Конституции США гласит:

> "Конгресс не должен издавать законов, касающихся установления религии, или запрещающих свободное отправление ее, или ущемляющих свободу слова, или печати, или право народа мирно собираться и обращаться к правительству с петициями об удовлетворении жалоб".

Обратите внимание на использование слова "должен", которое гораздо сильнее, чем "будет". Обратите также внимание на слова "относительно установления религии". В слове "учреждение" подразумевается, что оно также относится к акту учреждения, или, говоря простым языком, к НОВОЙ УСТАНОВЛЕННОЙ ОРГАНИЗАЦИИ. В данном случае вновь созданной организацией была церковь Бранч Давидиан. Таким образом, по закону федеральное правительство должно было защищать давидианцев, а не убивать их.

Федеральное правительство вошло в Уэйко с явным намерением запретить свободное исповедание религии членами христианской церкви "Бранч Давидиан". Он запретил членам "Бранч Давидиан" проводить мирные собрания. Федеральное правительство заявило: "Мы говорим, что вы - секта, и нам не нравится ваша религия, поэтому мы собираемся закрыть вашу церковь".

Для этого федеральное правительство пригнало военные машины, которые затем использовало для нападения на здания церкви и убийства членов "Бранч Давидиан". На странице E7151 протокола Конгресса от 31 июля 1968 года судья Уильям О. заявил Дуглас:

> "... Для правительства невозможно провести грань между добром и злом и быть верным Конституции, лучше оставить все идеи в стороне."

Правительство Соединенных Штатов предпочло проигнорировать это решение и попыталось упростить религию, свести ее к тому, что хорошо или плохо, с федеральным правительством в качестве арбитра. Федеральное правительство попыталось превратить религию в простой вопрос, в то время как это очень сложный вопрос, в который оно не должно было вмешиваться ни при каких условиях.

Первые десять поправок к Конституции США представляют собой ограничение полномочий федерального правительства. Кроме того, разрешение законодательной инициативы в отношении религии также отрицается статьей 1, раздел 9 Конституции. Федеральное правительство не обладает абсолютными полномочиями. Жители Бранч-Дэвида имели право на полицейскую защиту в соответствии с полномочиями, предоставленными государству 10-й поправкой. Шериф Вако не выполнил свой долг, когда не откликнулся на призыв члена церкви Бранч Давидиан о помощи, чтобы выполнить свой долг по защите граждан штата Техас от мародерствующих федеральных агентов. Если бы шериф выполнял свой долг, он бы вывел своих людей на место и приказал федеральным агентам покинуть территорию и убраться из штата Техас, где у них нет юрисдикции. К сожалению, шериф, либо из-за незнания Конституции, либо опасаясь за собственную безопасность, не перехватил вооруженных и опасных федеральных агентов, как он должен был сделать по Конституции.

Согласно Конституции США, ответственность за защиту "жизни, свободы и собственности" лежит на штатах, а не на федеральном правительстве. Дело Эммы Голдман навсегда решило этот вопрос. (Преступник был судим судом штата и казнен штатом за убийство президента Маккинли, хотя убийство президента было и остается федеральным преступлением). 14-я поправка, хотя и не была ратифицирована, не пыталась передать ответственность за полицейскую защиту от штатов федеральному правительству. Итак, в Уэйко мы имели дело с несанкционированным нападением на религиозную общину, усугубленным отвратительной неспособностью шерифа защитить граждан штата Техас от незаконного и нелегитимного нападения федеральных агентов.

В результате граждане отделения Давидиан в штате Техас были незаконно и злонамеренно лишены жизни, свободы и собственности без надлежащей правовой процедуры, и им было отказано в суде присяжных, в то время как шериф Вако, главный правоохранитель штата, стоял сложа руки и ничего не сделал, чтобы остановить эти нападения. Ожидается, что против шерифа Вако будут выдвинуты обвинения в неисполнении служебных обязанностей. Положение об иммунитете, содержащееся в части I статьи IV, было грубо нарушено:

> "Граждане каждого штата имеют право на все привилегии и иммунитеты граждан нескольких штатов".

Федеральное правительство, согласно Конституции США, не

имеет права решать, что является церковью, а что культом. Полномочия федерального правительства решать, что является культом, а что религией, - это полномочия уничтожить все религии, как предпочли бы социалисты, что является их конечной целью. 1-я поправка к Конституции НЕ дает таких полномочий и не делегирует их Конгрессу. Вместо этого мы получили общественное мнение, сформированное средствами массовой информации, которые в течение нескольких дней повторяли, что церковь Бранч Давидиан была "сектой", как будто это было достаточной юридической санкцией для федеральных агентов, чтобы штурмовать здания церкви.

Уэйко - не первый случай вмешательства федерального правительства в религиозные дела, и, конечно, не последний. На страницах 11995-2209 отчета Конгресса, Сенат, 16 февраля 1882 года, мы с ужасом читаем, как правительство пыталось помешать некоторым мормонам голосовать. На странице 1197 мы читаем часть дебатов.

> "... Это право (голосовать) принадлежало американской цивилизации и законодательству задолго до принятия Конституции. Оно подобно праву на ношение оружия, как и многие другие права, которые можно было бы здесь упомянуть, существовало от имени граждан в колониальные времена во всех штатах; и положения, которые были внесены в Конституцию путем поправок, а также в первоначальный документ, призванные защитить эти права, были лишь гарантиями существующего права, а не создателями самого права".

Мормоны тогда рассматривались федеральным правительством как церковь Бранч Давидиан. В 1882 году Сенат попытался принять законопроект, согласно которому комиссия из пяти человек должна была выступить в качестве судьи и присяжных над мормонами и не допустить их к голосованию. Помимо всего прочего, это было нарушением закона о помиловании. На странице 1200 со стр. 1195-1209 сенатор Вест сделал следующее заявление:

> "... Например, никто не может предполагать, мы будем считать, что Конгресс может издавать любой закон в любой территории, касающийся установления религии, или

> свободного осуществления, или ограничения свободы прессы, или права жителей территории собираться мирно и обращаться к правительству с петициями об удовлетворении жалоб. Конгресс также не может лишить народ права на ношение оружия, права на суд присяжных или заставить кого-либо свидетельствовать против себя в уголовном процессе. Эти полномочия, а также другие, касающиеся прав народа, которые нет необходимости перечислять здесь, прямо и позитивно отрицаются общим правительством; и права частной собственности охраняются с такой же тщательностью".

После рассмотрения вышеприведенного изложения фактов, касающихся защиты, предоставляемой Конституцией и Биллем о правах, мы поражены ужасом ситуации в Уэйко; "Бранч Давидианы" не получили никакой защиты, гарантированной Конституцией. Шериф Уэйко отказался от полицейских полномочий по защите, федеральное правительство напало на членов церкви Бранч Давидиан, лишило их жизни бесцеремонным, диким и варварским образом, и полностью уничтожило их собственность вопреки их "правам на частную собственность, охраняемую с равной заботой". Мы видим, как далеко мы отступили с 1882 года, когда был провален законопроект о недопущении мормонов к голосованию.

Почему "Бранч Давидианы" были лишены всех прав, которые у них были? Почему с ними обращались как с врагом, пытающимся вторгнуться на наши берега; с военной техникой, вертолетами, танками, бульдозерами, и, наконец, с огнестрельным оружием, которое уничтожило их всех? Были ли соблюдены их права на суд присяжных, если у федерального правительства действительно были законные обвинения против них до того, как его агенты вошли в церковную собственность под дулами автоматов?

Все, что произошло, это то, что преступники почти беззаботно говорят, что они берут на себя ответственность за варварские действия своих приспешников! То, что мы увидели во время жестокой бойни в Уэйко, было социализмом/коммунизмом в действии. Религия, которую проповедовал Дэвид Кореш, однажды могла бы быть принята в качестве признанной религии, так же как христианская наука Мэри Бейкер Эдди и мормоны являются признанными религиями сегодня. Эти религии можно было бы классифицировать как "культ" в их ранние времена, хотя тогда это слово не имело такого значения, как сегодня. Но федеральное социалистическое правительство боялось, что с Корешем произойдет то же самое, что и с Мэри Бейкер Эдди, поэтому оно вмешалось и пресекло это в зародыше.

Социализм намерен контролировать религию, и нигде это не проявляется так явно, как в его так называемом "сообществе веры". Войны не смогли избавить мир от религии; большевики унесли жизни 60 миллионов русских, подавляющее большинство из которых были христианами. Они превратили христианские церкви в дома проституции, лишили их драгоценных артефактов и продали свою добычу через конторы таких предателей, как Арманд Хаммер. Христиан преследовали и убивали в ужасных массовых убийствах, начиная с римлян и до наших дней, как мы видели в Вако.

Социалисты, поняв, что им не удастся уничтожить религию, убивая ее верующих и последователей, попытались взять ее под контроль. Они создали фальшивое единое мировое правительство "Братство веры", чтобы взять под контроль все религии. В тандеме с религиозным контролем мы должны верить, что коммунизм мертв и скоро станет архаикой. Это не так, коммунизм никогда не изменится. На поверхности это возможно, но в глубине души мало что изменится. Что изменится, так это социализм, когда он наберет силу, а затем, когда он установит полный контроль над миром, он снова введет коммунизм в качестве хозяина народов Земли.

Каково место Альянса верований в этом сценарии? Каким образом он может оказать глубокое влияние на политические события, как от него ожидают и как предполагали его основатели? Задача унификации религии, т.е. ее "нормализации", была возложена на социалиста Кеддрантаха Даса Гупту, исполнительного члена Лиги сопротивляющихся войне и сторонника вооруженной революции против нашей республики. Задуманное в 1910 году, первое официальное заседание Братства состоялось в Чикаго в 1933 году. Его истинную природу разоблачил сэр Рабиндрат Тагор, основатель прокоммунистического политического движения в Индии.

Епископ Монтгомери Браун, основной докладчик на первом семинаре FF, сказал:

> "полное мировое сообщество веры будет только тогда, когда боги будут изгнаны с небес, а капиталисты с земли".

Очевидно, что с самого начала своего существования Братство было социалистическим предприятием. Сэр Рабиндрат в своих трудах и словах подчеркивал необходимость полового воспитания для самых маленьких детей. Мы склонны думать о сексуальном воспитании молодежи как о проклятии, которое пришло к нам совсем недавно, но на самом деле оно восходит к жрецам Ваала и египетскому жречеству Осириса.

Было бы удивительно увидеть христианских служителей и лидеров, принимающих идею нормализованной религии и работающих с теми, кто ненавидит христианство, если бы то же самое не происходило в 1980-1990-х годах. В 1910 году Всемирное братство религий было создано сэром Фрэнсисом Янгхаздом, который подчеркнул, что необходимо достичь идеи союза религий Восток-Запад. Сэр Фрэнсис не сказал, что родоначальник этой идеи, Дас Гупта, был оголтелым коммунистом, стремившимся продвигать эту мерзкую доктрину. Сэр Фрэнсис изложил историю "нормализованной" религии следующим образом:

> "Идея пришла в голову г-ну Дасу Гупта, который работал над ней 25 лет и нашел сердечного соавтора в лице американца, г-на Чарльза Ф. Веллера... В Америке в 1893 году состоялся Парламент религий. В Америке в 1893 году состоялся Парламент религий. В Париже в 1904 году началась серия сессий Международного конгресса по истории религий. Другие сессии прошли в Базеле, Оксфорде и Лейдене.

(Все центры "нормализации" религии и пропагандисты марксистской доктрины теологии освобождения).

> "В Лондоне в 1924 году состоялась Конференция живых религий империи (Британской империи). В 1913 году в Чикаго, продолженный в 1934 году в Нью-Йорке, состоялся

> Всемирный конгресс дружбы вероисповеданий, созванный под председательством достопочтенного Герберта Гувера и мисс Джейн Аддамс."

Присутствие мисс Аддамс на этих собраниях было знаком того, что под видом религии действует оголтелый социализм. История мисс Аддамс рассказывается в главах о женщинах-социалистках. Идея заключалась в том, чтобы затопить христианство в потоке других религий. Но христианство нельзя "стандартизировать", оно уникально и стоит само по себе. Его учения лежат в основе капитализма, который с тех пор был заменен вавилонизмом, а сегодня капитализм настолько проституирован и деградировал, что его невозможно узнать в качестве первоначальной системы.

Без христианства мир погрузится в новую темную эпоху, гораздо худшую, чем все, что было до этого. Это должно помочь объяснить, почему противники христианства так стремятся уничтожить его или, по крайней мере, контролировать его, чтобы оно было разбавлено, вычеркнуто и затем стало бесполезным. Братство верований стремилось слить христианство с другими религиями и тем самым привести к потере его уникальной идентичности. Идея "доктрины отделения церкви от государства" - дело рук социалистов в правительстве США. Что следует определить, так это ПРЕСЕЧЕНИЕ ХРИСТИАНИЗМА В ГОСУДАРСТВЕ.

К предприятию по "нормализации" религии присоединились Кит Харди, социалист, член Лейбористской партии Великобритании, Феликс Адлер, основатель леворадикального Общества этики и культуры Нью-Йорка, Уэллс, известный писатель-социалист, которого представлял лорд Бертран Рассел. Уэллс был членом тайного масонского общества Kibbo Kift Kindred, "Clarte", штаб-квартира которого располагалась в ложе "Девять сестер" Великого Востока в Париже, ложе, сыгравшей ведущую роль в кровавой Французской революции.

Мозес Хесс, один из самых революционных коммунистов того времени, присоединился к Уэллсу в поддержке Общества культурных связей с Советской Россией. Именно в ложе "Девять сестер" Уэллс сделал заявление, которое выставит его ненавистником христианства:

> "Отныне новое мировое правительство не потерпит конкуренции со стороны соперничающих религиозных систем. Для христианства не останется места. Теперь в мире должна быть только одна вера, нравственное выражение мирового сообщества".

Энни Безант, видный член Фабианского общества, выступила вперед, чтобы добавить свое имя в список противников христианства. Безант была духовной преемницей мадам Блаватской, основательницей Теософского общества и другом Уэллса. Мистер Чарльз Уэллс, представитель Капиталистическо-коммунистического альянса, был миллионером в своем собственном праве в тот период истории, когда термин "миллионер" действительно что-то значил.

Задача по организации американского отделения Братства веры была возложена на г-на Веллера, который быстро получил благословение Самуэля Унтермайера, ведущего мирового сиониста и доверенного лица президента Вильсона, который немедленно одобрил ее после того, как она была представлена ему в Овальном кабинете. Как сказал господин Самуэль Ландман из нью-йоркских сионистов

> "Мистер Вудро Вильсон, по веским и достаточным причинам, всегда придавал огромное значение советам одного очень видного сиониста".

Веские и достаточные основания", на которые ссылается г-н Ландманн, - это пачка любовных писем, написанных Уилсоном миссис Пек, которая в обмен на обещанную Унтермайером помощь в вызволении ее сына из криминальной ситуации передала пачку писем, перевязанную розовой ленточкой, либо Унтермайеру, либо Баруху. Уилсон питал большую страсть к романам с замужними женщинами, особенно долгим и пылким был роман с Пек. По глупости Уилсон дал знать о своих любовных чувствах миссис Пек в письменном виде. Именно эта неосмотрительность упоминается как метод, использованный для шантажа Вильсона, чтобы заставить Соединенные Штаты ввязаться в Первую мировую войну, которая похоронила цветок американской христианской мужественности на полях Фландрии и практически уничтожила эту нацию. Позже поддержка Вильсона со стороны

Лиги соседей, социалистического "церковного" фронта, едва не привела к созданию Лиги Наций.

Председатель провинциального исполнительного комитета по общим сионистским делам, судья Брандейс, был заменен раввином Стивеном Уайзом, который, как оказалось, был членом просоциалистического фронта Чрезвычайной федерации мира и девятнадцати других фронтов. Брандейс также был членом Фабианского общества в Лондоне. Многие из старых "религиозно-социалистических" организаций существуют и сегодня, хотя они изменили свои названия в соответствии с меняющимся временем и обстоятельствами.

Эптон Синклер, ярый социалист, ставший писателем, который писал для "Новой энциклопедии социальных реформ" и был одним из основателей Американской Фабианской лиги, решительно поддерживал Альянс религий. На протяжении всей своей карьеры Синклер постоянно давал христианству пропуск. Ни Синклер, ни Уайз, ни Аддамс, ни даже многие сторонники Братства не говорили общественности, что это было движение, вдохновленное масонами, насквозь. К 1926 году Братство Верований было признанным другом мировой революции, в правлении и комитетах которого доминировали росикрусианцы.

Движение Трехкратного, начатое в 1924 году Чарльзом Веллером и Дасом Гуптасом, проводило собрания по всей территории США и Великобритании. К 1925 году они организовали 325 таких встреч. Среди лидеров Тройственного движения были М.С. Малик, член секты Бени-Исраэль, доктор А.Д. Джилла, представляющий парситов, М.А. Дард, представляющий магометизм, сэр Артур Конон Дойл (автор знаменитого Шерлока Холмса), представляющий спиритуализм (примечание: впервые он был представлен как религия), буддизм, представленный Ангарикой Дхармапалой: теософия, представленная Анни Безант. Важно помнить, что все эти религии были и остаются по сути антихристианскими. Другое дело, что литература "Братства веры" продавалась в коммунистических книжных магазинах по всей Великобритании, Западной Европе и США.

Первый Всемирный конгресс Братства верований открылся в

Чикаго в 1933 году, его принимала мисс Джейн Аддамс. Одним из главных докладчиков был епископ Монтгомери Браун, национальный председатель Коммунистической рабочей помощи и член пятидесяти других организаций коммунистического фронта. В своем вступительном слове Браун сказал:

> "Есть одно место на земле, где люди осмелились положить конец эксплуатации человека человеком: Россия! СССР является предтечей международного коммунизма, который постепенно поглотит все капиталистические государства, постепенно разлагающиеся. Если какое-либо правительство, церковь или учреждение противостоит или мешает этому коммунистическому государству, оно должно быть безжалостно свергнуто и уничтожено. Если необходимо достичь мирового единства, оно должно быть достигнуто международным коммунизмом, который может быть реализован только под лозунгом: "Изгнать богов с неба и капиталистов с земли". Тогда, и только тогда, будет существовать полное мировое сообщество веры".

Веллер и Браун очень хвалили епископа Брауна, а Дас Гупта заявил:

> "Я уверен, что есть и другие люди, которые чувствуют то же, что и я, которые имеют те же убеждения, что и епископ Браун, но у них не хватило смелости сказать и признать это. Я хотел бы сказать, что полностью согласен с чувствами епископа".

Браун написал ряд книг, включая одну под названием "Учение Маркса для мальчиков и девочек", а также семнадцать небольших книг о сексе для детей, которые были широко распространены. Расследование, проведенное властями, показало, что все, кто был вовлечен в структуру и членство Братства верований, также являлись масонами.

Масоны создали подставную организацию для освещения своей деятельности на конференции Лиги Наций в Париже, которая называлась Союз Лиги Наций. Она сыграла важную роль в обсуждениях на Парижской мирной конференции, которая практически гарантировала, что будет еще одна мировая война. Как сказал сэр Фрэнсис Юнгхазбенд

> "Мы здесь для того, чтобы обеспечить прочную духовную основу для Лиги Наций.

Мы можем лучше всего судить о ТИПЕ духовной основы, которая была предоставлена, просто изучив структуру Организации Объединенных Наций, преемницы Общества. Именно в рамках Организации Объединенных Наций и ее религиозного исполнительного органа, Всемирного совета церквей (ВСЦ), происходит обновление Пакта о религиях.

Мы в Соединенных Штатах и на Западе в целом не можем позволить себе закрывать глаза на это возрождение. Либо мы верим, что христианская религия является основой Конституции Соединенных Штатов, и стоим на этом, либо мы погибнем. Толерантность" и "понимание" не должны отвлекать нас от истины, и если мы не займем позицию сейчас, завтра может быть уже поздно. Вот насколько серьезной стала ситуация для будущего нации. Либо христианство является истинной религией, провозглашенной Иисусом Христом, либо оно полностью лишено сути. Толерантность" и "понимание" не должны заслонять этот важный принцип.

Христианство принесло миру совершенную экономическую систему, которая была намеренно проституирована, так что сегодня она почти неузнаваема. Социалисты, марксисты и коммунисты хотели бы заставить нас поверить в превосходство их системы, но когда мы смотрим на страны, которые они контролировали - Россию, Великобританию, Швецию - мы видим разруху и страдания в огромных масштабах. Социалисты прилагают все усилия, чтобы навязать свою систему, которая приведет к рабству. Религия - одна из самых важных областей, в которую они проникли, и поэтому самая опасная. Это не только религиозный вопрос, но и вопрос выживания Республики, основанной на Божьих законах, которые включают неизменные политические и экономические законы, а не вопрос "демократии", основанной на человеческих законах. Мы должны помнить следующее: все чистые демократии в истории мира потерпели неудачу.

Важно связать эти вещи воедино, тем более что я обнаружил, что Альянс веры голосовал как блок за социалистический билет на выборах 1932 года, на которых успех сопутствовал

Рузвельту, их социалистическому кумиру. Это было особенно характерно для Нью-Йорка и Чикаго. Антихристианский крестовый поход будет усиливаться по мере распространения по всему миру великой лжи о том, что коммунизм мертв. В то время как коммунизм находится на дне, социализм процветает, особенно в Соединенных Штатах, где наши церкви глубоко проникли и пронизаны социалистическими агентами перемен. Чтобы принять Единое мировое правительство - Новый мировой порядок, нам придется пожертвовать христианством.

В Соединенных Штатах происходит серьезнейшая революция. Революция Вейсхаупта против христианской церкви вышла на новый уровень скотоложества с пропагандой гомосексуализма и лесбиянства, "свободной любви" (абортов) и общим снижением моральных стандартов нации. Одним из главных лидеров этой революции является Всемирный совет церквей (ВСЦ), религиозное подразделение Организации Объединенных Наций. Деятельность ВСЦ привела к глубоким изменениям в политической, религиозной и экономической жизни страны. ВСЦ всегда знал, что религия не останавливается перед дверью церкви.

Федеральный совет церквей (ФСЦ), предшественник ВСЦ, стремился проникнуть в гражданское правительство, особенно в области образования и трудовых отношений. Марк Старр, британский социалист, назначенный Рузвельтом на ряд государственных постов, использовался CCF для посещения фабрик и распространения публикации Фабианского общества "Что церковь думает о труде", глубоко марксистской диатрибы против капитализма. ФКС управлялась по радикальной социалистической линии, в соответствии с методами, установленными Сиднеем и Беатрис Уэбб, ее основателями, и ее членство в Третьем Интернационале показывает без сомнения, что ФКС/ВКК была и остается антихристианской организацией.

ФКС/ВКК управлялась язычниками для язычников, как показывает ее прошлая история, и как мы видим сегодня. Одним из таких язычников был Вальтер Раушенбах, который посетил Сиднея и Беатрис Уэбб, а затем принес их идеи, плюс то, что он узнал из чтения Маркса, Мадзини и Эдварда

Беллами, во Вторую баптистскую церковь в Нью-Йорке. Вместо Евангелия Христа Раушенбах проповедовал Евангелие социализма по Марксу, Энгельсу, Рёскину и масонский социализм Мадзини.

ФКС/ВКК заявляла о двадцати миллионах членов, но исследования показывают, что ее членство было и остается значительно меньшим. Что касается финансовой поддержки, которую получал ФКС и которую сегодня получает ВСС, то, как показывают исследования, она поступала от многих прокоммунистических организаций, таких как Фонд Лоры Спеллман, Фонд Карнеги и Фонд братьев Рокфеллеров.

ФКС заложила основу для бедствия гомосексуализма и лесбиянства, не говоря уже о "свободной любви" без ответственности (аборты), которое обрушилось на нацию. ФКС был, и ВКК является, самым ярым сторонником гомосексуализма и лесбиянства, и решительно поддержал так называемую "конституционную" защиту этих групп. Гомосексуализм нигде в Конституции США не упоминается как "право", и поэтому является запретом. Права гомосексуалистов" - это плод воображения социалистических законодателей и некоторых судей Верховного суда.

В этом WCC поддержал Американский союз гражданских свобод (ACLU), который пытался извратить и сжать Конституцию, чтобы создать несуществующие "права" для тех, кто выбрал гомосексуальный образ жизни. Как мы увидим в главах о законе, судах и Конгрессе, каждый, кто вставал и протестовал против принятия этих несуществующих "прав", быстро оказывался в беде.

Братство верований было создано для консолидации взглядов на религиозные вопросы, окрашенные социализмом, собранных со всего мира. Бахаисты были основаны в Персии в 1844 году (ныне известной как Иран) Мирзой Али Мухаммадом, также известным как "Раб" или "Врата". К несчастью для "Раба", он был убит силами безопасности в Тебризе. Бахаизм учит, что Зороастр, Будда, Конфуций и Иисус Христос были лидерами, проложившими путь для прихода могущественного мирового учителя Баха у'лла (Слава Божья), предшественник которого, Абдул Баха, умер в 1921 году.

Движение бахаистов очень сильно в Иране и Австралии, и в меньшей степени в Англии. Поскольку масонство и теософия практически неотличимы друг от друга и имеют элементы, встречающиеся в вере бахаи, неудивительно, что религия бахаи распространилась так быстро. Мадам Петрова Блаватская, масон, вице-президент Верховного Совета и Великий Мастер Верховного Совета Великобритании, создательница теософии, очень способствовала развитию движения бахаи, которое представляет собой слияние этих трех течений.

Что случилось с Движением верующих? Незадолго до Первой мировой войны она почти слилась с мировым сионизмом, а затем возникла в Лиге Наций. Затем, незадолго до Второй мировой войны, оно возникло как движение бахаистов в Англии, и было сформировано в Англии как Оксфордская группа, которую сменила Моральный переворот. После окончания Второй мировой войны она сыграла ключевую роль в создании Организации Объединенных Наций (ООН) и вошла в сердце американской политики через такие откровенно социалистические организации, как:

- Американская ассоциация университетских профессоров
- Американский союз гражданских свобод (ACLU)
- Американцы за демократические действия (ADA)
- Комитет по экономическому развитию Палаты представителей Халла (центр радикального феминизма)
- Национальный совет женщин
- Лига за промышленную демократию
- Социал-демократы США
- Институт политических исследований НАТО, политическое крыло Римского клуба
- Фонд Чини
- Кембриджский институт политических исследований
- Комитет за демократическое большинство

- Люциус Траст
- Новая демократическая коалиция
- Лига противников войны Аспенский институт
- Исследования в Стэнфорде
- Национальная женская организация

Братство веры - это "олимпийский" проект (Комитет 300), что гарантирует, что самые богатые и влиятельные люди в мире будут продвигать его цели, как мы видели на "классном собрании" Братства веры в Чикаго в 1993 году. Американскому народу придется выбирать между тем, чтобы позволить христианским принципам пойти ко дну, или рисковать мировой революцией. Именно это предложил Михаил Горбачев во время встречи с Папой Римским Иоанном Павлом II. Горбачев предложил "сближение религиозных идеалов", которое стало бы первым шагом к возрождению Братства веры в его первоначальном названии.

Но Папа Иоанн Павел II напомнил ему, что "христианство, принесенное на этот континент апостолами, пронизанное в разных частях действием Бенедикта, Кирилла, Мафусаила, Адальберта и бесчисленных святых, лежит в самом корне европейской культуры". Папа говорил не о другой религии, которая дала Европе блага цивилизации: он говорил о христианстве. Он не говорил, что рост великой европейской культуры произошел благодаря катарам или альбигойцам; только христианство, по его словам, принесло цивилизацию в Европу.

В этом источник ненависти к христианству со стороны коммунистов, марксистов и социалистов, которые боятся, что объединяющая сила христианства станет камнем преткновения, на котором сможет устоять их единое мировое правительство - Новый мировой порядок споткнется и падет. Поэтому стремление социалистов отрицать и в конечном итоге уничтожить христианство является насущной необходимостью. Приказ лорда Бертрана Рассела социализму захватить религию или уничтожить ее является основой всемирной кампании социализма по проникновению и пронизыванию христианской религии, в частности, и, в манере Вейсхаупта, погрызть ее изнутри, пока не останется лишь хрупкая, полая структура, которая рухнет от нескольких стратегических ударов в нужное время.

Наиболее успешная модель этой тактики найдена в Южной Африке, где так называемый церковный лидер, преподобный Хейнс, заскучал внутри Голландской реформатской церкви, а так называемый англиканский "епископ", Десмонд Туту, начал лобовую атаку на англиканскую церковь. При содействии масонов, занимавших высокие посты в правительстве ЮАР и готовых предать свой народ, Южная Африка была свергнута и вынуждена подчиниться коммунистическому правлению в лице Джо Слово, бывшего полковника КГБ, который использует Нельсона Манделу в качестве подставной марионетки. Старая поговорка "остерегайтесь греков, несущих дары" может быть изменена на "остерегайтесь священников и духовных лиц, несущих мошеннические социалистические обещания". Успешное использование религии для прихода социализма к власти было убедительно продемонстрировано в Никарагуа, Перу, Филиппинах, Родезии, Южной Африке. На очереди Соединенные Штаты.

Глава 8

ПЛАНИРУЕМОЕ УНИЧТОЖЕНИЕ США СВОБОДНОЙ ТОРГОВЛЕЙ

Нет большего троянского коня внутри нашей Республики, чем "свободная торговля". В других местах мы часто упоминали об этом вскользь. В этом разделе мы хотели бы подробнее остановиться на этом чудовищном плане уничтожения Соединенных Штатов, о котором давно мечтали фабианские социалисты Англии и их новообращенные соотечественники. Социалистическое разрушение нашей Республики происходит на многих фронтах, но ни один из них не является столь ядовитым, подстрекательским, тайным и предательским, как так называемая "свободная торговля".

Любой, кто верит в "свободную торговлю", должен быть депрограммирован и освобожден от социалистической пропаганды и промывания мозгов. Вернитесь к началу создания этой нации: пункт 1 раздела 8 статьи 1:

> "Взимать налоги, пошлины, импорт и акцизы. Для уплаты долгов и обеспечения общей обороны и общего благосостояния Соединенных Штатов, но все пошлины, импорт и акцизы должны быть едиными на всей территории Соединенных Штатов".

Губернатор Моррис написал раздел 8, и интересно отметить, что он подразумевал, что пошлины связаны с оплатой счетов страны. Прогрессивный подоходный налог для этой цели не упоминается.

Социалисты придумали свои предательские планы и попытались аннулировать и отменить этот раздел Конституции через нератифицированную 16-ю поправку к Конституции США. Они знали, что статья I, раздел 8, пункт 1 Конституции была призвана помешать британцам навязывать колонистам "свободную торговлю". Если мы прочитаем "Анналы Конгресса" и "Глобусы Конгресса" конца 1700-х и начала 1800-х годов, то быстро станет ясно, что одной из главных причин Американской революции была попытка Британской Ост-Индской компании (БИК) навязать колониям "свободную торговлю" Адама Смита.

Что такое "свободная торговля"? Это эвфемизм для лишения и грабежа американского народа его богатств в нарушение Конституции США. Это старая игра в дурака, доведенная до совершенства! Свободная торговля" была подставной игрой, которую использовала Британская Ост-Индская компания (БИК), чтобы лишить американских колонистов их богатства, маскируя свою грабительскую тактику красивыми экономическими фразами, которые сами по себе были бессмысленны.

Отцы-основатели не имели непосредственного опыта, чтобы предупредить их о войнах "свободной торговли", которые постигнут колонии, но у них хватило проницательности и дальновидности, чтобы понять, что, если позволить "свободной торговле" уничтожить молодую нацию. Именно по этой причине президент Джордж Вашингтон, став свидетелем ужасных разрушений, вызванных во Франции "свободной торговлей" и получивших название "французской революции", заявил в 1789 году, что молодой Республике необходимо и правильно защитить себя от махинаций британского правительства:

> "Свободный народ должен поощрять такие производства, которые сделают его независимым от других в отношении основных поставок, особенно военных". - Джордж Вашингтон, Первый конгресс США, 1789 год.

Отцы-основатели с самого начала видели, что защита нашей торговли имеет первостепенное значение, и сделали ее практически первым делом. Ни одно государство, серьезно относящееся к своему суверенитету и защите благосостояния своего народа, не допустит "свободной торговли". Как сказал

Джозеф Чемберлен в своем предисловии к книге "Дело против свободной торговли" в 1911 году:

> "Свободная торговля - это отрицание организации, установленной и последовательной политики. Это торжество случая, беспорядочная и эгоистичная конкуренция сиюминутных индивидуальных интересов без учета постоянного благосостояния в целом".

Александр Гамильтон и отцы-основатели понимали, что государство должно защищать свой внутренний рынок, если оно хочет оставаться суверенным и независимым. Именно это сделало Америку великой в первую очередь: взрыв промышленного прогресса в стране, независимый от какой-либо внешней "мировой торговли". Вашингтон и Гамильтон знали, что уступка наших внутренних рынков миру будет означать отказ от национального суверенитета.

Социалисты знали, как важно избавиться от защитных торговых барьеров для независимых государств, а не просто постепенно разрушать их, и они ждали своего шанса избрать Вудро Вильсона, чтобы сделать это. Первым делом Вильсон, как новый президент, должен был предпринять активные шаги по разрушению тарифных барьеров, возведенных Вашингтоном, а затем расширенных и поддерживаемых Линкольном, Гарфилдом и Мак-Кинли.

Как мы видели ранее, первой задачей фабиусианского социалиста, поставившего на пост президента Вудро Вильсона, было разрушение торговых барьеров и защитных тарифов, которые сделали Соединенные Штаты великой нацией за относительно короткий период времени, то есть по сравнению с эпохой европейских великих держав. НАФТ и ГАТТ продолжили начатое Вильсоном и Рузвельтом. Оба соглашения нарушают Конституцию США и являются делом рук Фабианского общества и их американских кузенов.

Североамериканское соглашение о свободной торговле - это проект Комитета 300 и естественное продолжение войны против американской промышленности и сельского хозяйства, изложенной в программных документах "Постиндустриального нулевого роста" Римского клуба 1969 года под руководством Сайруса Вэнса и команды ученых "Единого мирового правительства" и "Нового мирового порядка". Демонтаж торговых барьеров, возведенных Вашингтоном, Линкольном, Гарфилдом и Мак-Кинли, уже давно является заветной целью Фабианского общества. NAFTA - это их изобретение, их большой шанс открыть рынки США для односторонней "свободной торговли" и в процессе нанести смертельный удар по американскому среднему классу.

НАФТА - еще один триумф Флоренс Келли в том, что она обходит Конституцию путем законодательного действия. Как сказал судья Кули в своей книге по конституционному праву, стр. 35:

> "Сама Конституция никогда не отступает перед договором или законодательным актом. Она не меняется со временем и не прогибается под силой обстоятельств".

Поэтому ни НАФТА, ни любой другой договор не может изменить Конституцию. НАФТА - это не что иное, как извращенная, лживая, подпольная схема обхода Конституции, что также является точным описанием ГАТТ.

Первая известная атака на США со стороны "свободной торговли" относится к 1769 году, когда Адам Смит придумал закон Таунсенда для извлечения доходов из американских колоний. Соглашение NAFTA призвано выжать из американских работников больше доходов или, если они этого не хотят, переместить их за границу, где зарплаты и стоимость жизни обычно ниже. На самом деле, НАФТА имеет много общего с борьбой колонистов в период с 1769 по 1776 год. К сожалению, в последние годы несколько президентов отошли от торговой политики, которая защищала американскую промышленность и сделала США крупнейшей в мире промышленно развитой страной.

Глобализм не помог сделать Америку великой. Глобализм - это слово, которым промывают мозги СМИ с Мэдисон-авеню, чтобы скрыть тот факт, что так называемая глобальная экономика, о которой говорили Вильсон, Рузвельт, Буш и Клинтон, в конечном итоге приведет к снижению уровня жизни американцев до уровня стран третьего мира. Здесь мы имеем классический случай, когда благодаря социализму американцы снова сражаются с американской революцией 1776 года, чтобы освободить нацию от мук мошенничества под названием НАФТА, а еще большее мошенничество под названием ГАТТ ждет своей капитуляции на поле боя.

В 1992 году Буш схватил мяч НАФТА и начал бежать с ним. Канада была использована в качестве измерительной палочки, чтобы увидеть, насколько хорошо NAFTA будет воспринята канадским народом. В этом Бушу активно помогал бывший премьер-министр Брайан Малруни. Цель NAFTA - разрушить промышленную и сельскохозяйственную базу обеих стран и тем самым снизить уровень среднего класса. Постиндустриальные планы Комитета 300 продвигаются недостаточно быстро. Ситуация весьма похожа на то, что описывал Бертран Рассел, желая убить миллионы "бесполезных едоков". План Рассела предусматривал возвращение Черной смерти, чтобы избавить мир от того, что он называл "избыточным населением".

NAFTA представляет собой кульминацию перестройки транснациональной политики и перевоспитания будущих лидеров американской промышленности и торговли, которые только выходят из стен наших учебных заведений. НАФТА можно сравнить с Венским конгрессом (1814-1815 гг.), на котором доминировал князь Клемменс фон Меттерних. Следует напомнить, что Меттерних играл ведущую роль в европейских делах. Он был ответственен за брак эрцгерцогини Марии Луизы с Наполеоном, который определил политические и экономические события в Европе по меньшей мере на 100 лет. По сути, Клинтон "женила" Соединенные Штаты на "свободной торговле", которая также будет оказывать глубокое влияние на эту нацию в течение более 1000 лет.

Венский конгресс был отмечен пышными приемами и блестящими мероприятиями, с множеством ослепительных подарков для тех, кто был готов сотрудничать с Меттернихом, а не бороться за интересы своей страны. Аналогичная тактика была использована для продвижения НАФТА через Палату представителей и Сенат, и, подобно дебатам по принятию решений, проходившим за закрытыми дверями в Вене (четыре крупные державы не допускали к участию малые страны), каждое соглашение, каждое важное решение по НАФТА принималось тайно, за закрытыми дверями. НАФТА окажет на США крайне пагубное влияние, масштабы и глубину которого нам еще предстоит осознать.

НАФТА - это поворотный момент в истории Северной Америки, поворотный момент для американского и канадского среднего класса. Когда она объединится со странами ЕС, вторая фаза социалистической стратегии по установлению полного контроля над торговлей будет завершена. NAFTA будет означать 100 миллиардов долларов дохода для Мексики; она опустошит экономику США, вызвав значительный спад в ее промышленной базе. Ожидается, что в первые два года после полного внедрения НАФТА будет потеряно 100 000 американских рабочих мест, в результате чего уровень жизни среднего класса упадет так, как никогда прежде. Загрязнения будут реэкспортироваться в США через продукты и продовольствие из Мексики.

Продукты питания из Мексики будут содержать уровни всех видов токсичных ядов, которые запрещены правилами Министерства сельского хозяйства США, распространяющимися на американские продукты. В целом, сумма денег, потраченных на лоббирование НАФТА, приближается к 150 миллионам долларов. Лоббирование НАФТА было самым концентрированным в истории США, в нем участвовала настоящая армия экспертов и юристов, которые заполонили Палату представителей, чтобы проголосовать за так называемое соглашение.

Генеральное соглашение по тарифам и торговле (ГАТТ) - это разработанный США инструмент, основанный на принципах фабианского социализма. Я не могу вспомнить, когда в последний раз что-то было так плохо понято законодателями, как это коварное соглашение. Я связался с десятками законодателей, и ни один из них без исключения не смог дать мне объяснения или предоставить факты, которые я искал. ГАТТ был разработан на Конференции ООН по торговле и занятости, состоявшейся на Кубе 24 марта 1948 года. Элегантные люди на конференции отстаивали "свободную торговлю" Адама Смита, которая, по их мнению, сделает мир лучше для простых людей. Хотя название ГАТТ появилось позже, основы этого социалистического мошенничества были заложены на Кубе в 1948 году.

Когда кубинская сделка была представлена Палате представителей и Сенату, она была принята просто потому, что ее не поняли. Как правило, когда Палата представителей и Сенат не понимают представленную им меру, она принимается как можно быстрее. Так было с законом о Федеральной резервной системе, договором с ООН, договором о Панамском канале и НАФТА.

Проголосовав за НАФТА, Палата представителей передала суверенитет США правительству одного мира в Женеве, Швейцария. У этого подстрекательского акта был прецедент. В 1948 году Палата представителей и Сенат, в которых доминировали республиканцы, приняли Закон о торговых соглашениях, который стал результатом встречи ООН на Кубе. До этого момента Республиканская партия представляла себя как защитника американской промышленности и рабочих мест, но оказалось, что это такая же ложь, как и позиция демократов, и она выступает за социалистическую "свободную торговлю" Адама Смита. Большой удар по американской промышленности и торговле был нанесен фабианскими социалистами в Великобритании и их американскими кузенами в США. Тот факт, что Закон о торговом соглашении был на 100% неконституционным и, тем не менее, был принят, стал причиной сладкого удовлетворения для Фабианского общества.

В 1962 году президент Джон Ф. Кеннеди назвал распродажу американского народа "совершенно новым подходом, новым смелым инструментом американской торговой политики". В своей фатально ошибочной оценке направления, в котором фабианские социалисты ведут американский народ, Кеннеди был полностью поддержан лидером рабочих Джорджем Меани на съезде AFL-CIO во Флориде в начале того года. Конгресс послушно принял закон, очевидно, не зная о его неконституционности.

Он был неконституционным, поскольку наделял президента

полномочиями, принадлежащими Конгрессу, полномочиями, которые не могут быть переданы между тремя ветвями власти. Администрация Кеннеди немедленно ввела масштабное снижение тарифов, некоторые из которых достигали 50%, на широкий спектр импортных товаров. Мы видели такие же неконституционные действия Буша и Клинтона в отношении НАФТА. Оба президента неконституционно вмешивались в деятельность законодательной власти. Взятки также могли быть одним из факторов. Это предательство.

Когда Соединенные Штаты вступили в двадцатый век, страна находилась на пути к успеху, как ни одна другая страна со времен античности. Но сполиаторы, социалисты и их близкие родственники, коммунисты, таились в Америке. Соединенные Штаты были построены на прочном фундаменте протекционизма, надежных денег, быстро растущей промышленной базы, а благодаря механизации сельское хозяйство было готово прокормить наш народ на века вперед, независимо от того, насколько росло население.

Меры по защите торговли, Тарифный закон 1864 года, который подписал Линкольн, увеличил тарифы более чем на 47%. К 1861 году таможенные доходы составляли 95% от общего дохода США. Линкольн, имея на руках войну, был полон решимости укрепить традиционную тарифную защиту и защитить ее любой ценой. Его действия по защите тарифов, как ничто другое, поставили Соединенные Штаты на путь двух десятилетий прогресса в промышленности, сельском хозяйстве и торговле, прогресса, который ошеломил Англию и сделал Соединенные Штаты объектом зависти - и ненависти. Нет сомнений, что в заговоре с целью убийства Линкольна участвовал Бенджамин Дизраэли, английский премьер-министр, и что решение об убийстве Линкольна было принято в Англии из-за решительной позиции президента против снижения тарифов на товары из этой страны.

Соединенные Штаты участвуют в войне на смерть. Вы не осознаете этого, потому что нет больших патриотических барабанов, нет развевающихся флагов, нет военных парадов и, что, возможно, является ключевым моментом во всем, шакалы в прессе представляют "свободную торговлю" как благо, а не как смертельного врага США. Это война на многих фронтах; почти весь мир объединился против США. Это война, которую мы быстро проигрываем, благодаря планам, ловко составленным Комитетом 300 и порученным социалистам для осуществления. Линкольн стал одной из первых жертв торговой войны.

В 1873 году инвестиционные банкиры и финансисты лондонского Сити объединились со своими союзниками с Уолл-стрит, чтобы вызвать панику, полностью вызванную искусственными причинами. Последовавшая за этим затяжная депрессия нанесла большой ущерб сельскому хозяйству, как и предполагали наши враги. Большинство историков сходятся во мнении, что антиамериканская акция 1872 года была предпринята для ослабления протекционизма. Путь желтой журналистики для обвинения протекционизма в депрессии был открыт и никогда не закрывался. Благодаря гнусной лжи в прессе, фермеров заставили поверить, что их проблемы вызваны торговыми барьерами, которые препятствуют потоку "свободной торговли".

Агенты лондонского Сити и Уолл-стрит при поддержке уже хорошо набитой прессы начали бить в барабан общественного мнения, и в ответ на давление со стороны неосведомленной общественности в 1872 году в тарифном барьере США был сделан пролом. Тарифы были снижены на 10% на широкий спектр импортируемых товаров и на 50% на соль и уголь. Как знает любой экономист, и как знает любой хорошо подготовленный выпускник средней школы, как только это происходит, быстро следует, что производственная деятельность начинает снижаться, поскольку инвесторы перестают вкладывать деньги в реальное богатство - промышленные предприятия, сельскохозяйственные орудия, станки.

Но захватчики были частично отбиты к 1900 году, и ущерб ограничился проломом в нашем редуте, без возможности для вражеских сил расшириться во внутренние районы. Затем появился Уилсон и первая массированная и крупная атака войск антитарифной защиты, которая не только разбила наши редуты, но и поставила филистимлян прямо посреди нашего лагеря.

Когда президент Рузвельт пришел в Белый дом, началось второе крупное наступление на наши тарифные защиты. Вильсон проложил путь для Рузвельта и сумел открыть брешь, которая вела прямо к конечной цели. Хотя Вильсон нанес большой ущерб, который был расширен Рузвельтом, слишком большая часть тарифных барьеров осталась на месте на вкус фабианских социалистов, Рэмси Макдональда, Гуннара Мирдала, мисс Джейн Аддамс, Дина Ачесона, Честера Боулза, Уильяма К. Буллита, Стюарта Чейза, Дж. Кеннета Гэлбрейта, Джона Мейнарда Кейнса, профессора Гарольда Ласки, Уолтера Липпмана, У. Эверилла Гарримана, сенатора Джейкоба Джавитса, Флоренс Келли и Транса Перкинса.

Когда Джордж Буш был назначен CFR в Овальный кабинет, он с энергией и энтузиазмом принялся за выполнение своей миссии "Единый мир - новый мировой порядок", сделав соглашение NAFTA одним из своих главных приоритетов. Но имели ли Вильсон, Рузвельт и Буш право самостоятельно заключать договоры по торговым вопросам без соблюдения предусмотренного Конституцией процесса уведомления и согласия? Очевидно, что нет.

Поэтому давайте обратимся к Конституции и посмотрим, что она говорит об этом жизненно важном вопросе: Статья VI, раздел 2

> "... Настоящая Конституция и законы Соединенных Штатов, которые будут приняты во исполнение ее, и все договоры, заключенные или которые будут заключены под властью Соединенных Штатов, являются высшим законом страны...".

Слова "Настоящая Конституция и законы Соединенных Штатов" говорят о том, что договор - это только закон. Закон страны" ссылается на Магна Карту, "и судьи каждого штата должны быть связаны этим, без ущерба для любого противоположного положения Конституции или законов любого штата".

Слово "верховный" во второй части НЕ является "верховным", а относится к общему праву. Чтобы понять это, необходимо знать Конституцию США и ее исторический контекст, который можно найти только в Анналах Конгресса, Глобусах Конгресса и Протоколах Конгресса. Полное и правильное изучение этих документов является необходимым условием для понимания того, что такое договор. К сожалению, наши законодатели никогда не утруждают себя самообразованием, изучая эти замечательные документы. Профессора права знают еще меньше об этих кладезях информации и, как результат, часто преподают конституционное право, далекое от реальности. Это слепой ведет слепого.

Слово "верховный" было вставлено для того, чтобы французское, британское и испанское правительства не могли отказаться от соглашений, заключенных в отношении территорий, уступленных США. Это был достаточный способ предотвратить отказ будущих правительств этих стран от соглашений, но, к сожалению, это также привело многих американцев к пониманию того, что договор является "высшим" законом. Невозможно, чтобы договор был "верховным", когда он находится только в стадии реализации. Может ли потомство быть больше родителя? Конституция США всегда, во все времена и при любых обстоятельствах является ВЕРХОВНОЙ. Законы никогда не могут быть "верховными", потому что они изменчивы и могли быть приняты ошибочно. Ребенок не может быть больше родителя.

Несмотря на то, что судья Рут Гинзберг сказала о гибкости Конституции, Конституция США не гибкая, она НЕЗАВИСИМАЯ. Мы знаем, что первое правило любого договора - самосохранение. Мы также знаем, что в Соединенных Штатах Америки ВСЕ договоры без исключения являются обычными законами и могут быть повторены в любое время. Любой договор, который наносит серьезный ущерб Соединенным Штатам, нарушает правило самосохранения и может быть аннулирован, даже если только путем прекращения поступления денег, которые его финансируют. Вот почему такие договоры, как ООН, НАФТА, ГАТТ, ПРО, договор о Панамском канале, являются недействительными и несправедливыми и должны быть отменены Конгрессом; на самом деле, они были бы отменены, если бы в Конгрессе не доминировали социалисты.

Читателям предлагается взять в руки экземпляр "Закона народов" Ваттеля, "Библии", которую использовали наши отцы-основатели, и они быстро убедятся, что договор - это всего лишь закон, который может быть изменен Конгрессом. На самом деле, договор можно назвать "шатким законом", поскольку, по сути, он лишен содержания. Томас Джефферсон сказал, что

> "Придерживаться неограниченного права заключать договоры - значит превратить Конституцию в чистый лист бумаги". Запись Конгресса, Палата представителей, 26 февраля 1900 года.

Более того, Конституция США прямо запрещает передачу власти от одной ветви власти к другой. Так было на протяжении всех войн за свободную торговлю и продолжает оставаться. Медленная и часто незаметная сдача законодательной власти исполнительной - вот что подорвало силы сторонников торговой войны. Такие действия являются антиконституционными и равносильны подстрекательству и измене американскому народу.

Отказ от полномочий, принадлежащих исключительно законодательной ветви власти, начался с принятия Тарифного закона Пейна-Олдрича, и деформированное существо начало расти, как зеленое лавровое дерево. Хотя Закон Пейна-Олдрича не достиг своей первой цели, он более чем преуспел в достижении второй: передаче законодательных полномочий исполнительной власти. Он наделил президента полномочиями, которые были запрещены конституцией, поскольку теперь он мог контролировать тарифные ставки на импорт. Палата представителей нанесла смертельный удар по тем самым людям, которых она должна была защищать, и позволила "свободной торговле" лишить наших рабочих мест, поскольку производственные предприятия, неспособные справиться с демпингом и политикой снижения цен на иностранную продукцию, были вынуждены закрыться.

Измена и подстрекательство, совершенные теми, кто принял Тарифный закон Пэйна Олдрича 1909 года в качестве "закона", сегодня очевидны в соглашениях НАФТА и ГАТТ. Статья 1, раздел 10 Конституции США четко вверяет вопросы торговли

Палате представителей. Раздел 10 усиливает контроль Палаты представителей над вопросами торговли. Полномочия Палаты не были и не являются передаваемыми! Это так просто. Все "законы", все "исполнительные приказы", все решения президента по торговле, все международные соглашения не имеют юридической силы и должны быть стерты с бухгалтерских книг, как только правительство будет возвращено нам, народу. По ходу дела мы увидим огромный ущерб, нанесенный узурпацией президентом полномочий в сфере торговли.

Закон о тарифах Пейна-Олдрича типичен для фабианского социализма, который всегда скрывает свои истинные намерения за фасадом лжи. Как я уже говорил ранее, американский народ - самый обманутый народ в мире, и Закон о тарифах Пейна-Олдрича стал кульминацией тогдашней лжи. Представленный Палате представителей как мера тарифной защиты, реальный смысл Закона был прямо противоположным: это был гигантский шаг вперед для врагов американского народа, "свободных торговцев" и их союзников в лондонском Сити - или хозяева лучше описывают их объединение?

Тарифный закон Пейна-Олдрича якобы передал полномочия исполнительной власти, что не могло и не должно было произойти без поправки к конституции. Поскольку этого не произошло, все торговые соглашения с 1909 года были ультра-виртуальными. Если бы у нас был Верховный суд, который не находился бы в руках филистимлян, мы могли бы обратиться к нему за помощью, но мы не можем.

Со времен Брандейса и "фиксера" Фортаса Верховный суд превратился в суд, наполненный социалистами, которые не слышат мольбы Народа. С принятием Закона о тарифах Пейна-Олдрича Соединенные Штаты потерпели серьезное поражение в торговых войнах, от которого они так и не оправились. Мера Пейна-Олдрича была социалистическим "градуализмом" в лучших традициях этого бесчестного политического образования.

Эти подлые нападения на народ Соединенных Штатов произошли в то время, когда мы были относительно невинны. Мы мало знали о фабианском социализме и его методах работы. Книга "Дело против социализма: пособие для консервативных ораторов" - это руководство по грязным трюкам, которые использует социализм, чтобы добиться принятия своих законов, и нет большего грязного трюкача социализма, чем президент Клинтон.

Граждане этой великой страны, Соединенных Штатов, были обмануты своими лидерами - начиная с Вудро Вильсона - в убеждении, что "трехсторонняя торговля" выгодна для всех стран. Они скажут нам, что это была идея Адама Смита и что Давид Рикардо, любимый экономист социалистов, уточнил пределы и значение свободной торговли. Но это все дым и зеркала. Мифология "свободной торговли" настолько укоренилась в сознании американского народа, что он верит, что это действительно выгодно! Лидеры страны, начиная с президента, грубо ввели народ в заблуждение, заставив его попасть в эту страшную ловушку.

ПОТЕРИ ЭТОЙ ВОЙНЫ УЖЕ НАМНОГО ПРЕВЫШАЮТ СОВОКУПНЫЙ ИТОГ ДВУХ МИРОВЫХ ВОЙН. Миллионы американских жизней уже разрушены. Миллионы людей живут в отчаянии, когда эта неумолимая война продолжает избивать наш народ. Свободная торговля" является самой большой угрозой для инфраструктуры страны - угрозой большей, чем любая ядерная атака.

Некоторые статистические данные

Семьсот пятьдесят тысяч американских сталеваров потеряли работу с тех пор, как в 1950 году "Комитет 300" бросил графа Этьена Давиньона на этот конкретный фронт.

Смерть сталелитейной промышленности означала потерю миллиона с четвертью самых высокооплачиваемых, стабильных промышленных рабочих мест, связанных с продукцией из стали и основанных на ней. Это не потому, что американские сталевары были плохими работниками; на самом деле, учитывая старые станы, на которых приходилось работать некоторым из них, они очень хорошо противостояли нечестной торговой практике. Но они не могли конкурировать со "свободным" импортом, который снижал цены на продукцию американского производства, поскольку иностранные правительства в значительной степени субсидировали их. Многие иностранные сталелитейные заводы были даже построены на деньги "плана Маршалла"! К 1994 году в общей сложности сорок миллионов американцев потеряли работу из-за атак "свободной торговли" на их заводы, текстильные фабрики и производственные площадки.

Америка стала промышленным гигантом и к 1880-м годам опередила Англию как ведущая индустриальная страна мира. Это было полностью обусловлено защитой, которую обеспечивали местной промышленности торговые барьеры. К моменту начала Гражданской войны и до конца XIX века насчитывалось 140 000 заводов, производящих тяжелые промышленные товары, на которых трудились 1,5 миллиона американцев, вероятно, самых высокооплачиваемых в мире в любой период истории Запада.

К 1950-м годам промышленность и сельское хозяйство создали наилучший уровень жизни для многочисленного, стабильного, хорошо оплачиваемого американского среднего класса, крупнейшего в своем роде в мире. Она также создала обширный рынок для своей продукции, внутренний рынок, который ее высокооплачиваемый средний класс, работающий на рабочих местах с гарантированной пожизненной занятостью, поддерживал и помогал расширять и развивать. ПРОЦВЕТАНИЕ И ГАРАНТИЯ ЗАНЯТОСТИ В АМЕРИКЕ НЕ ЯВЛЯЮТСЯ РЕЗУЛЬТАТОМ ГЛОБАЛЬНОЙ ТОРГОВЛИ. Соединенным Штатам не нужны глобальные рынки для процветания и роста. Это было ложное обещание, данное американскому народу сначала Вильсоном, затем Рузвельтом, Эйзенхауэром, Кеннеди, Джонсоном, Бушем и Клинтоном.

Благодаря предательству и подстрекательству этих президентов и Конгресса, импорт продолжал расти, пока сегодня, в 1994 году, мы едва можем держать голову над потоками воды, ввозимой дешевой рабочей силой. В следующем (1995) году мы увидим, что потери будут расти по мере того, как натиск "свободных торговцев" будет уничтожать средства к существованию миллионов других американцев.

Конца этому не видно, но наши законодатели продолжают отступать, оставляя миллионы и миллионы жизней разрушенными. Этот вопрос, как никакой другой, доказывает, что правительство несерьезно относится к защите нашего национального суверенитета, что является первейшей обязанностью любого правительства.

В этой главе мы сможем рассмотреть лишь некоторые из наиболее важных торговых договоров, хартий и "соглашений", навязанных Соединенным Штатам в результате попустительской, жульнической, подлой, лживой и подстрекательской практики британских и американских социалистов. Начнем с так называемых "торговых соглашений". Конституция запрещает передачу власти от одной ветви власти к другой. Это называется доктриной разделения властей, и она священна и незыблема, или так было написано отцами-основателями. Передача полномочий является незаконной, даже государственной изменой, однако мы должны верить, что Буш законно проконсультировался с Мексикой и Канадой и заключил соглашение NAFTA. Мы должны поверить, что точно так же Клинтон имел полное право вмешиваться в НАФТА, а теперь и в ГАТТ. Неправильно по обоим пунктам! Ни Буш, ни Клинтон не имели права вмешиваться в торговые вопросы, которые находятся в компетенции Палаты представителей.

Только по этой причине НАФТА и ГАТТ являются незаконными, и если бы у нас был Верховный суд, который не делал бы своих пристрастий вместо того, чтобы отстаивать Конституцию, это было бы объявлено так. Одна из наиболее распространенных тактик, используемых генералами "свободной торговли" для нападок на Соединенные Штаты, заключается в том, чтобы обвинить "торговые барьеры" в экономических трудностях. Это откровенная ложь. Изучая статьи в "Нью-Йорк Таймс", "Вашингтон Пост" и других газетах, я обнаружил, что они никогда, никогда точно не изображали серьезный вред, который "свободная торговля" наносит нашей стране. Подстрекательские либералы никогда не говорили о том, что Соединенные Штаты систематически высасывались досуха с тех пор, как Вильсон предпринял первую атаку на нашу торговую оборону.

Расхваленный "план Маршалла", который якобы спас Европу от разорения, на самом деле был аферой "свободной торговли". Британский народ, уставший от военного преступника Уинстона Черчилля, проголосовал за лидера Лейбористской партии Клемента Эттли, заместителя премьер-министра Черчилля и фабианского социалистического элитиста, чтобы стать его преемником. Именно Эттли стал преемником Рэмси Макдональда, который в конце 1890-х годов был послан "шпионить на местности" за социализмом в США. Эттли был в списке фабианских звезд наряду с профессором Гарольдом Ласки и Хью Гайтскеллом, последний был любимцем Рокфеллеров, которые выбрали Гайтскелла для поездки в Австрию в 1934 году, чтобы посмотреть, что делает Гитлер.

Когда Чемберлен был смещен за отказ следовать военным планам Комитета, Эттли ждал в сторонке, и его очередь пришла, когда его призвали заменить Черчилля. К этому времени Великобритания еще не выплатила Соединенным Штатам займы, полученные в ходе Первой мировой войны, как она согласилась сделать это на Лозаннской конференции. Однако, несмотря на этот огромный непогашенный долг, Британия набрала миллиарды и миллиарды долларов, о которых Рузвельт хотел забыть: "Давайте забудем эти глупые маленькие знаки доллара", - заявил Рузвельт, призывая нацию прибегнуть к ленд-лизу.

С приходом к власти в Англии лейбористов элита Фабианского общества немедленно воплотила в жизнь свои заветные социалистические планы, национализировав ключевые отрасли промышленности и обеспечив социальные услуги "от колыбели до могилы". Конечно, британская казна не могла выполнить огромные новые финансовые обязательства, наложенные на нее фабианцами, без резкого повышения налогов. Поэтому Эттли и его коллега-социалист Джон Мейнард Кейнс обратились за помощью к США. Первый артобстрел американских налогоплательщиков был произведен в виде кредита в размере 3,75 миллиарда долларов, который Рузвельт быстро и радостно предоставил.

Американские кредиты в размере $3,75 млрд. были использованы для погашения долгов, возникших у социалистического правительства в его безумной погоне за неограниченными социалистическими расходами и программами социальных трансфертов. Они еще не осознали реальность, и когда у лейбористов все еще не было достаточно денег, чтобы выполнить свои обязательства, фабианские мозговые трестеры собрались вместе и придумали план Маршалла.

Соответственно, план Маршалла был представлен в Гарвардском университете - очаге социализма в США - генералом-социалистом Джорджем Маршаллом. Стоимость для американского налогоплательщика? Ошеломляющие 17 миллиардов долларов в течение следующих пяти лет, большая часть которых пошла в европейские страны для финансирования их субсидируемых государством отраслей промышленности, чтобы они могли выбрасывать свою более дешевую иностранную продукцию на рынок США, что привело к потере миллионов долгосрочных, хорошо оплачиваемых промышленных рабочих мест.

Это предвидели фабианские социалистические планировщики, которым нужно было, чтобы Вудро Вильсон открыл ворота торговых барьеров США, чтобы товары иностранного производства могли наводнить американский рынок в годы, непосредственно следующие за Второй мировой войной, помогая Франции, Польше, Венгрии и Великобритании стабилизировать свои национальные доходы за счет американского рабочего!

Возможно ли, чтобы такое правительство, как наше, сделало такую ужасную вещь со своим собственным народом? Это не только возможно, но и фактически наше правительство ополчилось против собственного народа, отправив миллионы людей стоять в очереди за едой, без работы и без надежды. Наша рабочая сила превратилась в очередь нищих, отчаянно пытающихся понять, что случилось с их работой, и как получилось, что вместо того, чтобы работать на прежней работе, они теперь стоят в очередях за хлебом или просят несуществующую работу в том или ином центре занятости.

Отцы-основатели, должно быть, переворачиваются в своих могилах! Если бы они были рядом, то, вероятно, задались бы вопросом, как потомки колонистов, которые так упорно боролись за избавление от налогов, введенных королем Георгом III (включая налог на чай в размере одного пенни за фунт), могут теперь сидеть сложа руки и безропотно позволять облагать себя налогами и видеть, как иссякает их национальный доход от таможенных сборов. Они также, вероятно, отпрянут в ужасе от потери около 17 миллиардов долларов лизинговых долгов, которые контролируемый социалистами Конгресс стер с бухгалтерских счетов, чтобы спасти своих собратьев британских социалистов и сохранить единое мировое правительство, новый мировой порядок, фабианскую и социалистическую мечту.

Ранее мы указывали на большой ущерб, нанесенный нашему промышленному центру передачей торговых полномочий от Палаты исполнительной власти. Несколько конкретных примеров помогут подкрепить наши выводы. Но прежде чем вдаваться в подробности, стоит отметить, что три президента США, Линкольн, Гарфилд и Маккинли, все ярые сторонники тарифов и торговых барьеров, были убиты за то, что выступали против врагов "свободной торговли". Это хорошо известно, но менее известно, что был убит сенатор Рассел Б. Лонг, один из самых выдающихся людей страны. Лонг, один из самых ярких людей, когда-либо работавших в Сенате, был ярым противником "свободных торговцев".

Президент Джеральд Р. Форд пытался залечить серьезные раны, нанесенные промышленности, когда импортные товары всех видов начали наводнять рынки страны. За это шакалы прессы изобразили его как бездельника, спотыкача, который не может контролировать собственный бюджет, не говоря уже о том, чтобы вести за собой нацию. Враги "свободной торговли" позаботились о том, чтобы время пребывания Форда в Белом доме было коротким, особенно после того, как Форд подписал Закон о торговле 1974 года, который стал кульминацией усилий сенатора Хьюи Лонга по сдерживанию растущего потока импортных товаров.

Лонг, председатель финансового комитета Сената, предложил меры по усилению существующей тарифной защиты через раздел 201. Согласно "статье об исключении" Лонга (раздел

201), компаниям, пострадавшим от импорта, больше не нужно было доказывать свою правоту. Но они все равно должны были доказать, что "существенный ущерб или угроза ущерба их бизнесу были вызваны импортом". До вступления в силу раздела 201 Закона о торговле 1974 года громоздкий, длительный и дорогостоящий характер доказательств привел к тому, что многие фабрики закрылись, вместо того чтобы подчиниться процедуре, которая в значительной степени благоприятствовала иностранным правительствам. Стыд и скандал? Да, но именно наши законодатели несут ответственность за такое невероятное положение дел, а не иностранное правительство или группа правительств.

Одиозный факт заключается в том, что со времен президентства Вильсона иностранные правительства имеют большее влияние на законодательство США, чем наши собственные владельцы заводов и их рабочие в вопросах торгового права. В преддверии перехода к "глобальной торговле" правительство США даже изменило название агентства, курирующего вопросы торговли, с Тарифной комиссии на Комиссию по международной торговле США (ITC). Никто не протестовал против этого небольшого шага по продаже того, что осталось от нашей промышленности, в реку мировой торговли. Поскольку президент Форд подписал Акт о торговле 1974 года, его оклеветали как "противника свободной торговли", и срок его полномочий был сокращен.

На практике пункт 201 не принес обещанного облегчения. К тому времени, когда Сенат, полный социалистов, маскирующихся под "либеральных демократов", закончил рассмотрение законопроекта, и без того неровное игровое поле превратилось в крутой склон против местных производителей. Несмотря на обратную формулировку Закона Лонга, на практике оказалось, что отрасль могла подать жалобу только ПОСЛЕ того, как ей был нанесен ущерб в течение некоторого времени, и даже тогда не было гарантии успеха, поскольку ITC могла не принять решение против импорта-нарушителя. Хуже того, даже если ИТЦ вынесет решение в пользу местной промышленности, президент все равно может наложить вето на эту меру.

Между тем, сотни американских компаний были вынуждены закрыться из-за недобросовестной конкуренции со стороны иностранных товаров.

Трудно поверить, что президент этой страны будет ставить иностранные интересы выше интересов собственного народа, но именно это происходило раз за разом, и это снова происходит сегодня с социалистами Клинтон у власти. Конституция США, статья 11, раздел 3, гласит: "Он (президент) должен заботиться о том, чтобы законы исполнялись добросовестно...". Ни один из президентов от Вильсона до Клинтона не позаботился об исполнении законов, защищающих нашу торговлю, и за это им следовало бы объявить импичмент.

После того как Форда обвинили в "антисвободной торговле", он отказался от предложенной им защиты обувной промышленности, которая показала, что импортная обувь является явной проблемой. Во время правления Джонсона, Форда, Картера, Рейгана и Буша были отклонены сотни апелляций по Закону о торговле 1974 года, включая заявления производителей автомобилей, обуви, одежды, компьютеров и телевизоров, а также стали. Клинтон оказывается еще худшим врагом собственного народа, чем Вильсон и Рузвельт. Конгресс и президенты стреляли в спину своим войскам.

Один конкретный случай, о котором стоит рассказать, относится к обувной промышленности, и есть буквально десятки подобных случаев в других отраслях. В то время, когда Линкольн пришел в Белый дом, туфли и ботинки производились на небольших семейных кустарных производствах, разбросанных по всей стране. Это изменилось с началом Гражданской войны, но тысячи мелких производителей, которые не могли выполнить армейские заказы, остались в бизнесе и очень хорошо себя чувствовали. Очевидно, что необходимости в импорте обуви не было.

Свободные торговцы" положили глаз на обувную промышленность, которая в небольших городах часто была единственным работодателем. Через Конгресс начали атаковать торговые барьеры против импортной обуви. Местных производителей обвиняли в том, что они вызывают "инфляцию", повышая цены. Это было абсолютно ложным. Обувная промышленность производила хороший продукт по очень конкурентоспособной цене. Но когда Линдон Джонсон пришел в Белый дом, "свободные торговцы" обеспечили себе 20% местного рынка. В связи с этим Footwear Industries of America, встревоженная, подала жалобу в ITC с просьбой о немедленной помощи, но, как уже упоминалось ранее. Форд не дал им передышки.

Когда Картер поднялся на сцену, он также получил петицию от Footwear Industries of America. Конечно, неправильно здесь то, что президент НИКОГДА не должен был иметь права голоса в торговых вопросах, которые по праву принадлежат Конгрессу. Но, уже нарушив Конституцию сотней способов, Картера было не остановить. Вместо того чтобы помочь собственному народу, Картер заключил сделку с Тайванем и Кореей, которая должна была ограничить экспорт их обуви в США, но на практике не улучшила ситуацию. Рынок импортной обуви вырос до 50% рынка США. Картер был глух, слеп и немо, когда речь шла о защите средств к существованию сотен тысяч американцев. И все же это тот самый Картер, который обратился к нации по телевидению 15 июля 1979 года:

> "Угроза практически незаметна в обычных условиях. Это кризис доверия. Это кризис, который поражает самое сердце, душу и дух нашей национальной воли. Мы можем увидеть этот кризис в растущем сомнении в смысле нашей собственной жизни и в потере единства цели для нашей нации".

Действительно, поощряя "свободную торговлю", Картер несет ответственность за кризис.

Никогда еще из Овального кабинета не исходило более лицемерное послание. В Корейской войне генерал Дуглас Макартур был предан Дином Ачесоном и Гарри Трумэном. В войне за свободную торговлю битва ботинок была проиграна, потому что нас предали Джимми Картер и Роберт Штраус.

Затем пришел "консервативный" президент Рональд Рейган, который не сделал ничего, чтобы предотвратить наводнение рынка огромным количеством обуви, импортируемой из Кореи и Тайваня, двух стран, которые никогда не импортировали ни одной пары обуви, сделанной в США! Вот вам и "свободная торговля". Из-за пренебрежения, проявленного Рейганом, импорт обуви достиг нового максимума в 1982 году, составив 60% нашего рынка. Это также увеличило дефицит торгового баланса на 2,5 миллиарда долларов и лишило работы более 120 000 работников обувной промышленности. Вспомогательные отрасли потеряли 80 000 рабочих мест, в общей сложности 200 000 работников были выброшены на свалку.

Как обычно бывает в социалистической пропаганде, тех, кто обращал внимание на бедственное положение обувной промышленности, постоянно очерняли. "Они хотят увеличить инфляцию - почему бы местной обувной промышленности не стать конкурентоспособной", - вторили им *Wall Street Journal, New York Times* и *Washington Post.* Это, конечно же, функция шакалов в прессе: защищать социалистов, принимающих решения в правительстве, и клеймить "фашистами" или еще хуже, любого, кто обращает внимание на предательство политиков.

Правда в том, что американская обувная промышленность была очень конкурентоспособной и производила продукцию хорошего качества. С чем промышленность не могла конкурировать, так это с некачественной и сильно субсидируемой продукцией из Тайваня и Кореи, правительства которых вливали миллиарды долларов субсидий в свою обувную промышленность. Это называется "свободная торговля". Единственное, что здесь "свободно", это то, что иностранным производителям разрешено бесплатно выбрасывать свою субсидированную продукцию на американский рынок, но наши производители исключены из зарубежных рынков законами и ограничениями - в этом случае для американских производителей обуви не было никакой надежды продать свою продукцию Тайваню и Корее. По сей день обувь американского производства не продается ни в Тайване, ни в Корее. Это называется "свободная торговля".

Несмотря на пять успешных апелляций в ITC, которая установила, что обувной промышленности США был нанесен непоправимый ущерб из-за наплыва импорта из Кореи и

Тайваня, Рейган отказался сделать что-либо, чтобы остановить волну, которая топила рабочих и работодателей. Обувная промышленность осталась беззащитной. Он не мог обратиться к Конгрессу, поскольку Конгресс передал свой суверенитет исполнительной власти, и Рейган, под влиянием своих советников-социалистов, повернулся спиной к своим войскам и позволил вражеским войскам "свободной торговли" одолеть их.

Битва с обувной промышленностью - это еще одна битва, проигранная нашим народом в продолжающейся торговой войне, и пройдет совсем немного времени, прежде чем нас захлестнут ГАТТ и НАФТА. Троянский конь "свободной торговли" в Конгрессе порадует вражеские силы. У наших потрепанных войск не останется иного выхода, кроме как уйти, оставив после себя миллионы разбитых жизней. И все эти разрушения совершаются во имя "мировой торговли".

Стоит отметить сходство методов, использованных для принятия Закона о расширении торговли 1962 года и НАФТА в 1993 году. В дополнение к вмешательству президента в работу законодательного департамента была организована огромная кампания по связям с общественностью с помощью самых лучших представителей Мэдисон-авеню. Шквал прессы был поддержан Говардом Петерсоном из Белого дома, Сената и Министерства торговли. Эта схема повторилась с НАФТА в 1993 году. НАФТА стоит в одном ряду с предательством Картером Закона о денежном контроле 1980 года.

НАФТА - это незаконное "соглашение", которое не может пройти проверку на конституционность. На страницах 2273-2297, Congressional Record, House, Feb 26,1900 дана конституционная позиция по таким "соглашениям", как NAFTA, Панамский канал, GATT и т.д:

> "Конгресс Соединенных Штатов черпает свои законодательные полномочия из Конституции, которая является мерилом его власти. Любой акт Конгресса, противоречащий его положениям или не соответствующий предоставленным им полномочиям, является неконституционным, а потому не является законом и не имеет обязательной силы для любого лица...".

Судья Кули, ведущий ученый в области конституции, сказал:

> "Сама Конституция никогда не отступает перед договором или законодательным актом. Она не меняется со временем и не прогибается под силой обстоятельств".

Конгресс не имеет конституционных полномочий передавать свои полномочия по заключению договоров президенту, как это было сделано с НАФТА. Это чистой воды подстрекательство. Торговые переговоры принадлежат Палате представителей: Статья 1, Раздел 8, Пункт 3, "регулировать торговлю с иностранными государствами, и между несколькими штатами, и с индейскими племенами". Очевидно, что ни Буш, ни Клинтон не имели конституционного права вмешиваться в НАФТА. Это, безусловно, измена и подстрекательство.

На страницах 1148-1151, Congressional Record, House, March 10, 1993, "Foreign Policy or Trade, the Choice is Ours",[15] , в котором обнажены пороки "свободной торговли". Социалистам понадобилось 47 лет, чтобы разрушить мудрые торговые барьеры, возведенные Вашингтоном, Линкольном, Гарфилдом и Мак-Кинли. Причиной "французской" революции была "свободная торговля". Британские социалисты вызвали депрессию и панику во Франции, что открыло двери для мятежников и предателей, Дантона, Марата, графа Шелбурна и Джереми Бентама.

На странице 1151 вышеупомянутого досье Конгресса мы читаем:

> "В 1991 году американские рабочие получали среднюю недельную зарплату на 20% меньше, чем в 1972 году. Между тем, текстильная и швейная промышленность потеряли более 600 000 рабочих мест, а сталелитейная и автомобильная отрасли пожертвовали еще 580 000. Таким образом, бремя глобального лидерства, выраженное в сокращении доходов и рабочих мест, в значительной

[15] "Внешняя политика или торговля - выбор за нами.

> степени легло на плечи американских рабочих с низкой квалификацией. Трудоемкие производственные рабочие места переместились за границу в дешевые страны третьего мира, оставив касту низкоквалифицированных американских рабочих...".

Социалистическая цель по снижению уровня жизни американского среднего класса до уровня стран третьего мира выполнена примерно на 87%, и, если все пойдет по плану, администрация Клинтона скоро нанесет последние штрихи в торговой войне, ценой удара в спину американскому народу. Как я уже неоднократно говорил, президент Клинтон был выбран для выполнения мандата фабианских социалистов, и "свободная торговля" - это лишь одна из предательских политик, которые ему приказали проводить.

> "Мы все почувствовали, насколько нам необходима Организация Объединенных Наций, если мы действительно хотим двигаться к Новому миру и таким отношениям в мире, которые отвечают интересам всех стран. У Советского Союза и Соединенных Штатов есть не одна причина участвовать в его строительстве, в развитии новых структур безопасности в Европе и Азиатско-Тихоокеанском регионе. А также в построении действительно глобальной экономики, действительно в создании новой цивилизации".
> - Михаил Горбачев, выступление в Стэнфордском университете, 1990 год.

Замените Советский Союз на "социалистов", и легко увидеть, что ничего не изменилось.

Долгосрочный план социализма по разрушению Конституции США путем присоединения иностранных государств достаточно хорошо известен, и нигде более, чем в трудах фабианских социалистов и международных социалистов. Мы знаем, что социалисты рассчитывают установить мировую диктатуру через действия коммунизма и социализма, один - открытыми и прямыми методами, другой - более тонкими и скрытыми. Они надеются одержать победу через финансовую диктатуру Международного валютного фонда (МВФ), который может контролировать правительства, заставляя свободные страны через саботаж их валютных структур вступать в международные организации, такие как недолговечная Лига Наций, ее преемница Организация Объединенных Наций и множество периферийных международных организаций.

Все они преследуют общую цель: уничтожить суверенитет страны-жертвы, пострадавшей от приостановки кредитования, отсутствия работы, стагнации промышленности и сельского хозяйства и наложения законов международного органа на законы отдельных стран. В этой книге мы можем рассматривать Организацию Объединенных Наций только как пример социалистического перепроизводства жизненной силы независимых национальных государств.

Изучение того, как появился Устав ООН, выходит за рамки данной книги, за исключением того, что это социалистическое предприятие от начала и до конца. Некоторые считают его коммунистическим предприятием. Хотя верно, что составителями проекта ООН были два советских гражданина, Лев Росвольский, Молотов и американский социалистический гражданин Алджер Хисс, устав является социалистическим, что является большой победой Фабианского общества и его американских кузенов. Устав ООН соответствует Коммунистическому манифесту 1848 года.

Если бы договор/соглашение/устав ООН был представлен как коммунистический документ, он не был бы принят Сенатом США. Но социалисты знают свою игру, и поэтому она была представлена как организация, созданная для "поддержания мира". Я уже говорил, что когда мы видим слово "мир" в документе мирового правительства, мы должны признать, что он имеет социалистическое или коммунистическое происхождение. Именно такова природа Устава ООН. Это коммунистическая/социалистическая организация. Более того, ООН развязывает войну, а не поддерживает мир.

Хотя хартия была подписана большинством сенаторов США и вступила в силу, США не являются членом этого органа Нового мирового порядка - Единого мирового правительства - и не были им ни на минуту. Существует несколько основных причин, почему это так: "Право народов" Ваттеля, "Библия", которая дала сумму и содержание, на которых было основано международное право наших отцов-основателей, применима в данном случае и остается в силе. Оно восходит к римскому и греческому праву и само по себе является предметом изучения всей жизни. Сколько наших так называемых сенаторов и представителей знают что-нибудь об этих вопросах? Бесценная книга Ваттеля не входит в программу юридического факультета и отсутствует в учебниках средних школ и университетов. Государственный департамент совершенно не знаком с этой бесценной книгой, вот почему он заваривает одну кашу за другой, пытаясь организовать дела этой нации без знания "Закона народов" Ваттеля. Конституция США имеет верховенство над всеми договорами, уставами и соглашениями любого рода и не может быть отменена действиями Конгресса или исполнительной власти.

Для того чтобы Соединенные Штаты стали членом Организации Объединенных Наций, поправка к Конституции США должна была быть принята всеми 50 штатами. Поскольку этого не произошло, мы не являемся членом ООН и никогда им не были. Такая поправка отняла бы право объявлять войну у Палаты представителей и Сената и передала бы его международному органу. Поскольку бывший президент Буш пытался сделать это во время войны в Персидском заливе, ему должен был быть объявлен импичмент за измену Соединенным Штатам и за несоблюдение присяги.

Второй момент, который стоит отметить: не более пяти сенаторов читали документы Устава ООН, не говоря уже о том, чтобы провести надлежащие, конституционные дебаты по этому вопросу. Такие конституционные дебаты заняли бы не менее двух лет, тогда как это чудовище было принято в 1945 году за три дня! Когда такое соглашение, или законопроект, или что-либо еще поступает в Сенат, а сенаторы не обсуждают его должным образом, это представляет собой осуществление произвольной власти. Страницы 287-297, Сенат, запись Конгресса, 10 декабря 1898 года:

> "Соединенные Штаты суверенны, суверенитет и гражданство - соотносимые понятия. Не может быть национальности без суверенитета, и не может быть суверенитета без национальности. Во всех вопросах Соединенные Штаты, как государство, обладают

> суверенной властью, за исключением тех случаев, когда суверенитет был зарезервирован за штатами или народом".

Также из Помероя, (о Конституции) стр. 27:

> "Не может быть нации без политического суверенитета и политического суверенитета без нации. Поэтому я не могу разделить эти идеи и представить их как отличные друг от друга...".

Продолжение на стр. 29 :

> "Эта нация обладает политическим суверенитетом. Она может иметь любую организацию, от самой чистой демократии до самой абсолютной монархии, но, рассматриваемая в ее отношениях с остальным человечеством и с ее собственными индивидуальными членами, она должна существовать, вплоть до принятия законов для себя, как целостное и независимое суверенное общество среди других подобных наций Земли".

Доктор Малфорд, один из лучших историков и конституционалистов, сказал в своей книге о суверенитете нации на странице 112:

> "На существование суверенитета нации, или политического суверенитета, указывают определенные знаки или ноты, которые являются универсальными. Это независимость, власть, верховенство, единство и величие. Суверенитет нации, или политический суверенитет, подразумевает независимость. Он не подвержен никакому внешнему контролю, но его действия соответствуют его собственному определению. Это подразумевает авторитет. Он обладает силой, присущей его собственной решимости, чтобы утверждать и поддерживать ее. Оно подразумевает превосходство. Она не предполагает наличия других низших сил...".

Как неоднократно говорил покойный сенатор Сэм Эрвин, один из величайших конституционных ученых этого столетия

> "Невозможно, чтобы мы могли с чистой совестью вступить в Организацию Объединенных Наций.

Рассматривая условия суверенитета, изложенные выше, становится ясно, что ООН не является государством и полностью лишена суверенитета. Он не принимает индивидуальных законов для нации, потому что он не является нацией. У него нет своей территории, нет единства и величия. Она подвержена внешнему контролю.

Кроме того, договор Организации Объединенных Наций не может быть поддержан, поскольку Организация Объединенных Наций не является суверенной. Согласно "Закону народов" Ваттеля, "Библии", которую наши отцы-основатели использовали при написании Конституции, Соединенным Штатам запрещено заключать договор с ЛЮБЫМ лицом, ЛЮБЫМ субъектом, который не является суверенным. Никто не будет оспаривать, что Организация Объединенных Наций не является суверенной, поэтому "договор" ООН, принятый Сенатом в 1945 году, не имеет юридической силы, ultra vires. Как юридический документ, он не является ни договором, ни хартией и, как таковой, не имеет абсолютно никакой ценности, не больше, чем чистый лист бумаги.

Организация Объединенных Наций - это иностранный орган, поддерживаемый сборником эрзац-законов, которые не могут иметь приоритет над законами Соединенных Штатов. Придерживаться позиции, что законы Организации Объединенных Наций имеют приоритет над законами Соединенных Штатов, является актом подстрекательства и государственной измены. Изучение "Закона народов" Ваттеля и "Международного права" Уитона в сочетании с Конституцией не оставит сомнений в правильности этого. Любой конгрессмен, сенатор или правительственный чиновник, поддерживающий Организацию Объединенных Наций, виновен в подстрекательстве к мятежу.

На страницах 2063-2065, Congressional Record, House, Feb. 22nd, 1900, мы находим следующее положение: "Договор не превосходит Конституцию. В дипломатическом обмене мнениями между послом США во Франции и тогдашним госсекретарем Марси снова четко сказано:

> "Конституция должна превалировать над договором, когда положения одного противоречат другому...".

Когда Джон Фостер Даллес, глубоко социалистический агент британской короны, был вынужден предстать перед комитетом Сената США по расследованию деятельности Организации Объединенных Наций, он, как скользкий социалист, которым он был, попытался блефовать, предположив, что "международное право", как и национальное право, может применяться в Соединенных Штатах. Применение "международного права" является самой основой Организации Объединенных Наций, но оно не может быть применено к Соединенным Штатам.

Наше утверждение о том, что Соединенные Штаты не являются членом Организации Объединенных Наций, подкрепляется чтением записей Конгресса, Сенат, 14 февраля 1879 года и страниц 1151-1159, записей Конгресса, Сенат, 26 января 1897 года. Мы не найдем этого важного материала ни в одной юридической книге. Ультралевые марксистские профессора права в Гарварде не хотят, чтобы их студенты знали об этих жизненно важных вопросах.

Тот факт, что Сенат США "ратифицировал" "договор" ООН, уставное соглашение, не имеет никакого значения. Конгресс не может принимать законы, которые противоречат конституции, а привязка американского законодательства к подчинению договору ООН является явно неконституционной. Любой акт Конгресса (Палаты представителей и Сената), подчиняющий Конституцию какому-либо другому органу или структуре, не имеет силы закона и не действует. Очевидно, что, основываясь исключительно на статье 25 договора ООН, США не могли заключить такое соглашение.

Анналы Конгресса, "Глобусы Конгресса" и записи Конгресса изобилуют информацией о суверенитете, и детальное изучение этого материала, большая часть которого взята из "Закона народов" Ваттеля, делает совершенно очевидным, что Соединенные Штаты никогда не были членом Организации Объединенных Наций и никогда не смогут им стать, если только голосование в Сенате 1945 года не будет подвергнуто конституционной поправке, а затем ратифицировано всеми 50 штатами. Для дальнейшего подтверждения того, что Соединенные Штаты не являются членом Организации

Объединенных Наций, мы отсылаем читателей к страницам 12267-12287 отчета Конгресса, Палата представителей 18 декабря 1945 года.

О том, что выдавалось за конституционные дебаты по договору ООН в 1945 году, можно узнать из отчета Конгресса, Сенат, страницы 8151-8174, 28 июля 1945 года и страницы 10964-10974 отчета Конгресса, Сенат, 24 ноября 1945 года. Изучение этих записей "дебатов" в ООН убедит даже самого закоренелого скептика в невероятном незнании Конституции, проявленном сенаторами США, которые "ратифицировали" договор ООН.

Судья Кули, один из величайших конституционных ученых всех времен, сказал:

> "Конгресс Соединенных Штатов черпает свои законодательные полномочия из Конституции, которая является мерилом его власти. И любой акт Конгресса, противоречащий его положениям или не входящий в объем полномочий, предоставленных им, является неконституционным, а потому не имеет силы закона и не является обязательным для любого лица".

Голосование в Сенате 1945 года в пользу членства в ООН "поэтому не имеет силы закона и ни для кого не является обязательным".

Голосование 1945 года по соглашению ООН было произвольным использованием власти и поэтому является недействительным, так как оно не было обсуждено в соответствии с конституцией, прежде чем было принято Сенатом за три дня:

> "Ни один договор/соглашение не может ослабить или запугать Конституцию США, эти договоры/соглашения не более чем законы, и, как любой другой закон, могут быть отменены."

Таким образом, устав/соглашение ООН (у наших законодателей не хватило смелости назвать его договором) не имеет юридической силы, не имеет последствий и ни для кого не является обязательным. Военным конкретно запрещено подчиняться законам любого иностранного субъекта, агентства или организации, и наши военачальники обязаны выполнять свою присягу по защите граждан Соединенных Штатов. Они не могут сделать это и подчиниться законам Организации Объединенных Наций.

Из всех международных агентств единого мирового правительства, существующих сегодня за рубежом, ни одно не является более коварным злом, чем МВФ. Мы склонны забывать, что МВФ является внебрачным ребенком Организации Объединенных Наций, поскольку оба являются продолжением Комитета 300, и МВФ, как и Совет по международным отношениям (CFR), все смелее заявляет о своих истинных целях и намерениях. Те же зловещие силы, которые навязали большевизм христианской России, стоят за МВФ и его планами по захвату так называемой "мировой экономики".

Глава 9

ПОБЕЖДЕННАЯ НАЦИЯ

Подавляющее большинство американского народа не знает, что нация находится в состоянии войны с 1946 года, или что мы ее проигрываем. По окончании Второй мировой войны Тавистокский институт человеческих отношений при Сассекском университете и Тавистокский центр в Лондоне обратили свое внимание на Соединенные Штаты. Его президентом является королева Елизавета II, а ее двоюродный брат, герцог Кентский, также входит в состав правления. Старые методы, использовавшиеся против Германии во время Второй мировой войны, теперь обращены против Соединенных Штатов. Тависток является признанным центром "промывания мозгов" в мире и, по сути, проводил и проводит масштабную операцию по промыванию мозгов против народа Соединенных Штатов с 1946 года.[16]

Основной целью этого предприятия является поддержка социалистических программ на всех уровнях нашего общества, тем самым прокладывая путь к новой темной эпохе единого мирового правительства и нового мирового порядка. Тависток активно действует в банковской сфере, торговле, образовании, религии и, в частности, стремится нарушить Конституцию США. В этих главах мы рассмотрим некоторые программы, направленные на превращение Америки в рабовладельческое

---

[16] См. *Тавистокский институт человеческих отношений: формирование морального, духовного, культурного, политического и экономического упадка Соединенных Штатов Америки*, Джон Коулман, Omnia Veritas Ltd, www.omnia-veritas.com.

государство. Вот некоторые из основных социалистических организаций и институтов, которые борются против американского народа:

БАНКОВСКАЯ И ЭКОНОМИЧЕСКАЯ ПОЛИТИКА :

СОВЕТ ФЕДЕРАЛЬНОЙ РЕЗЕРВНОЙ СИСТЕМЫ

> *"Господин президент, у нас в стране один из самых коррумпированных институтов, которые когда-либо видел мир. Я говорю о Федеральном резервном совете и Федеральных резервных банках. Федеральный резервный совет, государственный совет, обманом лишил правительство и народ Соединенных Штатов денег, достаточных для выплаты государственного долга... Это зловещее учреждение обнищало и разорило народ Соединенных Штатов... Эти 12 частных кредитных монополий были обманным и несправедливым образом навязаны этой стране банкирами из Европы, которые отблагодарили нас за гостеприимство, подорвав наши американские институты...* "Выступление в Палате представителей конгрессмена Луиса Т. Макфаддена, председателя банковского комитета Палаты представителей, пятница, 10 июня 1932 года".

Как часто говорилось, величайший триумф социалистов был достигнут с созданием банковской монополии Федеральной резервной системы. Социалисты-банкиры пришли из Европы и Англии, чтобы разорить народ этой страны, хитроумно проникнув и пронизав каждую грань нашей денежной системы. Эти социалистические агенты перемен не смогли бы ничего добиться без полного сотрудничества с предателями внутри наших границ, и они нашли их сотнями, мужчин и женщин, готовых предать американский народ. Одним из заметных предателей был президент. Вудро Вильсон, который пробил бреши в торговых барьерах, возведенных президентом Вашингтоном и сохраненных Линкольном, Маккинли и Гарфилдом. В 1913 году Вильсон ввел марксистскую систему прогрессивного подоходного налога, чтобы заменить потерянные доходы от тарифов, и открыл двери, чтобы впустить обывательских банкиров Европы в нашу цитадель, принял Закон о Федеральной резервной системе от 1913 года.

Мало кто понимает, что банковская система США была СОЦИАЛИЗИРОВАНА с принятием Закона о Федеральной резервной системе от 1913 года. Коммерческие банки (у нас нет торговых банков в британском смысле этого слова) были запущены в работу с тех пор, как социалистические банкиры-грабители смогли взять их под свой контроль в том году. В нашей стране существует банковская система социального обеспечения, почти идентичная банковской системе, созданной большевиками в России. Федеральные резервные банки создают долговые ценные бумаги, которые называются "деньгами". Эти деньги возвращаются в Федеральную резервную систему не через торговлю, а через кражу у народа. Фиктивные деньги крадут непосредственно у народа. Деньги, которые контролируют банки Федеральной резервной системы, - это не честные деньги, а воображаемые деньги, всегда инфляционные.

Кого мы можем привлечь к ответственности? Кого мы можем обвинить в краже наших денег? Никто не знает, кто является акционерами крупнейшей в мире банковской системы. Вы можете в это поверить? К сожалению, все это правда, но мы позволяем этой дурной ситуации продолжаться из года в год, в основном из-за незнания того, как работает система. Нам, людям, говорят, чтобы мы оставили деньги в покое, потому что это слишком сложно для нашего понимания. "Предоставьте это экспертам", - говорят воры.

Что делает социалистическая Федеральная резервная система с нашими украденными деньгами? В частности, они заставляют нас платить ростовщичество, что в системе называется национальным долгом, который они превращают в 30-летние облигации. Эти банкиры-социалисты НИЧЕГО не делают для создания богатства, они паразиты, которые живут, питаясь веществом американского народа. Эти паразиты имеют "право" создавать деньги из воздуха, а затем давать их в долг коммерческим банкам с ростовщичеством, и делают они это за счет кредита народа.

Это невольная кабала, поскольку личный кредит гражданина принадлежит ему, а не Федеральной резервной системе.

Предоставляя Федеральной резервной системе право присваивать личные кредиты граждан, правительство Соединенных Штатов позволяет этой паразитической организации нарушать 5ème поправки к Конституции, гарантированные Конституцией права на "жизнь, свободу и собственность".

Кроме того, Федеральный резервный совет уничтожил Конституцию. Помните, что нападение на одну часть Конституции - это нападение на всю Конституцию. Если уничтожается одна часть Конституции, то оскверняются все части Конституции. Полномочия, делегированные Конгрессу нами, народом: Раздел 8, Статья 5. "Чеканить деньги, регулировать их стоимость и стоимость иностранных монет, а также устанавливать стандарт мер и весов". Эта статья содержится в 17 перечисленных полномочиях, делегированных Конгрессу народом. Нигде мы не давали Конгрессу права передавать эти полномочия частному банковскому учреждению.

Однако именно так поступил Конгресс в 1913 году. Законопроект был вынесен на обсуждение всего за несколько дней до рождественских праздников. Он состоял из 58 страниц в три колонки и 30 страниц прекрасного, тесно напечатанного материала. Никто не мог прочитать его, не говоря уже о том, чтобы понять, за те несколько дней, когда он был выставлен на обсуждение. Таким образом, Закон о Федеральной резервной системе был принят Конгрессом и стал актом произвольной власти - так называют законопроект, который не был должным образом обсужден и становится законом без полного обсуждения.

Для демонстрации неконституционности Закона о Федеральной резервной системе 1913 года были написаны сотни прекрасных книг, поэтому нет смысла вновь обращаться к нему в этой книге. Достаточно сказать, что, несмотря на этот акт, величайшую аферу в истории, Федеральный резервный банк остается на своем месте, как будто его история до сих пор остается тайной. Почему это так? Возможно, из-за страха. Те, кто пытался бросить хоть какой-то значимый вызов этому чудовищному социалистическому творению, были жестоко убиты. Члены Палаты представителей и Сената знают, что Федеральная резервная система - это самое крупное ограбление 20ème века, но они ничего не делают, чтобы поднять шум, опасаясь быть выброшенными из Конгресса или еще хуже.

Федеральные резервные банки были созданы по образцу Банка Англии, социалистического института Ротшильдов, который смог присоединиться к Соединенным Штатам после Гражданской войны, во время которой он финансировал обе воюющие стороны. Денежная система, разработанная Джефферсоном и Гамильтоном для молодой американской нации, представляла собой биметаллизм - 16 унций серебра на 1 унцию золота. Это была наша КОНСТИТУЦИОННАЯ денежная система, описанная в статье I, раздел 8, пункт 5, и она дала этой стране несметное процветание, пока европейские центральные банковские шлюхи не смогли подмять ее под себя. Они сделали это путем демонизации денег в 1872 году, что привело к панике 1872 года, и все это было спланировано социалистами.

Социалистам удалось обесценить нашу денежную систему до нуля, затем они напечатали социалистические (кейнсианские) деньги, на которые скупили все ведущие предприятия и недвижимость. На занятиях по экономике в университетах крайне левые профессора Маркса учат, что Конгресс управляет нашей денежной системой, но это не так, Конгресс отказался от этой ответственности и передал ее в руки международных банкиров, подобных Шайлоку, чтобы создать в Америке коммерческую банковскую систему благосостояния. Ротшильды и их социалистические коллеги в международном банке Шейлока навсегда загнали американский народ в долги - если только мы не найдем правильного лидера, который разорвет эту смирительную рубашку.

Международные банкиры Шейлоки задолго до появления Федерального резервного совета относились к богатству этой нации с большой жадностью и были полны решимости нажимать на него до тех пор, пока не получат контроль над ним. Международные банкиры-шейлоки не позволили национальному банку во время правления президента Эндрю Джексона выплатить долг за Гражданскую войну, чтобы держать американский народ связанным по рукам и ногам, чем мы до сих пор и занимаемся. Хорошо известно, что британская секретная служба разжигала и преследовала американскую гражданскую войну, которую следовало бы назвать международной войной продажных банкиров. Британская секретная служба имела своих агентов в южных штатах, проникая и пронизывая каждый аспект жизни.

Когда президент Джексон закрыл центральный банк, британская секретная служба была наготове. Закон о банковской деятельности 1862 года был "трюком" Ротшильдов, который был частью долгосрочного плана по удержанию американского народа в вечной нищете. Хотя Конгресс и патриотичный Верховный суд дали отпор мошенникам Ротшильда, но это облегчение было недолгим.

Благодаря троянскому коню Вильсона, они захватили власть в 1913 году и ввергли нацию в финансовое рабство, в котором мы и находимся сегодня. Как мы уже говорили в наших главах об образовании, социалисты использовали образование, чтобы лгать американской общественности о Федеральных резервных банках, и это одна из причин, по которой его до сих пор терпят. Его грубые эксцессы и преступления против американского народа не известны, хотя они подробно описаны в сотнях прекрасных книг на эту тему.

Но эти книги недоступны тем, кто не имеет определенного уровня образования, регулируемого социалистическим контролем индустрии учебников, поэтому миллионы американцев всех возрастов находят утешение в телевидении. Если Ларри Кинг выступит с откровенными и открытыми речами о злодеяниях социалистической Федеральной резервной системы, и если самые популярные ведущие ток-шоу на радио и телевидении сделают то же самое, мы сможем достаточно взволновать наших людей, чтобы сделать что-то для закрытия Федеральной резервной системы.

Американская общественность узнает, что первой обязанностью Конгресса является обеспечение и поддержание надежной денежной системы Соединенных Штатов. Общественность узнает, что у нас нет ни одного честного доллара в обращении. Они узнают, что британская Ост-

Индская компания и Банк Англии вступили в сговор с Адамом Смитом, чтобы изъять все золото и серебро из колоний, чтобы победить колонистов в экономической войне, которая предшествовала вооруженной войне.

Американская общественность узнает, что для того, чтобы Федеральный резервный совет и Федеральные резервные банки были конституционными, необходимо разработать поправку к конституции и ратифицировать ее всеми 50 штатами.

Они начнут задавать вопросы: "Почему это еще не сделано? Почему мы до сих пор позволяем частным лицам, владеющим Федеральной резервной системой, выманивать у нас огромные суммы денег? Они могут даже оказать достаточное давление на Конгресс, чтобы заставить его упразднить Федеральную резервную систему". Американский народ мог бы узнать в шоу Ларри Кинга или в шоу Фила Донахью, что банки Федеральной резервной системы не платят подоходный налог, никогда не подвергались аудиту и платят только 1,95 доллара на каждую тысячу долларов, которые они получают из казны от нас, народа. "Какая выгодная сделка", - завыли бы мы в ярости.

Пробужденное и разъяренное население может даже подтолкнуть Конгресс к действиям и заставить закрыть это чудовище мамоны. Американский народ узнает, что самый большой период процветания был между закрытием центрального банка Шейлока[17] Эндрю Джексоном и началом Гражданской войны. Они узнают, что Федеральные резервные банки социализировали коммерческие банки в этой стране и что наши банки работают на основе системы, описанной в "Венецианском купце" Шекспира.

Президент Рузвельт говорил американскому народу, что он друг бедных и среднего класса Америки, но с первого дня он был агентом международных банков Шейлока и фабианского социализма. Он организовал огромные займы для поддержки

---

[17] Повторная ссылка на ростовщика в пьесе Шекспира *"Венецианский купец"*, при этом термин "купец" на самом деле обозначает еврея в знаменитой пьесе. Нде.

социалистического правительства Англии, обанкротившегося из-за неудачной социалистической политики этой страны, в то время как его собственный народ стоял в очереди за едой. В 1929 году те же иностранные интересы манипулировали обвалом фондового рынка, в результате которого цена акций упала на миллиарды долларов, которые хищники могли затем выкупить по 10 центов за доллар. Федеральные резервные банки организовали крах через Федеральный резервный банк Нью-Йорка. На страницах 10949-1050 отчета Конгресса, Палата представителей, 16 июня 1930 года, мы находим следующее:

> "Совсем недавно Федеральный резервный совет сделал американскую промышленность жертвой одной серии манипуляций в интересах европейского кредита, что привело к краху фондового рынка и нынешней промышленной депрессии. Эти манипуляции начались в феврале 1929 года с визита в эту страну управляющего Банком Англии и его консультаций с главой Федеральной резервной системы, предметом которых была обеспокоенность финансовым положением Великобритании (потрясенной социалистическими программами, которые обанкротили страну) и падением фунта стерлингов.
>
> Британцы и французы вложили 3 миллиарда долларов в фондовый рынок США, и целью было остановить утечку золота в США путем дробления американских ценных бумаг. Их первая попытка в марте 1929 года, вызванная публичными заявлениями Федеральной резервной системы (из ее нью-йоркского отделения), рассчитанными на то, чтобы напугать инвесторов, вызвала небольшую панику в марте. Вторая попытка, начиная с августа 1929 года, была предпринята в результате продажи и шортинга британских и французских инвесторов американскими банкирами и паники октября 1929 года..."

Федеральные резервные банки несут ответственность за крах 1929 года и последующую депрессию.

Сегодня, в 1994 году, Федеральный резервный совет под председательством социалиста Алана Гринспена выкачивает жизнь из слабой экономики США, потому что хозяева

Гринспена в Лондоне приказали ему поддерживать инфляцию на уровне 1,5%, даже если это означает потерю 50 миллионов рабочих мест. Сегодня наше членство во Всемирном банке, Банке международных расчетов и наша готовность поступиться своим суверенитетом, подчинившись диктату Международного валютного фонда (МВФ), предвещает плохое будущее и указывает на то, что Комитет 300 готовится к новой мировой войне.

Нигде в Конституции нет полномочий, которые уполномочивали бы правительство США финансировать так называемые международные банки, такие как Всемирный банк и МВФ. Чтобы найти эти полномочия, нужно заглянуть в статью 1, раздел 8, пункты 1-18, но искать их бесполезно, потому что их там нет. У нас нет конституционных полномочий разрешать финансирование иностранных банков, поэтому такие действия незаконны.

Под руководством британских социалистов президент Джордж Буш протолкнул торговые законопроекты НАФТА и ГАТТ, которые лишили США суверенитета и уничтожили рабочие места в промышленности и сельском хозяйстве, лишив работы миллионы американцев. "Мировая торговля" - это старая цель фабианского социализма, к которой он стремится с 1910 года, пытаясь сломить выгодную торговую позицию США и снизить уровень жизни "синих" и "белых воротничков" Америки до уровня стран третьего мира.

Однако у Буша закончилось время, и эстафета перешла к президенту Клинтону, которому удалось принять "договор" НАФТА с помощью 132 "прогрессивных (социалистических) членов Республиканской партии". В 1993 году мечта фабианских социалистов о "мировой торговле" сделала гигантский шаг вперед с принятием НАФТА и подписанием Генерального соглашения по тарифам и торговле (ГАТТ), которое положило конец уникальному положению Америки, способной обеспечить хороший уровень жизни и рабочие места для своего уникального среднего класса.

Чтобы сделать договоры НАФТА и ГАТТ законными, потребуется внести поправку в Конституцию США. Во-первых, в Конституции нет никаких положений или полномочий, позволяющих президентам Бушу и Клинтону действовать на 100% неконституционно, вмешиваясь в детали этих договоров, которые относятся исключительно к компетенции законодательной власти. Существует конституционный запрет на делегирование тремя ветвями власти своих полномочий друг другу, Стр. 108-116, Глобус Конгресса, 10 декабря 1867 года:

> "Мы согласны с тем, что ни один департамент правительства Соединенных Штатов, ни президент, ни конгресс, ни суды, не имеет никаких полномочий, не предоставленных Конституцией".

В Конституции нет положений о сдаче суверенитета США, но именно так поступили наши враги на троянском коне, когда вели прямые переговоры с этими поставщиками НАФТА и ГАТТ, создающими одно мировое правительство и новый мировой порядок в рамках своей международной социалистической программы.

ИНОСТРАННАЯ ПОМОЩЬ

Священной коровой" фабианских социалистов было получение чужих денег (ОРМ) для финансирования своих социалистических излишеств. Мы знаем о кредите в 7 миллиардов долларов, придуманном Джоном Мейнардом Кейнсом для спасения неудавшейся социализации британского народа через Лейбористскую партию. Мы также знаем о социалистическом плане финансирования других иностранных государств через законопроект об ассигнованиях на иностранную помощь, который обходится американскому народу почти в 20 миллиардов долларов в год, где мы играем в Деда Мороза для некоторых из наименее достойных стран мира, чью неудачную социалистическую политику мы продолжаем поддерживать. Палата представителей и Сенат даже не делают вид, что проверяют конституционность законопроектов, прежде чем пропустить их на рассмотрение. Если бы они выполняли свою работу должным образом, законопроекты об иностранной помощи никогда бы не попали на рассмотрение Палаты представителей и Сената. Это преступление против американского народа, которое можно назвать подстрекательством.

Иностранная помощь служит двум целям; она дестабилизирует Америку и помогает Комитету 300 получить контроль над природными ресурсами стран, финансируемых по принуждению американских налогоплательщиков. Конечно, есть страны, не имеющие природных ресурсов, такие как Израиль и Египет, но в этих случаях иностранная помощь становится геополитическим соображением, но все равно остается, невольной кабалой или рабством. Иностранная помощь всерьез началась с президента Рузвельта, когда он выделил около 11 миллиардов долларов большевистской России и 7 миллиардов долларов правительству лейбористской партии Великобритании.

Предусматривает ли Конституция США какое-либо наделение властью этого удивительного ежегодного дара?

Ответ "НЕТ", и для того, чтобы сделать иностранную помощь законной, потребуется поправка к конституции, но сомнительно, что такая поправка может быть правильно составлена, поскольку иностранная помощь нарушает пункт, запрещающий рабство (недобровольное подневольное состояние). Говоря прямо, иностранная помощь - это измена и мятеж. Члены Палаты представителей и Сената знают об этом, президент знает об этом, но это не останавливает ежегодную кражу миллиардов долларов у американских рабочих. Иностранная помощь - это воровство. Иностранная помощь - это невольное рабство. Иностранная помощь - это социализм в действии.

СРЕДНИЙ КЛАСС

Из всех людей, наиболее ненавидимых марксистско-фабианскими социалистами/коммунистами и их американскими кузенами, никто не превосходит уникальный американский средний класс, который уже давно является бичом существования социализма. Именно средний класс сделал Америку той могущественной нацией, которой она стала. Торговые войны были и остаются направленными против среднего класса, олицетворяемого так называемой "глобальной экономикой". О преступно дегенеративных усилиях президентов Вильсона и Рузвельта, а затем Картера, Буша и Клинтона, направленных на разрушение торговых барьеров, которые способствовали развитию и защите среднего класса, рассказывается в других частях этой книги. В этой главе мы хотим рассмотреть положение среднего класса в середине 1994 года.

Средний класс - это величайший социальный триумф 20-го века для нашей Конфедеративной Республики, которая была правильно и хорошо управляемой до 1913 года. Рожденный разумной денежной политикой, торговыми барьерами и протекционизмом, средний класс стал оплотом против всех надежд Карла Маркса принести революцию в Америку, которые потерпели крах. Расширение среднего класса, которое началось в период между запретом Эндрю Джексоном центрального банка и Гражданской войной, продолжалось на протяжении обеих мировых войн. Но с 1946 года что-то пошло не так. Мы уже рассказывали о войне, которую с 1946 года ведет Тавистокский институт против американского среднего класса.

Равенство рабочих "синих воротничков" на хорошо оплачиваемых промышленных рабочих местах с надежным будущим стало первой целью плана Римского клуба по уничтожению нашей индустриальной базы, предусматривающего нулевой рост. Рабочие "синих воротничков" имели доход, равный доходу "белых воротничков", и вместе они образовывали грозный средний класс, а не "рабочий класс" европейских социалистических стран. Это был политический факт, признанный социалистами в качестве основного препятствия для их планов по разрушению Америки. Поэтому промышленность, которая поддерживала средний класс, должна была быть уничтожена, и она была, и до сих пор остается, вырезана, раздел за разделом, с НАФТА и ГАТТ, делающими грязную работу по расчленению.

Я всегда подчеркивал одну вещь: социалисты никогда не сдаются. Поставив перед собой цель, они добиваются ее с почти пугающим упорством. Я проследил упадок экономической и политической власти среднего класса до начала 1970-х годов, после реализации плана постиндустриального нулевого роста Римского клуба. В 1973 году фундамент, на котором был построен средний класс, начал демонстрировать серьезные признаки разрушения, поскольку перспективы занятости и доходов рухнули. Настолько, что в 1993 году впервые потери рабочих мест среди "белых воротничков" сравнялись с потерями рабочих мест среди "синих воротничков". Начиная с 1970-х годов, и особенно в 1980 году, Бюро статистики сообщало, что доходы среднего класса рушатся.

То, чего социализм достиг благодаря разрушению торговых барьеров, повышению налогов и непрерывному наступлению на рабочие места, - это появление в Америке нового класса - рабочей бедноты. Миллионы и миллионы бывших "синих воротничков" и "белых воротничков" буквально провалились сквозь зияющие трещины в некогда прочном фундаменте среднего класса, основанного на промышленной занятости и защитной торговле. Средний класс в итоге оказался 60 с лишним миллионов американцев, или около 23% населения, которых можно точно назвать работающими бедняками, теми, чьи доходы недостаточны для покрытия расходов на предметы первой необходимости (при этом мы можем позволить себе выделить 20 миллиардов долларов на "иностранную помощь" иностранцам).

Одним из самых разрушительных ударов по среднему классу в торговой войне стал так называемый дефицит нефти, вызванный намеренно спланированным арабо-израильским конфликтом 1973 года в сочетании с войной на атомных электростанциях. Социалисты закрыли атомную энергетику - самый дешевый, безопасный и наименее загрязняющий окружающую среду вид энергии - и заставили наше промышленное сердце биться на нефти - лучше сказать, на импортной нефти. Если бы программа ядерной энергетики этой страны не была полностью уничтожена контролируемыми социалистами "зелеными" ударными войсками, стране больше не нужно было бы импортировать нефть, которая так вредна для нашей экономики в целом и нашего платежного баланса в частности. Кроме того, закрывая атомные электростанции, социалисты ликвидировали около миллиона рабочих мест в год.

Рост стоимости нефти, вызванный арабо-израильской войной и потерей ядерной энергии, снизил производительность труда, что в свою очередь привело к значительному снижению заработной платы, что отразилось на экономике, так как снижение заработной платы сдерживает расходы. Начиная с 1960 года, мы видим, что медианный доход семьи увеличивался почти на 3% в год вплоть до арабо-израильской войны 1973 года. Несомненно, именно это имел в виду Киссинджер, когда говорил, что война оказала гораздо большее влияние на экономику США, чем считалось изначально.

С 1974 года реальная заработная плата работников "синих" и "белых воротничков" упала на 20%. В 1993 году число работников, вынужденных соглашаться на неполный рабочий день, ранее занимавших полный рабочий день, почти удвоилось по сравнению с предыдущим годом. Аналогичным образом, "белые воротнички", работающие на стабильных рабочих местах, связанных с промышленностью, становятся "временными постоянными" во все возрастающем количестве. Число бывших временных работников "синих воротничков" сейчас составляет около 9%, а "белые воротнички", относящиеся к той же категории, составляют около 10% от общей численности рабочей силы. Фундамент, на котором покоился средний класс, не только треснул и затонул, но и начал полностью разрушаться.

Хотя государственная статистика допускает средний уровень безработицы лишь в пределах 6,4-7%, реальный уровень безработицы приближается к 20%. С учетом сокращения оборонных заказов потеря 35 миллионов рабочих мест - такова реальность ситуации, если принять во внимание влияние НАФТА и ГАТТ на рынок труда. Ожидается, что текстильная промышленность Северной Каролины потеряет два миллиона рабочих мест во второй год полностью вступившего в силу ГАТТ.

Ирвинг Блустоун из Института политических исследований говорит, что его исследование стабильных рабочих мест в промышленности, единственного источника заработной платы, позволяющей содержать семью среднего класса, показало, что с 1978 по 1982 год ежегодно терялось 900 000 хорошо оплачиваемых промышленных рабочих мест, или почти 5 миллионов качественных рабочих мест "синих воротничков" за пять лет. Другой подобной статистики, охватывающей период с 1982 по 1994 год, нет, но если мы возьмем ту же цифру, 900 000 - а мы знаем, что она выше, - то разумно предположить, что за 12 лет количество этих потерянных рабочих мест, которые никогда не вернутся, составило 10 миллионов долгосрочных хорошо оплачиваемых рабочих мест в промышленности. Сейчас мы начинаем получать реальные данные по безработице, и не только это, у нас есть реальная картина КАЧЕСТВЕННЫХ рабочих мест, потерянных навсегда, благодаря нападению Римского клуба и Тавистокского института на американское рабочее место.

Президент Клинтон заплатит цену за свою торговую войну против американского народа, и эта цена включает в себя один срок пребывания в должности. Клинтон сделала выбор в пользу глобальной экономики, что неизбежно означает отсутствие гарантий занятости в Америке. Снятие последнего торгового барьера ГАТТ отправило нашу экономику в водоворот снижения расходов как причины роста безработицы. Клинтон на собственном опыте убеждается, что нельзя получить свой торт и съесть его тоже. Глобальная экономика + сокращение дефицита = огромные потери рабочих мест. Страна никак не сможет выдержать еще четыре года социалистической администрации Клинтона, когда растущая волна временных низкооплачиваемых рабочих мест захлестнет старые, долгосрочные, хорошо оплачиваемые промышленные рабочие места.

Средний класс исчезает, но его голос все еще слышен, и его послание должно звучать так: "К черту глобальную экономику и сокращение дефицита". МЫ ХОТИМ ХОРОШО ОПЛАЧИВАЕМУЮ, СТАБИЛЬНУЮ, ДОЛГОСРОЧНУЮ РАБОТУ! "

Хотя США только недавно были вынуждены интегрироваться в мировую экономику, ущерб уже хорошо виден: сотни сильных и стабильных компаний были вынуждены массово увольнять квалифицированный персонал.

То, что мы имеем сегодня в 1994 году - и это развилось после арабо-израильской войны - это экономика Уолл-стрит/Лас-Вегаса. Акции McDonald's высоки, но переворачивание гамбургеров не заменит хорошо оплачиваемую, долгосрочную работу на производстве. Итак, пока акции McDonald's хорошо идут на Уолл-стрит, могут ли Соединенные Штаты довольствоваться экономикой, в которой хорошо оплачиваемые рабочие места становятся исчезающим видом? Согласно статье в *Los Angeles Times*, в 1989 году каждое четвертое рабочее место в США было занято неполный рабочий день, что пугающе больше, чем в 1972 году, но к 1993 году это соотношение составляло одно из трех, или одну треть всех рабочих мест в США. Суть в том, что ни одна индустриальная страна не сможет выжить в условиях сокращения числа высокооплачиваемых промышленных рабочих мест, не погрузившись в пучину разрушения.

США проигрывают битву против сил социализма, возглавляемых Тавистокским институтом. В ближайшие два года мы столкнемся с резким ростом конкуренции, навязанной "глобальной экономикой", где страны с миллионами полуграмотных людей научатся производить товары по рабским ставкам оплаты труда. Что тогда будет делать американская рабочая сила? Напомним, что это логический результат политики, проводимой Вудро Вильсоном, политики, направленной на уничтожение внутреннего рынка США. Нашу квалифицированную промышленную рабочую силу "синих воротничков" очень скоро будет преследовать призрак полной безработицы, и мы увидим, как эти работники будут цепляться за любую работу, чтобы остановить падение своего уровня жизни, или, более того, чтобы просто сохранить хлеб на столе.

Клинтон вела кампанию, обещая помощь среднему классу. Сколько безработных помнят его речь "У богатых - золотая жила, а у рабочих - дерево"? Это было до того, как ему приказали встретиться с Джеем Рокфеллером и Памелой Гарриман, которые сказали ему очень прямо: "Вы передаете неправильное послание". ДЕФИЦИТ - это послание, которое должно быть доставлено". Затем Клинтон вдруг начала проповедовать социалистическое евангелие сокращения дефицита, не говоря уже о том, что это может быть сделано только ценой миллионов рабочих мест.

Затем Клинтон сделал еще одну вещь, которую умеют делать социалисты: он пообещал, что правительство все перестроит. Но беспокойство росло; Клинтону не удалось убедить рабочих, что снижение дефицита лучше, чем полная занятость. Недавний опрос показал, что 45% к 26% американцев считают, что безработица является большей проблемой, чем дефицит. Клинтон также сказал нам, что мы наслаждаемся восстановлением экономики, но это не соответствует действительности, потому что вопреки обычной тенденции, когда восстановление означает уменьшение количества людей, работающих на недобровольной, низкооплачиваемой работе с частичной занятостью, в этот раз процент увеличился. В 1993 году более 6,5 миллионов человек работали на низкооплачиваемых временных работах.

Что касается громкого заявления о том, что администрация Клинтона создала 2 миллиона рабочих мест в прошлом году, следует отметить, что 60% этих рабочих мест были в ресторанах, здравоохранении, барах, гостиницах (посыльные, швейцары, привратники). Стремление к "глобализации" (читай: уничтожению) внутреннего рынка США, начатое Вудро Вильсоном, при Клинтоне перешло на высокие обороты. Драматические результаты этой разрушительной программы можно оценить следующим образом:

- В автомобильном секторе импорт увеличился с 4,1% до 68% в период с 1960 по 1986 год.
- Импорт одежды увеличился с 1,8% в 1960 году до 50% в 1986 году.
- Импорт станков увеличился с 3,2% в 1960 году до 50% в 1986 году.
- Станки являются самым важным показателем реальной экономики индустриальной страны.
- Импорт электронной продукции вырос с 5,6% рынка в

1960 году до 68% рынка в 1986 году.

Фабианские социалисты с их ложными обещаниями "глобальной экономики" полностью подорвали Соединенные Штаты, величайшую промышленную страну, которую когда-либо знал мир. Трагедия, заключенная в этих цифрах, выражается в миллионах стабильных, долгосрочных, хорошо оплачиваемых рабочих мест, которые теперь навсегда потеряны, принесены в жертву на алтарь мечты фабианского социализма о едином мировом правительстве - диктатуре Нового мирового порядка. Американского рабочего обманывали президенты Вильсон, Рузвельт, Кеннеди, Джонсон, Буш и Клинтон, которые совместно и по отдельности совершили государственную измену США. В результате этой предательской политики, проводимой чередой президентов, внутренние инвестиции, государственные и частные, сократились наполовину в период с 1973 по 1986 год, что привело к ликвидации миллионов долгосрочных, хорошо оплачиваемых рабочих мест.

В настоящее время, в середине 1994 года, кроме жалких лозунгов, предлагаемых кандидатами от обеих партий, кризис среднего класса не решался и не решается. Это не означает, что политики не знают об этом. Напротив, они каждый день слышат от своих избирателей, которые все больше сердятся на проблемы, которых они не понимают, и этот гнев не оставляет их терпения на неспособность правительства Вашингтона контролировать проблемы, которые так сильно влияют на них. Политики ничего не будут делать для поиска решений кризисов, потому что имеющиеся решения противоречат диктаторскому постиндустриальному плану нулевого роста Римского клуба. Любые усилия по привлечению национального внимания к катастрофе среднего класса будут подавлены еще до того, как они начнутся.

Нет другого кризиса, который мог бы сравниться с кризисом среднего класса. Америка умирает. Те, кто мог бы изменить ситуацию, не хотят или боятся это сделать, и ситуация будет продолжать ухудшаться до тех пор, пока пациент не станет неизлечимо больным, а эта точка скоро будет достигнута, вероятно, менее чем через 3 года. Однако этому изменению, которое является самым важным и которое действительно сравнимо с масштабными изменениями, вызванными гражданской войной, не уделяется никакого внимания. Последние выборы отразили ситуацию с явкой; люди устали голосовать и не видеть результатов. Состояние кризиса в Соединенных Штатах сохраняется, так зачем же тратить время и силы на голосование? Нет уверенности в будущем Америки - вот что делает с человеческим духом отсутствие полноценной работы или работы вообще.

С 1930-х годов власть предержащие продолжают захватывать все больше и больше власти. Американская коммунистическая партия, также известная как "Демократическая партия", заставила своего президента-социалиста Рузвельта заполнить Верховный суд судьями, которые рассматривали Конституцию как простой инструмент, который можно извратить и сжать в соответствии с социалистическими планами. Десятая поправка стала их футбольным мячом, который они могли пинать. Я проанализировал основные решения Верховного суда с момента создания этого "упаковочного дома" и обнаружил, что суд ни разу, ни в одном случае, не остановил власть имущих от получения того, что они хотят.

Права штатов были попраны Рузвельтом, и это продолжается до сих пор. Начиная с администрации Рузвельта, правительство расширяло и сокращало Конституцию, как аккордеонист, играющий нужную мелодию. То, что сделал и продолжает делать Верховный суд, - это перераспределение прав и полномочий, которыми наделены мы, народ, в пользу федерального правительства. Именно поэтому нам грозит неминуемая гибель среднего класса и разрушение Конституции США.

Необходима срочная программа, которая повернет страну вспять и спасет средний класс. Такая программа потребует полного поражения Демократической партии, которая лгала и вводила в заблуждение американский народ со времен администрации Вильсона: образовательная программа, которая отменит социализм во всей его полноте, отменит неконституционное ложное "отделение церкви от государства", очистит Верховный суд (который может быть закрыт в процессе), закроет Федеральную резервную систему и ликвидирует государственный долг.

Когда Уоррен Г. Хардинг был избран в Белый дом, в Соединенных Штатах царил хаос, как и сегодня. Кредиты были чрезмерно закредитованы, Федеральная резервная система дико манипулировала валютой и вызывала инфляцию с сопутствующими ей неудачами в бизнесе. Цены на сырьевые товары были искусственно снижены иностранным давлением, а безработица была огромной. Государственный долг, созданный Федеральной резервной системой, резко вырос. Мы все еще находимся в состоянии войны с Германией - уловка, чтобы вымогать у этой страны новые "репарации". Налоги Уилсона находятся на рекордно высоком уровне.

Вступив в должность, Хардинг составил список проблем Америки и заставил Конгресс не заседать в течение двух лет для их решения. Хардинг выступил против международных банкиров Шейлока и их союзников с Уолл-стрит. Он сказал то, что до него сказал Иисус Христос: "Я изгоню вас из храма". Хардинг сказал банкирам-шейлокам, что больше не будет ни внешних связей, ни иностранных войн, ни национального долга, "последний из которых почти уничтожил Республику".

Хардинг смягчает кредитный кризис и вводит новые тарифные налоги, которые защищают местную промышленность. Государственные служащие сокращаются до минимума, устанавливается бюджет. Иммиграция ограничена для защиты наших границ от полчищ анархистов, хлынувших из Восточной Европы, и для защиты нашего рынка труда. Хардинг ввел новые налоговые правила, которые сократили подоходные налоги на сотни миллионов долларов каждый год, подписал мирный договор с Германией и сказал Лиге Наций свернуть палатку и покинуть наши берега.

Но Хардинг не дожил до своих блестящих побед над филистимлянами, которых он в полном беспорядке изгнал из нашего лагеря.

20 июня 1923 года, во время политической поездки на Аляску, он заболел и умер. Его смерть была вызвана почечной недостаточностью, что является явным признаком того, что ему

каким-то образом был введен сильнодействующий яд. Нам нужен такой человек, как Уоррен Хардинг, чье мужество не знало границ. Мы должны искать и найти "нового Уоррена Хардинга", который восстановит программы, которые спасли бы Америку от чудовищной хватки злобных социалистов.

Абсурдное понятие "сокращение дефицита - это король" должно быть рассмотрено в перспективе. Если бы завтра дефицит был равен нулю, кризис среднего класса не был бы смягчен. Даже программа Клинтона по государственным инвестициям в размере 50 миллиардов долларов была забыта. Необходимо остановить уничтожение нашей промышленности Уолл-стрит, что означает разоблачение гномов рынка облигаций. Торговые барьеры, возведенные Вашингтоном и поддерживаемые Линкольном, Гарфилдом и Мак-Кинли, должны быть восстановлены. Необходимо приложить усилия для просвещения общественности о последствиях для нашей экономики неограниченного, не облагаемого налогом импорта товаров, также известного как "свободная торговля". Это позволит резко вернуться к полной занятости: это также приведет нацию к прямой конфронтации с иностранными державами, которые управляют этой страной.

"Смелый новый мир" Клинтон лишен содержания. Для американской продукции нет зарубежных рынков, и так было всегда. Единственное, что изменилось в "глобальной экономике", это то, что наши защитные сооружения были прорваны, и импортные товары хлынули внутрь через зияющие дыры в дамбах. Это и есть первопричина кризиса среднего класса. В то время как американские производители всегда могли удовлетворить растущий местный спрос, обеспечивая стабильную работу "синих" и "белых воротничков", наше положение стало несостоятельным, когда Вильсон заявил, что мы не должны бояться "конкуренции! "В 1913 году в США был закрытый рынок с полной занятостью, растущей экономикой и долгосрочным процветанием, таможенные доходы оплачивали счета правительства до 1913 года, когда социалисты заставили Вильсона снести дамбы, защищающие наш уровень жизни.

В условиях закрытого рынка наши производители могли позволить себе платить хорошую зарплату: тем самым они создавали покупательную способность и эффективный спрос на свою продукцию, что означало полную занятость, постоянную долгосрочную гарантию занятости. Все, что социалистические (демократические) президенты от Вильсона до Клинтона предлагали американскому рабочему - это ничтожный шанс продать несколько товаров в Китай, Японию или Англию в обмен на какую-нибудь низкооплачиваемую работу, чтобы постепенно, особенно с внедрением НАФТА и ГАТТ, он смирился с постоянным снижением уровня жизни и был благодарен за возможность работать на любой работе, какой бы она ни была. Это называется "свободная торговля". Это будущее американского среднего класса.

Чистым эффектом "свободной торговли в глобальной экономике" станет исчезновение американского среднего класса (офисных работников, синих и белых воротничков), класса, который сделал Америку великой. Компании из списка Fortune 500 уволили более 5 миллионов работников среднего класса за последние 13 лет. Возможно, что будущий лидер отреагирует тревожным образом, когда масштабы разорения среднего класса станут более очевидными. В этот момент единственной альтернативой для лидера этой страны будет остановить прилив "свободной торговли", что означает возврат к жестким торговым барьерам. Это будет унизительным поражением для социалистов, возглавляющих Демократическую партию, но им придется смириться, если Америка не станет похожей на Россию: властвующей и бесправной.

Подводя итог трагедии, постигшей Америку: глобальное общество означает общество без среднего класса в Америке. "Свободная торговля" уже подорвала уровень жизни среднего класса до такой степени, что он уже не сравним с тем, что был в 1969 году. Американский средний класс был создан не благодаря "свободной торговле" или "глобальной экономике". Средний класс был создан благодаря торговым барьерам и защищенному и надежному рынку для товаров местного производства. Торговые барьеры не создали инфляцию. Начиная с Вудро Вильсона, череда президентов лгала американскому народу и, как правило, добивалась того, что эту вопиющую ложь принимали за правду.

Социализм - это чудовищный провал. Если оставить в стороне благочестивые банальности об обогащении жизни простых людей, единственной целью социализма всегда было порабощение людей и постепенное наступление нового темного века единого мирового правительства - Нового мирового порядка. Даже находясь под полным контролем британского правительства, и несмотря на миллиарды долларов "иностранной помощи", выплаченных Америкой в британскую казну для поддержки социалистических программ, социализм оказался колоссальным провалом.

Швеция - одна из тех стран, которые решили следовать по пути Фабиана. Мы уже познакомились с социалистами-идеалистами Гуннаром Мирдалом и его женой, которые сыграли важную роль в демонтаже образования в Америке. Более 50 лет Стокгольм является гордостью социалистов всего мира. В течение многих лет Мирдаль был министром в шведском кабинете министров и сыграл ведущую роль во внедрении социализма в Швеции, лидеры которой были довольны тем, что доказали, что социализм работает.

Начиная с 1930-х годов, Швеция была синонимом социализма. Все политики, независимо от партии, были убежденными социалистами, их различия были только в степени, а не в принципе. Французские, британские, индийские и итальянские социалисты стекались в Стокгольм, чтобы изучить "чудо" в действии. Основой шведского социалистического государства была программа социального обеспечения. Но где сегодня, в 1994 году, находится гордый шведский социализм? Ну, она не совсем стоит, она больше похожа на Пизанскую башню, с каждым месяцем все больше склоняясь в сторону капитализма.

Шведские политики узнают, что избиратели голосуют не альтруистически, и что эпоха идеального социализма умерла и ее осталось только похоронить. Шведские социалисты, которые грубо вмешивались в политику Южной Африки и проводили демонстрации против участия США во Вьетнаме, обнаруживают, что их социалистический лексикон устарел в стране, где все полетело к чертям. Шведские социалисты сели за стол, чтобы обсудить международный социализм, но обнаружили, что их гость ушел вместе со столовым серебром.

Швеция стала жертвой лжи и ложных обещаний социализма. Сегодня страна находится в экономическом беспорядке, и Швеции потребуется пятьдесят лет, чтобы восстановиться, если, конечно, ей позволят это сделать. Британия была давно уничтожена социализмом. Теперь настала очередь Америки. Смогут ли Соединенные Штаты пережить почти смертельную передозировку социалистического яда, введенного Демократической коммунистической социалистической партией США? Только время покажет, а время - это то, чего больше нет у американского среднего класса синих воротничков, белых воротничков и офисных работников.

Во всех программах президентства Вильсона, Рузвельта, Кеннеди, Джонсона, Картера, Буша и Клинтона, хотя и не в явном виде, подразумевается, что социализация Соединенных Штатов является великой целью, к которой стремится социализм. Это будет достигнуто с помощью новых форм собственности, контроля над производством - что означает, что выбор уничтожения промышленных предприятий принадлежит им - это необходимо, если социалисты хотят продвинуть свой план по продвижению Соединенных Штатов, а затем и остального мира, все более быстро и уверенно к единому мировому правительству, новому мировому порядку нового темного века тотального рабства.

Совершенно ложная картина, которую социалисты рисуют о себе как о доброжелательной и дружественной организации, чей единственный интерес заключается в улучшении участи простых людей, не соответствует действительности... У социализма есть еще одно жестокое и злобное лицо, которое, как показывает история, без колебаний пойдет на убийство, если это потребуется для социализации Соединенных Штатов.

Ничто не может лучше описать порочную сторону социализма, чем высказывание Артура Шлезингера: "Я не знаю, почему президент Эйзенхауэр не ликвидировал Джо Маккарти, как Рузвельт ликвидировал Хьюи Лонга. Преступление" Хьюи Лонга заключалось в том, что он искренне любил Америку и весь ее народ. Он был первым американским политиком, который полностью осознал, что Рузвельт делал с Америкой. Хьюи Лонг выступал в защиту среднего класса, который он справедливо считал целью социалистов, и при любой возможности выступал против социализма.

Социалистическая/марксистская/коммунистическая машина в США выражает огромную ненависть к Лонгу, называя его "олицетворением фашистской угрозы - человеком, который, скорее всего, станет американским Гитлером или Муссолини". Американский народ так жаждал найти представителя своего бедственного положения, что Лонг получал до 100 000 писем в день. Рузвельт пришел в ярость при упоминании имени Хьюи Лонга и опасался, что Лонг сменит его на посту следующего президента США.

На Хьюи Лонга обрушилась метель социалистической пропаганды. Никогда ранее такая беспрецедентная кампания тотальной ненависти не была направлена против одного человека; это пугало, это впечатляло. Рузвельта охватывали почти эпилептические припадки каждый раз, когда Хьюи Лонг раскрывал новые истины о социалистических программах, которые Рузвельт собирался навязать. Хьюи Лонг нападает на фабианские британские социалистические "соглашения" Рузвельта, призывая народ: "Бросьте вызов такому самодержавию, бросьте вызов тирании". Рузвельт пытается добиться импичмента Лонга за уклонение от уплаты налогов, но Лонг остается безнаказанным.

У лагеря Рузвельта оставался только один вариант: "Убить Хьюи Лонга". Причиной глубокой озабоченности стал шаг Лонга по утверждению прав штатов. Он отказался от так называемых "федеральных денег" и заявил восторженной аудитории в Луизиане, что подаст в суд на федеральное правительство и добьется судебного запрета на удаление всех федеральных агентств и их офисов от границ штата Луизиана. Рузвельт испугался; это было действие, которого федеральное правительство ежедневно боялось, действие, которое могло охватить штаты и сократить функции федерального правительства, пока оно не стало действовать в рамках первых 10 поправок к Конституции США, его крылья были подрезаны, его агентства ограничены округом Колумбия.

"Бросьте вызов такой автократии, бросьте вызов такой тирании", - кричал Лонг, когда узнал, что федеральное правительство пытается заблокировать продажу облигаций штата Луизиана, облигаций, которые обеспечили бы доход, необходимый штату для замены "федеральных фондов", которые он приказал штату не принимать. В 1935 году, когда Рузвельт нервничал, как кошка на дереве, Лонг отправился в Батон-Руж, чтобы навестить своего друга, губернатора Аллена. Когда он покидает офис губернатора, в него стреляет мужчина. Нападавший, близкий друг Рузвельта, доктор Карл Вайс, был застрелен охранниками Лонга, но слишком поздно, чтобы спасти его, и Вайс лежал мертвый.

Хьюи Лонг был доставлен в больницу, где он находился между жизнью и смертью. В состоянии, близком к смерти, Лонг видел американцев из всех слоев общества, которые нуждались в его лидерстве. Он взывал к Богу: "Господи, я нужен им. Пожалуйста, не дай мне умереть. У меня так много дел, Боже, у меня так много дел". Но Лонг умирает, сраженный убийцей-социалистом. Линкольн, Гарфилд, Мак-Кинли - все они пытались защитить Америку от разорения социалистов, и все поплатились жизнью. Как конгрессмен Л.Т. Макфадден, сенатор Уильям Бора, сенатор Томас Д. Шолл и президент Кеннеди, после отказа от социализма.

Социализм гораздо опаснее коммунизма из-за присущей ему злобной медлительности в навязывании радикальных и нежелательных изменений народу Соединенных Штатов. Есть только один способ преодолеть эту жестоко опасную угрозу, и он заключается в том, чтобы весь народ был образован до такой степени, чтобы осознать, с чем он столкнулся, и отвергнуть социализм плечом к плечу. Это может и ДОЛЖНО быть сделано. "Сила в количестве". Среди наших патриотов больше, чем среди наших социалистов. Все, что нам нужно, это лидерство и образованный народ, чтобы твердо противостоять злобной тирании, которую каждый президент, начиная с Вудро Вильсона, помогал завязывать на наших шеях. Социалисты не могут убить нас всех! Давайте поднимемся и поразим филистимлян в знак великого единства. У нас есть конституционные полномочия для этого.

ЭПИЛОГ

Американцы и весь мир ждали удара коммунистического молота, не понимая, что социализм представляет большую опасность для такого республиканского национального государства, как наше. Кто в эпоху холодной войны боялся социализма? Количество писателей, комментаторов и прогнозистов, которые так говорили, можно пересчитать по пальцам одной руки. Никто не думал, что социализм - это повод для беспокойства.

Коммунисты сыграли с нами большую хитрость, удерживая наши коллективные взоры на Москве, в то время как самый страшный ущерб наносился дома. За двадцать пять лет своей писательской деятельности я всегда утверждал, что самая большая опасность для будущего благополучия нашей страны находится в Вашингтоне, а не в Москве. Империя зла", о которой говорил бывший президент Рейган, - это не Москва, а Вашингтон и контролирующая его социалистическая камарилья.

События конца 20-го века подтверждают правильность этого утверждения. В 1994 году у руля страны стоит социалист, которому помогает Демократическая партия, принявшая коммунизм/социализм в 1980 году, а более 87% демократов в Палате представителей и Сенате демонстрируют свои социалистические цвета, и попытки народа изменить курс страны через избирательную урну ни к чему не приводят.

"Лишнее" население мира - включая Соединенные Штаты - уже уничтожается лабораторно созданными вирусами-мутантами, которые убивают сотни тысяч людей. Этот процесс будет ускорен, согласно геноцидному плану Римского клуба "Global 2000", когда толпы выполнят свою миссию. Эксперименты, начатые в Сьерре-Леоне с мутантными вирусами лихорадки Ласса и висна медиа, завершены в лабораториях Гарвардского университета в августе 1994 года. Новый вирус, еще более смертоносный, чем СПИД, вот-вот будет выпущен.

Новые вирусы гриппа уже выпущены и смертельно эффективны. Считается, что эти вирусы-мутанты гриппа на 100% эффективнее, чем вирусы "испанского гриппа", испытанные на французских войсках в Марокко в последние дни Первой мировой войны. Как и вирус лихорадки Ласса, вирус "испанского гриппа" вышел из-под контроля и к 1919 году охватил весь мир, убив больше людей, чем общие военные потери обеих сторон в Первой мировой войне. Ничто не могло остановить его. В Соединенных Штатах потери были ужасающими. Каждый седьмой житель крупных американских городов погиб от "испанского гриппа". Люди заболевали по утрам, страдая от лихорадки и изнурительной усталости. В течение одного-двух дней они умирали - миллионами.

Кто знает, когда нанесут удар новые вирусы-мутанты гриппа? В 1995 году или, возможно, летом 1996 года? Никто не знает. Эбола, правильное название которой "Эбола Заир", в честь африканской страны Заир, где она впервые появилась, также ждет своего часа. Эболу невозможно остановить; это безжалостный убийца, который действует быстро и оставляет своих жертв ужасно деформированными и кровоточащими из всех отверстий тела. Недавно лихорадка Эбола Заир появилась в Соединенных Штатах, но о ней почти не упоминалось в СМИ или в Центрах по контролю за заболеваниями. В Медицинском научно-исследовательском институте армии США проводились эксперименты по изучению Эболы и других очень опасных микробов.

Какова цель развязывания этих ужасных вирусов-убийц? Причина - контроль численности населения, и если мы прочитаем высказывания лорда Бертрана Рассела, Роберта С. Макнамары и Уэллса, то новые вирусы-убийцы - именно то, о чем говорили эти люди. По мнению Комитета 300 и социалистической камарильи, на земле просто слишком много нежелательных людей.

Но это еще не вся история. Настоящая причина массового

геноцида, планируемого в глобальном масштабе, - создание атмосферы нестабильности. Дестабилизировать страны, заставлять сердца людей биться от страха. Война является частью этого плана, и в 1994 году война идет повсюду. На земле нет мира. На территории бывшего Советского Союза бушуют малые войны; в бывшей Югославии продолжается война между фракциями, изначально искусственно созданными британскими социалистами. Южная Африка никогда больше не станет страной мира, которой она когда-то была; Индия и Пакистан не отстают от нее. Это результат многолетнего и тщательного социалистического планирования.

Сегодня в мире на 100 государств больше, чем в 1945 году. Большинство из них построено на рыхлом союзе племенно-этнических разногласий с религиозными и культурными различиями. Они не выживут, будучи созданными и отложенными на полку в ожидании процесса дестабилизации. Соединенные Штаты подталкиваются к подобному разделению посредством разумного долгосрочного социалистического планирования. В 1994 году Америка готова быть разорванной на части из-за расовых, этнических и религиозных различий. Америка уже давно перестала быть "нацией под рукой Бога". Ни одна нация не может пережить культурные различия, особенно когда язык и религия играют решающую роль.

Социалисты продвигаются вперед через президента Клинтона, чтобы использовать эту реальность, которую мы пытаемся скрыть каждое Четвертое июля. В следующем десятилетии произойдет взрывное разделение. Америка будет разделена по доходам, образу жизни, политическим взглядам, расе и географии. Огромная стена, которую социалисты строили с тех пор, как поставили на пост президента Вудро Вильсона, почти завершена. Эта стена разделит Америку на имущих и неимущих, причем средний класс окажется в последней категории. Америка станет похожа на любую другую страну третьего мира. Прекрасные города будут разрушены из-за отсутствия социальных услуг и полицейской защиты, поскольку местные власти и власти штатов, сознательно лишенные доходов, не смогут покрыть растущие расходы на услуги и защиту.

Преступность распространится на пригороды. Некогда безопасные пригороды превратятся в кишащие преступностью пригороды. Все это часть социалистического плана по разрушению больших городов и рассредоточению населения - даже в ваших безопасных районах, которые через десять или более лет, вероятно, станут такими же криминогенными и кишащими бандами, как сегодня внутренние районы больших городов Америки.

Уровень нелегальности не будет контролироваться абортами, потому что аборты направлены на ограничение рождаемости среднего класса. Социалистические аборты и свободная любовь миссис Коллонтай всегда были направлены на то, чтобы не дать среднему классу стать слишком влиятельным. Незаконная рождаемость будет расти и расти среди работающих бедняков. В настоящее время наблюдается демографический взрыв незаконнорожденных детей, растущих без отца, с матерями, которые не могут или не хотят заботиться о них. Это фабианский социализм в действии, темная и злая сторона фабианского социализма, которая всегда была скрыта.

Новый низший класс, формирующийся в Америке, будет состоять из миллионов безработных и нетрудоустроенных людей, что означает огромное плавающее и нестабильное население, которое для выживания может обратиться только к преступности. Пригороды будут наводнены этим низшим классом и его уличными бандами. Полиция не сможет остановить их - и на некоторое время они будут свободны для выполнения работы по дестабилизации социализма.

Красивый пригород, в котором вы живете сейчас, возможно, станет гетто 2010 года, населенным тысячами банд, члены которых живут мечом. "Поездка в Мэйберри" станет более распространенным явлением по мере того, как эти порочные молодые головорезы будут расширять сферу своей деятельности.

Подавляющее большинство американцев совершенно не готовы к тому, что их ждет впереди. Их убаюкивают социалистическими обещаниями, которые никогда не будут выполнены. По мере того, как Америка сталкивается со своим "Дюнкерком", наш народ все чаще обращается к правительству за решением проблем, которые были созданы социализмом в первую очередь, проблем, которые ни президент Клинтон, ни его преемники не надеются решить, просто потому, что это считается необходимым для ДЕСТАБИЛИЗАЦИИ Америки.

Впереди тяжелые и горькие времена, а все обещания партии демократов - лишь звонкие тарелки. Из-за отсутствия образования, профессиональной подготовки, рабочих мест - когда промышленные работодатели либо ликвидированы, либо перемещены в другие страны - толпы безработных будут бродить по улицам в поисках жизни, обещанной социалистами. Когда они сделают свое дело, и Америка будет дестабилизирована, "избыточное население" будет уничтожено мутантными вирусными заболеваниями быстрее, чем мы можем себе представить.

Именно это и предсказывали СОЦИАЛИСТЫ, но мало кто обращал внимание на обещания Бертрана Рассела и Уэллса. Американцы больше озабочены бейсболом и футболом, настолько, что будущие историки будут удивляться тому, как массовая политическая психология не была признана народом и устояла. "Они, должно быть, крепко спали, чтобы не увидеть этого", - таков будет суровый приговор будущих историков.

Можно ли что-нибудь сделать, чтобы остановить опустошение этой нации? Я считаю, что необходимо разбудить сверхбогатых людей в рядах консерваторов - а их немало - и заставить их поддержать фонд, который будет проводить ускоренный курс изучения Конституции США, основанный исключительно на чтении Летописи Конгресса, Глобусов Конгресса и Записей Конгресса. В этих документах содержится лучшая информация о Конституции, а также огромное количество информации о социализме и его планах по созданию единого мирового правительства - Нового мирового порядка, нового темного века рабства.

Вооруженные этой информацией, миллионы граждан смогут бросить вызов своим представителям, принимающим антиконституционные меры. Например, если бы 100 миллионов информированных граждан оспорили неконституционность законопроекта о преступлениях и дали понять, что они не будут подчиняться положениям этой меры, потому что она на 100% неконституционна, она никогда бы не прошла в Палате представителей и Сенате. Только так патриотизм может выразить себя. Это возможно, и это необходимо.

Час уже поздний. Тем, кто на планы социалистов низвести Соединенные Штаты до уровня любой страны третьего мира отвечает: "Это Соединенные Штаты, здесь такого быть не может", я бы сказал: "Это уже происходит". Кто бы мог подумать всего несколько лет назад, что неизвестный и малоизвестный губернатор относительно небольшого штата станет президентом США - несмотря на то, что 56% избирателей проголосовали ПРОТИВ него? Это СОЦИАЛИЗМ В ДЕЙСТВИИ, принуждающий Соединенные Штаты к непопулярным и нежелательным переменам.

НАСЛЕДИЕ СОЦИАЛИЗМА; ТЕМАТИЧЕСКОЕ ИССЛЕДОВАНИЕ

В пятницу, 30 сентября 1994 года, в 9:40 утра, Ричард Бланшар, 60-летний архитектор, был ранен в шею после того, как остановился на красный свет светофора на окраине района Тендерлойн в Сан-Франциско. Когда Бланшар средь бела дня сидел в своей машине, ожидая переключения света, к нему подошли два 16-летних бандита, наставили на него пистолет и потребовали деньги. В этот момент свет изменился, и Бланшар попытался убежать. Он был ранен в шею и сейчас полностью парализован и находится в больнице на аппарате жизнеобеспечения.

По закону, имя 16-летнего бандита не может быть названо, а его фотография не может быть опубликована. Согласно сообщению в газете *San Francisco Examiner*, друг Бланшара Алан Вофси сказал:

> "Это означает, что кто-то в Сан-Франциско не находится в безопасности, когда останавливается на красный свет в течение обычного рабочего дня. Это забирает всю невинность из жизни. Идея о том, что вы должны быть бдительны при выполнении своих обычных повседневных задач, потому что у вас могут отнять жизнь, означает, что

> больше нет никаких ограничений для цивилизованного поведения. Другая часть этой трагедии заключается в том, что это человек, руки которого были для него всем. Без всякой причины человек превратился из прекрасного архитектора в параплегика".

Полиция отреагировала на этот кошмар следующим образом:

> "Закройте окна и заприте двери автомобиля. Если кто-то направляет на вас оружие, дайте ему то, что он хочет. Не стоит терять жизнь из-за часов или бумажника".

Это наследие социализма:

> "Сдавайтесь преступным бандитам, потому что полиция не может защитить вас, и, будучи разоруженными социалистическим законодательством, которое на 100% неконституционно, вы больше не можете защитить себя".

После ухода архисоциалистов Арта Агноса и Дианы Файнштейн (оба бывшие мэры Сан-Франциско) Сан-Франциско стал таким, каким они его сделали, - социалистическим кошмаром. Если бы мистеру Бланчарду было позволено воспользоваться своим конституционным правом носить оружие в машине, бандиты, зная об этом, вероятно, дважды подумали бы, прежде чем приближаться к нему или к любому гражданину, носящему оружие.

Но благодаря антиконституционным действиям таких социалистов, как Файнштейн, граждане Калифорнии и многих других штатов были разоружены, и теперь им советуют "стоять на своем" перед лицом вооруженных преступников. Что бы подумали колонисты, которые отказались платить пенни за фунт налога на чай, о современной Америке и таком официальном признании полной и отвратительной неспособности государства защитить своих граждан?

Трагическая история Бланшара повторяется тысячи раз в месяц по всей территории США. Необходимо вернуться к Конституции, отменив все законы об оружии и мягкие социалистические законы, которые защищают преступных бандитов, подобных тому, который застрелил Бланчарда. Каждый гражданин имеет право хранить и носить оружие. Если бы граждане пользовались этим правом в широких масштабах и если бы они были известны всем, уровень преступности резко упал бы. Ни один бандит не осмелится подойти к автомобилисту с оружием на виду.

Приливная волна социализма сметает все на своем пути. Этой приливной волне необходимо противостоять очень быстро и дать отпор, иначе Соединенные Штаты обречены на вымирание, как Древняя Греция и Рим. Полицейские управления говорят нам, что у них не хватает сотрудников и финансовых ресурсов, чтобы справиться с волной преступности. В то же время Клинтон протаранивает неконституционный законопроект о "жесткой борьбе с преступностью", который в значительной степени является социалистической программой по передаче полномочий и очень мало помогает нашей полиции...

В Вашингтоне, криминальной столице страны, где законы о владении оружием более строгие, чем в любом другом городе, мэр недавно попросил президента направить Национальную гвардию для борьбы с насилием черных банд. Клинтон отказался, но он разрешил использовать бюджетные средства для того, чтобы назначить полицию парков и Секретную службу для патрулирования улиц. Результаты были впечатляющими: на 50% снизилось количество перестрелок, связанных с бандами.

Затем деньги закончились, и Секретная служба и парковая полиция были выведены с улиц Вашингтона, округ Колумбия. "У нас просто нет денег на продолжение этой программы", - сказал представитель Белого дома телекомпании ABC. ПОЧЕМУ НЕТ? Как мы можем позволить себе выделить 20 миллиардов долларов на ЗАГРАНИЧНУЮ ПОМОЩЬ, что на 100% противоречит конституции, и не иметь возможности финансировать важнейшие программы по предотвращению преступности в Вашингтоне, единственном месте, где федеральное правительство имеет юрисдикцию по защите полиции? Это наследие социализма, путь к рабству через террор и преступность.

ИСТОЧНИКИ И ПРИМЕЧАНИЯ

"Иностранные дела. Журнал CFR, апрель 1974 года. Гарднер, Р.

"Интервью с Эдвардом Беллами" Фрэнсис Э. Уиллард, 1889. "Бостонский клуб Беллами". Эдвард Беллами, 1888 год.

"Фабианство в политической жизни Великобритании 1919-1931 гг.". Джон Стрэчи.

См. также "Левые новости", март 1938 года.

"Бюллетень Школы исследований Института Рэнд 1952-1953". Эптон Синклер. "Экономическая мысль Джона Райана". Доктор Патрик Гирти.

"Сотрудничество между социалистами и коммунистами". Зигмунт Заремба, 1964. "Коррупция в прибыльной экономике". Марк Старр.

"Консультативная комиссия США". Марк Старр. "Американцы за демократические действия". (ADA)

"Доводы против социализма: руководство для консервативных ораторов". Рт. Почтенный А.Дж. Балфур, 1909 год.

В журнале Fabian News за 1930 год Рексфорд Тагвелл упоминается как соратник Рузвельта и губернатора Нью-Йорка Эла Смита, а также в журнале "Кто есть кто" за 1934 год. Тугвелл также был тесно связан со Стюартом Чейзом, автором книги "Новый курс". Тугвелл работал на факультете экономики в Колумбийском университете.

"Фабианское общество". Уильям Кларк, 1894 год.

"Новые рубежи". Генри Уоллес.

"Новая сделка". Стюарт Чейз, 1932 год.

"Филипп Дру, администратор". Дом Эдварда Манделла, 1912 год.

"Великое общество". Грэм Уоллес

"План Бевериджа". Уильям Беверидж. Стал "планом" социального обеспечения в США.

"Социализм, утопический и научный". Федерик Энгельс, 1892.

"Бернард Шоу". Эрвин Сент-Джон, 1956.

"Верховный суд и общественность". Феликс Франкфуртер, 1930 год.

"The Essential Lippmann-A Philosophy for Liberal Democracy". Клинтон Росситер и Джеймс Ларе.

"Джон Дьюи и Дэвид Дубински". Биография в картинках, 1952 год.

Хьюго Блэк, "Алабамские годы". Гамильтон и Ван Дер Веер, 1972.

"История сионизма". Вальтер Лакер.

"Общество изобилия". Джон Гэлбрейт, 1958 год.

"Столпы общества". А.Г. Гардинер, 1914 год.

"Бюллетень Школы социальных наук Рэнд". 1921-1935.

"Другая Америка": бедность в США. Майкл Харрингтон, 1962 год

"История социализма. Моррис Хилкит, 1910 год.

"Письма Холмса-Ласки". Переписка господина судьи Холмса и Гарольда Ласки. Из Вульфа, 1953 год.

"Личные бумаги полковника Хауса" С. Сеймур, 1962.

"Экономические последствия мира". Джон Мейнард Кейнс, 1925 год.

"Общая теория экономики. Джон Мейнард Кейнс, 1930 год.

"Кризис и Конституция, 1931 год и после". Гарольд Дж. Ласки, 1932 год.

"Из дневников Феликса Франкфуртера". Джозеф П. Лэш, 1975 год.

"Гарольд Ласки: биографические воспоминания". Кингсли Мартин, 1953 год. "Воспоминания социалистического сноба". Элизабет Брандейс, 1948 год.

"Национальный план обеспечения средств к существованию. Престония Мартин, 1932 год.

"Воспоминания о Феликсе Франкфуртере". Филип Харлан, 1960 год.

"Комментарии к Конституции Соединенных Штатов". Джозеф Стори, 1883 год.

Эверсон против Совета по образованию. Это первый триумф социалистов в отмене школьных дел по религиозным оговоркам. Не было никакого юридического прецедента, чтобы поддержать аргумент Эверсона в суде. В Конституции нет ничего, что поддерживало бы так называемую "стену разделения", описанную Джефферсоном, и она не является частью Конституции. Первая поправка НЕ предназначалась для отделения государства от религии, что в деле Эверсона неожиданно было признано конституционным. Как простая фигура речи, произнесенная Джефферсоном - да и то лишь в отношении штата Вирджиния - вдруг стала законом? На основании какого конституционного мандата это было сделано, и на основании какого прецедента? Ответ - НЕТ в обоих случаях.

Разделительная стена" была для Франкфуртера предлогом для реализации его предубеждения против христианской религии и, в частности, против католической церкви. Мы повторяем: НЕТ КОНСТИТУЦИОННОГО ПРЕДОСТАВЛЕНИЯ ДЛЯ ЭТОЙ МИФИЧЕСКОЙ "СТЕНЫ ОТДЕЛЕНИЯ МЕЖДУ ЦЕРКОВЬЮ И ГОСУДАРСТВОМ". В этом Франкфуртер находился под большим влиянием антикатолика Гарольда Дж. Ласки и судьи Оливера Уэнделла Холмса, которые были закоренелыми социалистами. Ласки считал, что "образование, которое не является светским и обязательным, не является образованием вообще... Католическая церковь должна быть заключена в Лимбе... и, прежде всего, в Святом Августине... Неспособность католической церкви говорить правду... делает невозможным заключение мира с Римско-католической церковью. Она - один из постоянных врагов всего достойного в человеческом духе. Более того, Блэк был заядлым читателем публикаций Шотландского обряда масонства, которые яростно осуждали католическую церковь. И все же мы должны поверить, что судья Блэк не проявил крайнего личного предубеждения, вынося решение в пользу Эверсона!

"Избранная переписка 1846-1895". Карл Маркс и Фридрих Энгельс.

"Эдвард Беллами". Артур Морган, 1944 год.

"Fabian Quarterly". 1948. Фабианское общество.

"Американская дилемма". Гуннар Мюрдаль, 1944 год.

"Фабианские исследования". Фабианское общество.

"Размышления о конце эпохи" д-р Райнхольд Нибур, 1934 год.

"История Фабианского общества". Эдвард Р. Пиз, 1916 год.

"Рузвельт, которого я знал. Фрэнсис Перкинс, 1946 год.

"Фабианское общество, прошлое и настоящее". Г.Д.Х. Коул, 1952.

"Динамика советского общества".

"Соединенные Штаты на мировой арене". Уолт У. Ростоу, 1960.

"Лейбористы в Британии и мире" Деннис Хили, январь 1964 года.

"Эпоха Рузвельта". Артур Шлезингер, 1957 год.

"4 июля 1992 года". Эдвард Беллами, июль 1982 года.

"Мистер Хаус из Техаса". А. Д.Х. Смит, 1940 год.

"Новые модели для начальных школ. Фабианское общество, сентябрь 1964 года.

"Грядущая американская революция". Джордж Коул, 1934 год.

"Уэллс и мировое государство". Уоррен В. Вагнер, 1920 год.

"Образование в классовом обществе". Эдвард Вейзи, ноябрь 1962 года.

"Социализм в Англии". Сидней Вебб, 1893 год.

"Упадок капиталистической цивилизации. "Беатрис и Сидни Уэбб, 1923 год.

"Эрнест Бевин". Уильям Фрэнсис, 1952 год.

"Социальное обеспечение. Фабианское общество, 1943 г. (Адаптация плана Бевериджа).

"Новая свобода". Вудро Вильсон, 1913 год.

"Восстановление через революцию". (Предполагается, что это размышления Ловетта, Мосса и Ласки) 1933 год.

"Что может сделать комитет по образованию в начальных школах. Фабианское общество, 1943 год.

"Американские фабианцы" Периодические издания ADA, 1895-1898 гг.

"Рузвельт во Франкфурте". Декабрь 1917 года. Письма Теодора Рузвельта, Библиотека Конгресса.

"Богатство против содружества". Генри Демарест Ллойд, 1953 год.

"Необходимость воинственности: социализм в наше время", 1929. Содержит заявление Роджера Болдуина, выступающего за революцию в США.

Речь сенатора Лемана "Свобода в государстве всеобщего благосостояния", в которой он ложно утверждает, что "отцы-основатели создали государство всеобщего благосостояния". Опубликовано в 1950 году.

"Рексфорд Тагвелл" цитируется в Бюллетенях школы Рэнд, 1934-1935 гг.

"Американский союз гражданских свобод (ACLU)". Сформированная в январе 1920 года, она тогда называлась

Бюро гражданских свобод. Многие из его идей были взяты из книги Филипа Нолана "Человек без страны". Заявление Роберта Мосса Ловетта: "Я ненавижу Соединенные Штаты! Я был бы готов увидеть, как взорвется весь мир, если бы это уничтожило Соединенные Штаты", - близко к чувствам, выраженным Ноланом в его книге. В июньском номере журнала "Freedom" за 1919 год обсуждается создание ACLU, называются имена, включая основателя, преподобного Джона Невина Сэйра.

Другие источники ACLU "Свобода через инакомыслие", 30 июня 1962 года. Также Роджерс Болдуин, основатель ACLU, книги Лайдлера "Необходимость воинственности" и "Социализм нашего времени".

"Уолтер Ройтер". Президент профсоюза работников автомобильной промышленности. Тесно сотрудничал с Лигой за индустриальную демократию. Из книги "Сорок лет образования". LID, 1945. См. также Congressional Record House, 16 октября 1962 г. стр. 22124-22125. См. также Louisville Courier Journal. "Швеция: срединный путь", Маркиз Чайлд.

"Южный фермер", Обри Уильямс (отчет Комитета по антиамериканской деятельности Палаты представителей за 1964 год).

"Вудро Вильсон". Материал из книги "Новая свобода" Артура Линка, 1956 г. Альберт Шоу, редактор газеты "Трибюн" из Миннеаполиса. Шоу также написал "Рецензию на рецензии. "Год 2000: критическая биография Эдварда Беллами" Сильвии Боуман, 1958. "Международное правительство", опубликованное Брентаносом Нью-Йорк, 1916. Следственный комитет Сената штата Нью-Йорк 1920 г. Этот комитет расследовал деятельность школы Рэнд на предмет подстрекательства к мятежу. МИ-6 приказала Уилсону уничтожить досье Бюро военной разведки на подрывные элементы в фабианской социалистической орбите, и Уилсон выполнил этот приказ. Об этом сообщается в книге "Наша тайная война" Томаса Джонсона. "Американская хроника" Рэй Стэннард Бейкер, 1945 год. "Отчет о работе Шестьдесят шестого Конгресса" стр. 1522-23, 1919 год. Слушания в подкомитете по судебной системе, 87-й Конгресс, 9 января - 8 февраля 1961 года. "Дорога к безопасности". Артур Виллерт,

1952 год. "Фабианские новости" октябрь, 1969. "Заметки для биографии". 16 июля 1930 года. Также "Новая республика". "Социальные волнения" преподобного Лаймана Пауэлла, 1919 г. (Пауэлл был старым другом Уилсона).

"Война мистера Уилсона". Джон Дос Пассос, 1962.

"The New Statesman", статья Леонарда Вульфа, 1915 год.

"Флоренс Келли", (настоящая фамилия Вешневецкая.) История Келли рассказана в книге "Нетерпеливый крестоносец, история жизни Флоренс Келли" Жозефины Голдмарк, 1953 год. Журнал "Survey", Пол Келлог, редактор. "The Nation", Фреда Кирчуэй, "Рузвельт, которого я знал", Келли, 1946. Келли был "реформатором социальных реформаторов" и директором Лиги промышленной демократии (ЛПД) 1921-1922 годов, национальным секретарем Национальной лиги потребителей и бесчисленных подставных организаций фабианских социалистов.

Сенатор Джейкоб Джавиттс. Тесно связанный с Фабианским обществом в Лондоне, он получил поздравительную телеграмму от леди Дороти Арчибальд. Симпозиум "Свобода в государстве всеобщего благосостояния" приветствовал Джавитса и его работу на благо социализма. Джавиттс голосовал за социалистические предложения ПСР, набрав почти идеальный результат - 94%. Участвовал в "Круглом столе по демократии: необходимо моральное пробуждение в Америке" в 1952 году. Среди тех, кто работал с Джавиттсом, были Марк Старр, Уолтер Ройтер и Сидни Хук.

"Конституционные полномочия президента". Находится в разделе II Конституции Соединенных Штатов. Запись Конгресса 27 февраля 1927 года.

"Законопроект об ассигнованиях на покрытие общего дефицита".

"Записи Конгресса, Палата представителей, 26 июня 1884 г. Страница 336 Приложение к ним". Здесь мы видим, почему образование является средством, с помощью которого можно смягчить натиск социализма.

"Дух и вера". А. Пауэлл Дэвис, под редакцией судьи Уильяма

0. Дугласа. Дэвис, сторонник судьи Хьюго Блэка из унитарианской церкви, также написал "Американская судьба (Вера для Америки)" в 1942 году и "Вера нераскаявшегося либерала" в 1946 году. Влияние, которое Дэвис оказал на судей Дугласа и Блэка, можно увидеть в социалистических вопросах, которые оба судьи положительно рассматривали в решениях Верховного суда, в которых они участвовали.

"Храбрый новый мир" Джулиана Хаксли. В этой работе Хаксли призывает к созданию масштабного тоталитарного социалистического государства, которое будет править железным кулаком.

"Коммунизм и семья. Госпожа Коллонтай. В ней она выражает свое возмущение и бунт против родительского контроля над детьми и роли женщины в браке и семейной жизни.

"Смелая новая семья" Лора Роджерс. Удивительно похоже на название книги Хаксли "Brave New World". Роджерс излагает стратегию, к которой давно призывали социалисты, - взять детей под контроль и лишить их родительского контроля по примеру мадам Зиновьевой, жены Григория Зиновьева, закаленного советского комиссара.

"Записи Конгресса, Сенат S16610-S16614". Показывает, как социализм пытается подорвать Конституцию.

"Записи Конгресса, Сенат 16 февраля 1882 года, страницы 1195-1209". Как сенатский комитет расправился с мормонами и как это нарушило Билль о выкупе.

Свобода разума". Чарльз Морган. В отношении так называемой "психополитики".

"Коммунистический манифест 1848 года". Карл Маркс.

"Записи Конгресса, Сенат, 31 мая 1924 года. стр. 9962-9977". Описывает, как американские коммунисты маскируют свои программы под социализм, и объясняет, что они отличаются только степенью.

Уже опубликовано

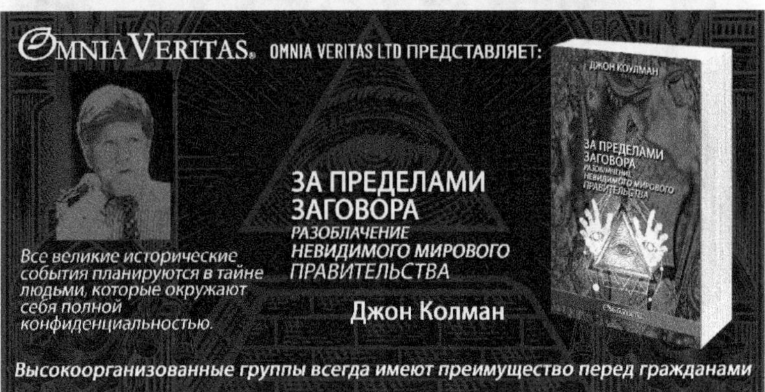

OMNIA VERITAS
OMNIA VERITAS LTD ПРЕДСТАВЛЯЕТ:
ВОЙНА НАРКОТИКОВ против АМЕРИКИ
Наркоторговлю невозможно искоренить, потому что ее руководители не позволят отобрать у них самый прибыльный рынок в мире...
ДЖОН КОЛМАН
ДЖОН КОЛМАН
ВОЙНА НАРКОТИКОВ против АМЕРИКИ
Настоящими поборниками этой проклятой торговли являются "элиты" этого мира

OMNIA VERITAS
OMNIA VERITAS LTD ПРЕДСТАВЛЯЕТ:
ДЖОН КОУЛМАН
ДИПЛОМАТИЯ ПУТЕМ ЛЖИ
ДЖОН КОЛМАН
ДИПЛОМАТИЯ ПУТЕМ ЛЖИ
РАССКАЗ О ПРЕДАТЕЛЬСКОМ ПОВЕДЕНИИ ПРАВИТЕЛЬСТВ ВЕЛИКОБРИТАНИИ И США
История создания Организации Объединенных Наций - это классический случай дипломатии обмана

OMNIA VERITAS
OMNIA VERITAS LTD ПРЕДСТАВЛЯЕТ:
ДЖОН КОУЛМАН
МАСОНСТВО ОТ А ДО Я
МАСОНСТВО
от А до Я
ДЖОН КОЛМАН
В 21 веке масонство стало не столько тайным обществом, сколько "обществом тайн".
В этой книге объясняется, что такое масонство

OMNIA VERITAS
OMNIA VERITAS LTD ПРЕДСТАВЛЯЕТ:
НЕФТЯНЫЕ ВОЙНЫ
ДЖОН КОЛМАН
Исторический рассказ о нефтяной промышленности проводит нас через изгибы и повороты "дипломатии".
Борьба за монополизацию ресурса, желанного для всех стран

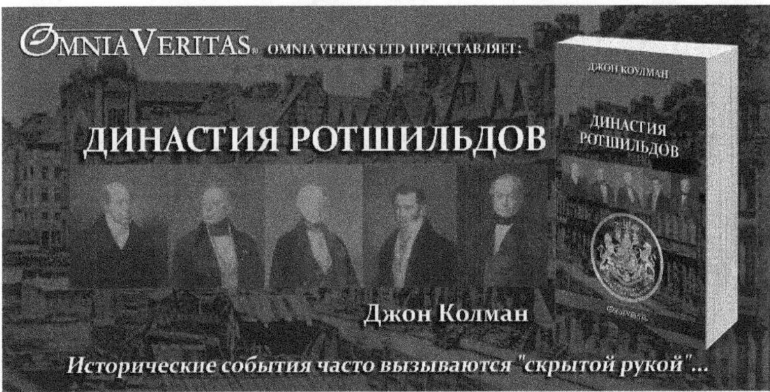
OMNIA VERITAS
OMNIA VERITAS LTD ПРЕДСТАВЛЯЕТ:
ДИНАСТИЯ РОТШИЛЬДОВ
Джон Колман
Исторические события часто вызываются "скрытой рукой"...

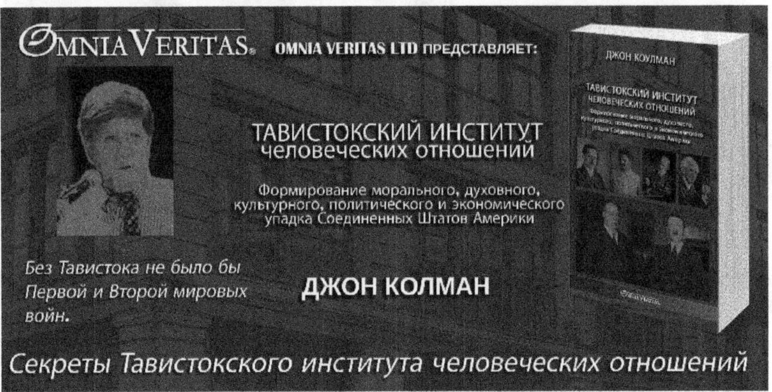
OMNIA VERITAS
OMNIA VERITAS LTD ПРЕДСТАВЛЯЕТ:
ТАВИСТОКСКИЙ ИНСТИТУТ
человеческих отношений
Формирование морального, духовного, культурного, политического и экономического упадка Соединенных Штатов Америки
Без Тавистока не было бы Первой и Второй мировых войн.
ДЖОН КОЛМАН
Секреты Тавистокского института человеческих отношений

OMNIA VERITAS
OMNIA VERITAS LTD представляет:
Уолл-Стрит И
Большевицкая
$Революция
"Я не собираюсь
заставлять кого-либо
полагать, что я обнаружил
новинку - политики
лгут..."
ANTONY SUTTON
Антоний Саттон придерживается конкретной, поддающейся проверке и подтвержденной документации

OMNIA VERITAS
OMNIA VERITAS LTD ПРЕДСТАВЛЯЕТ
СИМФОНИЯ
В
КРАСНОМ МАЖОРЕ
Ротшильды были не казначеями, а лидерами этого первого тайного
коммунизма. Ведь хорошо известно, что Маркс и высшие
руководители Первого Интернационала находились под
руководством барона Лионеля де Ротшильда...
Важный исторический труд

OMNIA VERITAS
Omnia Veritas Ltd настоящее время:
Моя Борьба
Майн Кампф
Именно в это время были
открыты два опасности
для существования
немецкого народа глаза
мои: марксизм и иудаизм.
Документ исторического интереса

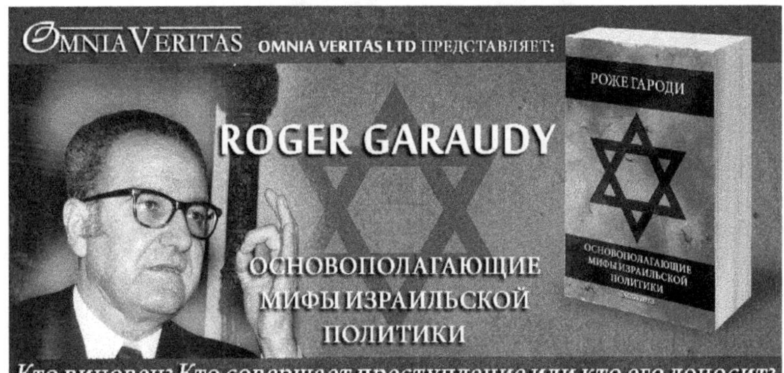
OMNIA VERITAS
OMNIA VERITAS LTD ПРЕДСТАВЛЯЕТ:
ROGER GARAUDY
ОСНОВОПОЛАГАЮЩИЕ МИФЫ ИЗРАИЛЬСКОЙ ПОЛИТИКИ
РОЖЕ ГАРОДИ
ОСНОВОПОЛАГАЮЩИЕ МИФЫ ИЗРАИЛЬСКОЙ ПОЛИТИКИ
Кто виновен? Кто совершает преступление или кто его доносит?

OMNIA VERITAS®
www.omnia-veritas.com

www.ingramcontent.com/pod-product-compliance
Lightning Source LLC
Chambersburg PA
CBHW071637270326
41928CB00010B/1954
* 9 7 8 1 8 0 5 4 0 0 1 1 0 *